本书为以下项目的阶段性成果：

国家社会科学基金重点项目
"闽台民间体育融合发展的参与式治理研究"（项目批准号：17ATYO12)

教育部人文社会科学研究青年基金项目
"基于内生动力的我国东南地区民间体育组织治理研究"（项目批准号：19YJC890026)

福建省社会科学基金博士扶持项目
"福建省体育社会组织助推乡村振兴的动力机制与实现路径研究"
（项目批准号：FJ2023BF012）

道德重构

民间体育组织参与乡村振兴动员的地方实践

MORAL
RECONSTRUCTION

THE LOCAL PRACTICE OF
FOLK SPORTS ORGANIZATIONS PARTICIPATING
IN RURAL REVITALIZATION
AND MOBILIZATION

钟喜婷 著

社会科学文献出版社
SOCIAL SCIENCES ACADEMIC PRESS (CHINA)

序

漫漫学术长路的第一步

2016年，我调入福建师范大学体育科学学院工作，次年开始指导博士研究生。喜婷是我带的第二届博士研究生，通过四年的脱产学习，她后发先至顺利毕业，成为我培养的第一个博士。因具有良好的学术积淀和高质量的学术产出，她最终得以留校任教。看着她快速成长，我感到非常欣慰。我的研究方向是体育人类学。2016年之前，我长期在广西红水河流域、云南中缅边境从事田野调查；从2016年开始，我将田野点拓展到闽南一带，并重点关注体育与社会治理、体育与文化认同、体育与文化传播等方面的议题。2017年，我申请到国家社会科学基金重点项目"闽台民间体育融合发展的参与式治理研究"，喜婷入学后加入课题组并作为核心参与成员一直在闽南林村从事田野调查，她的博士论文也是在此项目资助下完成的。

能够结为师友，纯属缘分使然。喜婷在攻读博士学位前的研究方向与我的研究方向不太一致，我还依稀记得在博士研究生入学考试面试时问过她一个关于研究方法的问题，她提到"田野调查法"。田野调查法是人类学研究中最基本也是最重要的研究方法，尽管那时的她还未运用田野调查法开展过一项真正的学术研究，但或许正是这次面试为她进入体育人类学研究领域埋下了伏笔。从事人类学研究并非易事，没有接受过任何相关学术训练的学生要独立开展一项经验研究并转化成高质量学术成果，更是难上加难。总体而言，撰写优质的期刊论文和博士论文，大致需要做到如下三点：一是具备良好的理论积淀，要求学生大量阅读人类学、社会学等相关专业书籍与国内外期刊文献；二是收集丰富的经验材料，要求学生开展长时段的田野调查，通过"三同"作业进行参与式观察与访谈；三是实现经验与理论的融合，这是最重要但也是最难做到的一点，不仅要求学生提升理论素养和田野作业能力，还要求学生培养自身的社会学想象力。

2016 年以来，每年都有不少做质性研究的博士生与我讨论博士论文选题的问题，我通常会建议他们先去阅读西方和本土的相关理论书籍，因为做质性研究不仅要有理论支撑，而且要尽可能地在理论方面有所创新。我曾经建议博士生去读一读米尔斯、涂尔干以及韦伯等西方著名社会学家的理论著作，但受著者的语言表述习惯以及译著贴近原文的程度等方面因素的影响，学生需要反复阅读才能大致读懂其中的内容。这个过程需要耗费大量时间，并且相当考验人的耐性，因而真正能坚持下来的人寥寥无几，所幸喜婷能够脱颖而出，这让我意识到，她是可以沉下心来做研究的。作为科班出身的体育生，她具备体育人的拼搏精神，更难得的是，她的学习态度非常积极，同时有一股持续拼搏的韧劲。硕士毕业后，她一直在高校任教直到 2018 年考入福建师范大学体育科学学院攻读博士学位。刚入校那年，她女儿还在上幼儿园。由于刚进入体育人类学领域，加上还要承担母亲的责任，我担心她不能全身心地投入学业当中，毕业可能遥遥无期。显然，结果比预计的要好太多。在读博前两年，她与小组另外两名博士生以及硕士生一起到北京、上海等地高校旁听人类学讲座，报名学习质性研究课程，参与体育人类学学术会议等，除了偶尔回家看望女儿，其余时间都全力投入学习中，只为丰富自身的知识储备，提升理论水平。

当然，人类学家并非每天坐在图书馆里做些文字工作，还需要花时间进行长时段的田野调查，与地方文化持有者同吃同住同劳动。马林诺夫斯基在田野工作中对整体的关注和对文化持有者视角的强调，以及他将"把握文化持有者的观点，他与生活的关系，弄清他对自身的世界的看法"作为民族志田野工作的最终目标，为后来的人类学研究者进行田野调查提供了方法参考和目标指引。2018 年 9 月底至今，喜婷曾多次往返闽南林村。林村宋江阵文化底蕴深厚，传承至今已有 400 余年历史。2009 年，林村开启宋江阵文化复兴之路，随后成立了宋江阵文化研究会和武术组织。2015 年，林村闽台宋江阵民俗文化广场落成，同年国庆节迎来了首届闽台（翔安）宋江阵民俗文化节，之后连年举办闽台宋江阵民俗文化节和青少年武术比赛。2018 年以来，喜婷曾作为志愿者四次全程参与其中。此外，为传承宋江阵文化，宋江阵文化研究会连续十余年在暑假举办宋江阵公益班，每届公益班历时 35 天，喜婷连续两年作为助教全程参与该项活动。宋江阵文化在林村传承多年，早已成为林村乃至该地区重要的文化名片。为进一步促进邻里和谐、家庭和睦，体现宋江阵忠孝仁义之精神，林村于 2019 年正月初二举办了首届"女儿节"活动，邀请远嫁的女儿及家人回娘家团聚。女儿是宝，儿媳也是宝。2020 年第二届"女儿节"活动开展时，筹备组还邀请嫁入林村的女儿（儿媳）及其家人一起参与、共叙亲情，喜婷作为活动组织者也全力参与其中。尽管后来由于疫情突袭活动被迫中止，但是在参与活动组织的过程中，她从不同角度对林村文化、文化持有者及其对文化的看法等有了更深的感受和理解。

　　一般来看，从学校到林村再回到学校就是"从这里到那里再回到这里"的一次完整的田野过程。但对于喜婷而言，学校与林村之间的多次往返代表的不仅是时间和距离，而且是由时间和距离沉淀下来的与林村朋友们之间的信任与分享。这让我不由得想起她第一次去云南做田野调查时问我"下田野需要注意什么"，我以自己的田野调查经历告诉她——"好好做人"。这四个字说起来简单，要真正做到却并不容易。在长时间的田野调查过程中，她始终抱着真诚待人、踏实做事的态度，以研究者、志愿者、母亲、女儿、朋友等多重角色与林村以及来到林村的人们一起聊文化、拉家常。正如她所言，每次下田野都很兴奋，跟大家总有聊不完的话题，等回到学校才觉得疲惫，需要几天才能缓过神来。每当她与我分享田野调查经历时，我都能感受到她的细心、耐心和用心。在长时间的田野调查过程中，她通过参与式观察与访谈做了近 20 万字的田野调查笔记。

作为一名博士研究生，阅读理论文献和参加田野实践是最基本且相对容易的工作，真正困难的还是将理论和实践有效结合并转化成高质量的学术成果。从事体育人类学的经验研究，首先要学会转变思维，从田野现象中找到经验问题；其次是发展社会学想象力，将经验问题概念（抽象）化并基于此展开文献回顾进而提出学术问题；最后是基于概念（抽象）化的分析框架（视角）确定后续研究内容。喜婷攻读博士学位的第一年基本上是在看文献、听讲座、下田野中度过的，其博士论文的选题正是源于初入田野时的困惑，林村呈现的村落有序、村民协作与其他村落之间存在巨大反差，让她开始思考究竟是什么力量让林村呈现不同于一般村落的"原子化"和"陌生人化"，促成村落实现协作的力量又是如何被动员起来的。经过与喜婷的多次讨论之后，我们发现，从林村的田野出发，或许可以与涂尔干的社会团结理论展开对话，进而有可能形成中国本土的社会团结理论。虽然由经验问题到学术问题看似只有"经验与理论（概念）对话"和"对理论（概念）进行文献回顾"两个步骤，但就是这两步对整体研究起到提纲挈领的作用，并为规范后续的研究过程和整体内容框架的确定打下良好的基础。

在攻读博士学位的四年时间里，喜婷以林村田野为基础、社会团结理论为对话点进行了深入思考。可喜的是，由思考转化而成的成果最终在体育学权威期刊《体育科学》上发表，本书即是在此期刊论文基础上的进一步深化。回顾当初的研究历程，该论文仅仅从发现经验现象到提出学术问题就花费了大半年时间，成文后又不断打磨修改了十余次才正式投稿。喜婷经常自嘲地说，四年只做了这么一件事情。可在我看来，有时候慢即是快。万事开头难，期刊论文与博士论文紧密相连，正是前期做了大量工作，后面撰写完成博士论文才相对从容一些。总体而言，攻读博士学位的过程是艰辛的，由"博士生"迈向"博士"的过程不仅是对个人毅力的考验，而且是对身体和心灵的淬炼。由"博士生"成长为"博士"，"生"字伴随着这段学习生涯的结束而消解。我想，从另一个角度而言，"生"字从有到无，也代表喜婷在自己的研究领域正逐渐由"生手"向"熟手"、由"生疏"向"娴熟"一点点迈进。

　　本书是喜婷基于博士论文修改而成的，书稿即将付梓，我替她感到高兴！这是她独立完成的第一项经验研究，尽管依然不太成熟，但我还是希望她能尽快将其整理出版。书中关于如何从经验现象到学术问题等内容或许能为读者提供一些理论和经验参考，而未能尽善之处，只怪我鞭策太急，还请各位读者海涵。学术研究永无止境，喜婷长期在闽南开展田野工作，本书只是其个人漫漫学术长路的第一步，书中呈现的也仅是林村的个别面向，还有更多的议题等着她去发掘和思考。为让读者了解作者，值此书出版之际，回顾喜婷的求学之路，也感慨我与其师友缘分颇深，是为序。

2023 年 11 月 25 日

目　录

第一章 绪论

第一节 研究背景与问题的提出

一 研究背景

1978 年，改革开放拉开序幕，人民公社制度逐步退出历史舞台，农民的思想得到解放，个体意识开始萌芽，并且在经济、文化、生活与工作等各方面获得了更大的自由。20 世纪 90 年代初，随着市场经济的兴起，大多数青壮年外出打工，农村只剩下妇女、儿童和老人（汪小亚，2009），"空心化"严重，原来作为村落主体的农民离土又离乡，致使基于传统熟人社会的村落生活方式、礼仪秩序、人情关系等进一步个体化，农村遭遇了千年未有之变局，传统意义上的农民正走向终结（孟德拉斯，2005）。在此社会变迁境遇下，"时代变了，人心不齐了""做什么事都先问有没有钱"是村落在举办公共活动时面临的最大困难（杨海晨，2017）。进而有学者发现，"村落的终结"并不仅仅指涉村里"人"在数量上的流失，因为村落始终是农民生活、娱乐和劳作的共同体，大部分外出务工的村民在经济生活条件得到一定改善后依然会回到农村，只不过，在个体化等因素影响下，其核心意涵已由注重宗族集体利益迈向了注重核心家庭利益（谭同学，2010），村民的合作意识逐渐淡化，村落内部个体与个体之间的联系减少，村落文化生活的缺失与地方性规范对个人行为的约束作用缺位，致使村落原有的道德秩序和礼治规则发生颠覆性改变，民间社会动员能力越来越弱，人与人之间的联结日益趋向于"陌生人化"（马航、王耀武，2011）和"原子化"（贺雪峰，2006）。

乡村兴则国家兴（李浩然，2019）。20 世纪 90 年代中后期乡村问题凸显，党中央加大了对"三农"问题的关注力度，并于 2005 年提出了"物的新农村"和"人的新农村"的建设目标。党的十八大以来，党中央对"三农"问题给予了更多的关注，将农村生态建设作为全面建设小康社会的重要目标之一，并在 2014 年 3 月印发的《国家新型城镇化规划（2014—2020 年）》中明确提出要"建设各具特色的美丽乡村"，并于次年出台了《美丽乡村建设指南》。为进一步推动社会主义新农村建设和美丽乡村建设的高质量发展，实现全面建成小康社会和社会主义现代化国家的重要任务，党中央将乡村振兴战略作为新时代"三农"工作的总抓手，并相继出台了《乡村振兴战略规划（2018—2022 年）》《关于加强和改进乡村治理的指导意见》《关于抓好"三农"领域重点工作确保如期实现全面小康的意见》《关于全面推进乡村振兴加快农业农村现代化的意见》等相关政策文件，这不仅为社会主义新农村建设、美丽乡村建设和乡村全面振兴指明了方向，而且为深化乡村精神文明建设提供了根本遵循。

二 问题的提出

在全面推进社会主义新农村建设的过程中，部分村落创造性地利用"地方性知识"（local knowledge）积极推动乡村振兴，并取得了较为显著的成效。本书的田野点林村①即是如此。与前文提到的"陌生人化"和"原子化"的村落不同，尽管林村在改革开放初期至 20 世纪 90 年代中期也曾遭遇道德危机，但调查发现，随着村落精英回归，林村成立了民间体育组织宋江阵文化研究会和厦门市翔安区武术协会，它们秉承宋江阵文化精神，相继在村落

---

① 出于研究伦理的需要，社会学、人类学一般会对研究对象进行匿名化处理。遵从这一原则，本书对所涉及的地名、人名均做了相应的匿名处理。闽南村落基本上都属于聚族而居的团结型村落，林姓也是闽南的大姓之一。将该村匿名为林村，其实蕴含了该村利用民间体育资源进行村落动员的案例研究所获得的结论对其他团结型村落同样具有一定解释力的学理性思考。

中成立"老人之家"、开展宋江阵进校园、领导公共空间建设及举办武林大会等活动。宋武会通过一系列乡村公益文化实践对村民进行长期的社会动员，原来松散的同质性个体逐渐被整合到村落共同体中，村落道德秩序得到显著改善。同时，在共同参与活动过程中，村落的社会同质性和异质性社会动员能力得到同步提升，并形成动员范围更广的村落道德秩序共同体。亦有田野经验表明，民间体育组织和精英群体通过地缘、业缘、血缘及趣缘所建立的社会网络有助于实现村落的内外动员（郑国华等，2016）。基于田野调研和前人经验研究，笔者提出本书的经验问题：承担着村落中逆"陌生人化"和"原子化"职能的林村民间体育组织在参与乡村振兴过程中，是如何通过村落内外部社会动员重构村落道德秩序并最终实现村落社会团结的？

第二节 理论基础与概念界定

一 理论基础

在中国社会转型和文化变迁之下，众多研究者开始从书斋走向田野进行民族志研究。民族志研究首先需要从较长时间的田野经验中生发出一个"真"问题，为更好地解释这一"真"问题，则需要以相关理论为指导并建立起一个研究的分析框架，从而规范和引导后续的研究过程。事实上，理论在经验科学中能够发挥多大的作用，完全取决于它与经验世界联系的程度，理论的目的是为分析经验世界提供一个框架、视角、看问题的方法，或者是理解经验现象的阐释（Blumer，1969；Agar，1986）。当然，作为民族志研究的学者，在社会急剧变迁的当下，人们更希望具备如米尔斯一般的社会学想象力，既能够在历史与现实之间自由驰骋，又可以在宏观结构与微观事实之间自由穿梭，还能够对社会文明发展中的具体事物的独特逻辑和微妙运作进行阐释（米尔斯，1995）。

人类学方法论注重从他者视角来看待问题，通过田野作业和民族志写作对地方社会与文化进行细致的描述，但缺乏宏观的视野和理论的关怀。如果民族志研究希望超越具体经验对象的局限，那么民族志学者就需要像米尔斯具备社会学想象力一样拥有一种洞察力，这种洞察力从微观层面入手，通过对某一文化的深入描述与分析，能够深刻地阐明其中复杂交错的甚至是充满张力的关系、意义、逻辑与机制，如此，培养一种认识和理解客观社会结构之见微知著的洞察力则是值得提倡的（郭于华，2012）。作为一项民族志研究，本书通过田野调查形成了一个经验性问题，或者说抽象出具有重要理论意义的论题。由于调研的经验材料及抽象出的论题与社会团结理论之间具有密切的关联性，笔者将社会团结理论作为本书的分析框架，以下就社会团结理论的生成背景和主要思想进行介绍。

（一）社会团结理论的生成背景

埃米尔·涂尔干（Émile Durkheim）（1858—1917），也被译作埃米尔·迪尔凯姆、埃米尔·杜尔凯姆，法国社会学家，毕生致力于社会秩序问题的研究，主要著作有《社会分工论》《社会学方法的规则》《自杀论》《宗教生活的基本形式》等。

1870 年，法国正处在社会转型期，伴随而来的工业革命加速了经济的发展，但也引发了诸多社会矛盾，社会秩序因此陷入了混乱，原有的社会秩序几近崩塌而新的秩序尚未建立。面对日益严重的道德失范现象，涂尔干从社会失范问题出发，试图通过重建个人与社会的关系来实现社会的有效整合，以此为法国的社会团结寻找一条新的道路。涂尔干对社会秩序问题的关注决定了其社会学思想的发展，首次研究便进入社会分工这一成熟的研究领域。1893 年，涂尔干在其博士学位论文《社会分工论》中提出了颇具影响力的社会团结理论，该理论被认为是奠定其学术思想的开山之作。

在 18 世纪和 19 世纪的分工思想史上，分工被认为是解释传统农业社会向现代工业社会转型的重要结构原则，这一时期关于分工的传统思想主要以英国功利主义、德国社会主义以及法国共同体主义为代表。亚当·斯密（1723—1790）在《国富论》一书中认为，分工是提高劳动生产力的重要手段，个体报酬也会随之相应递增。德国传统社会主义思想对此持不同观点，马克思承认资本主义技术的革命性质和经济财富的进步，但经济财富的累积与剥削工人的生产资料有关，贫富差距的不断加大导致阶级关系更加对立，而从资本主义社会向社会主义社会的革命性转变是解决这种矛盾的唯一可行途径。不同于英国功利主义和德国社会主义传统思想的主张，圣西门（1760—1825）提出"工业社会"这一新的社会类型，但在孔德（1799—1857）看来，分工意味着分裂且容易对社会凝聚力造成影响。

一个强大的国家需要通过一种新的共同观念来重建凝聚力，由于经济本身无法实现这一目标，在试图建立一个关于分工问题及其前景的社会学的真正解释时，涂尔干做出了两个主要决定：其一，基于法国传统思想和社会关系理论，提出"劳动分工是新的社会纽带吗"这一问题，这就让人们明白了《社会分工论》为何以分工和有机团结之间的关系为理论核心，以及涂尔干的研究兴趣为何在于分工的道德价值；其二，基于法国社会现实，从分工视角来思考个人和社会之间的关系。分工一方面能够推动社会经济的发展，但另一方面也可能导致大量的生存斗争和失范。当然，分工不会自动导致剥削、异化和贫困化，这些结果通常与某些情况下经济生产力等因素相关。涂尔干从分工视角提出了"劳动社会化的社会学解决方案"，并试图在个人主义和社会主义之间找到一条"中间道路"。这条"中间道路"必将受到英国功利主义和德国社会主义两种传统思想的影响，也正是由于涂尔干对社会学原创性的自我约束和谦虚的态度，分工和有机团结的相关论点在现代社会还有进一步讨论的空间。

（二）社会团结理论的主要思想

与其他经济学家的研究视角不同，涂尔干从社会学意义来研究经济学中的分工，认为除了作为经济学的研究对象之外，劳动分工还具有道德价值。在《社会分工论》一书中，涂尔干提出了众多新的社会学概念，如社会团结、机械团结、有机团结、集体意识、环节社会与分化社会等，并把社会结构划分为机械团结社会和有机团结社会，通过分析两种社会结构中个体与社会的关系以及社会团结形态的变化来解决社会失范问题。涂尔干认为，传统社会中分工尚不发达，个体意识非常相似，同质性程度很高，集体意识覆盖个体意识，社会通过集体意识整合在一起，这种建立在同质性基础上个人与个人之间的结合方式被称作"机械团结"。在现代社会中，分工越来越细，社会异质性越来越强，由分工导致的专门化促使各项工作需要通过相互协作才能完成，个体与个体之间建立起相互依赖的关系，因此，现代社会中个体与个体、个体与群体、群体与群体相互联结的方式被称作"有机团结"。

在《社会分工论》一书中涂尔干提出，集体意识是指同一种社会结构中人们信仰和情感的一致性。集体意识是社会团结的精神基础，而社会分工则是社会团结的物质基础。机械团结将同质性的个体遵守共同的信仰和规范作为集体意识，此时的社会分工尚处于不发达的初级阶段，个体意识受集体意识的支配和影响。与机械团结社会不同的是，有机团结社会中社会分工日益发达，人们之间的相互依赖关系逐渐取代了机械团结中共同的集体意识并成为有机团结的精神基础，随着现代社会中个体意识越来越明显，集体意识与个体意识相比就显得没那么重要了。与建立在共同的价值观和信仰等集体意识基础上的机械团结相比，以社会分工为基础的个体相互依赖的有机团结能够更加有效地建立起个体与社会之间的相互联结关系。1902 年，涂尔干为《社会分工论》一书撰写了第二版的序言，其中再次详细地解释并说明了诸多与社会现实紧密相关的问题。工业革命在助推经济飞速发展的同时导致社会失范现象越来越严重，由此引发了对社会秩序问题的思考与分析。面对社会失范，涂尔干提出了中肯的建议，即通过组织化、道德化及构建职业群体等社会中间团体来应对现代社会中的道德危机，通过重建社会道德秩序来维持社会的安定与和谐。

二 概念界定

（一）民间体育组织

1. 民间组织

在近现代进程中，西方国家出现了不同形式的结社和社团活动，具有公共职能的社团逐渐成为各国社会发展的重要力量。17世纪初，英国就曾颁布《慈善法》来保障这些社团的权利（王名，2007）。在美国，受基督教传统和移民社会传统的影响，参与社会活动早已成为人们的基本生活方式。由于人人都可以参与组织结社，工商团体、宗教团体、道德团体等各种各样的社团迅速发展起来，众多民间组织的成立为美国社会的发展与繁荣奠定了坚实的基础（托克维尔，1988）。随着资本主义发展日渐成熟，西方发达国家民间组织数量迅速增长的同时影响力也在不断扩大，甚至在国际舞台上开始崭露头角。第二次世界大战后，受现代性因素影响，除英、美等发达国家之外的许多国家都开始成立以救助为目的的民间组织，从贫民救济、社会福利、教育发展以及卫生保健等方面来服务社会。20世纪90年代以来，民间组织的影响力不断扩大，一些发达国家的民间组织积极参与本国的社会治理，在公共社会事务管理、政策制定及社会建设等方面发挥作用，同时主动参与全球治理，帮助解决国际性公共事务问题。

资产阶级革命和工业革命的爆发，为西方民间组织的萌芽提供了生存的土壤。社会转型推动了经济的快速发展，也使得个人与社会之间的矛盾日益复杂。社会矛盾引发的各种危机，不能完全依靠政府来解决，在此情形下，各式各样的社团和组织服务机构大量涌现。如非营利组织（non-profit organization，NPO）、非政府组织（non-government organization，NGO）、第三部门（the third sector）、独立部门（independent sector）、慈善组织（charitable sector）、志愿者组织（voluntary sector）、免税组织（taxexempt sector）、基金会（foundation）、非商业组织（noncommercial organizations）等（李红艳，2013）。通过查阅相关文献发现，西方国家的非政府组织通常指的是发展中国家的民间组织或非营利组织，但是非政府组织这一概念真正走进国人视野是于 1995 年在北京召开的世界妇女大会和世界 NGO 妇女论坛上。

近年来，关于民间组织的研究，我国学者更多的是使用"非营利组织"来指涉研究的组织（王思斌，2003）。新中国成立以来的一段时期，我国以政治目的为导向建立了一些学术类和文艺类的社会团体和组织，但 1958 年"大跃进"之后，国家与社会关系的改变，致使民间组织被迫解散。改革开放之后，国家对社会各方面的控制逐步松动，1978~1995 年，我国民间组织迎来了快速发展期，各类行业协会、基金会以及社会团体大量涌现且发展迅猛。自 1995 年以来，我国民间组织数量不断攀升，影响力也逐渐扩大，为对各级各类民间组织进行有效管理，民政部于 1998 年正式成立了民间组织管理局。21 世纪初，我国进入社会转型与改革的深水期，随着党的十八大召开，政府职能由社会管理向社会治理转变，政府不再作为单一的社会治理主体，民间组织开始承担部分社会职能，并共同参与社会治理和社会建设。可见，民间组织成为国家现代化治理进程中的一支重要力量，在社会治理中的作用日益凸显，这引起了学者们的更多关注与思考。

具体来看，国内和国外关于非政府组织、非营利组织以及民间组织的表述存在差异，各自的侧重点略有不同。非政府组织侧重于国家与社会的关系，通常指的是公益性及社会服务性的组织，组织与政府之间是伙伴关系，而非营利组织则更侧重于经济与社会的关系。《社会团体登记管理条例》明确指出，我国的社会团体是指为实现团体成员共同目标而由公民按照条例自发开展活动的非营利性社会组织。可见，包括社会团体等在内的民间组织一般兼具非政府性与非营利性两个特点。尽管民间组织在称谓上与非政府组织、非营利组织不尽相同，但学界对民间组织与其他两者特征的认识基本一致。我国民间组织管理局的法规和政府文件中所认可的民间组织包括基金会、社会团体或民办非企业单位三大类，其他具有组织性质但没有得到业务部门审批且未获得登记部门许可的民间组织很难被纳入正式的民间组织当中。针对此种情况，目前尚未在官方登记却具有民间组织的非政府性与非营利性等特征，同时在某些特定领域发挥民间组织作用的组织，通常被学界称为草根民间组织（沈亚平等，2013）。

2. 民间体育组织

一直以来，民间体育组织都是民间组织的一部分，国内外学界对其称谓与概念的界定尚未形成统一的定论，学者们大多基于民间组织的特征从不同视角进行称呼，如民间体育组织（陈泽兵，2002）、自发性群众体育组织（孟凡强，2006）、非营利体育组织（马志和、张林，2003）、体育非营利组织（王家君，2008）、体育类民间组织（汪流等，2008）、草根体育组织（汪流、李捷，2011）、自发性体育社会组织（张金桥，2013）等。从广义的角度来看，民间体育组织除了指体育基金会、体育民办非企业、体育社团等组织外，还应该将具有公益性、互益性等组织特征但又未经正式管理部门登记在册的体育组织包含在内（冯晓丽，2015）。虽然学者们的学术立场和现实关怀存在差异，但总体而言，国内外学界对民间体育组织的非政府性、非营利性、自愿性、自治性等特征的认定基本一致。尽管学界对民间体育组织的概念缺乏定论，但关于民间体育和体育组织有清晰的界定。有学者指出，民间体育一般是指在村民日常生活中的蕴含地方性知识的体育活动，但这类活动通常是非官方的，因而其组织程度及专业化程度与官方正式举办的各类活动存在差距（涂传飞，2019）。关于体育组织的定义，学界大多认为是人们按照一定程序，为共同的体育目标而组成的合作性统一体（翟继勇，2013）。因此，在结合民间体育与体育组织概念的基础上，本书认为，民间体育组织是指为实现民众日常生活中开展的非官方的且具有地方文化内涵的体育活动目标，人们根据特定的规则组合而成的社会实体。

2016 年 8 月 21 日，为进一步加强社会组织建设，激发社会组织活力，深入贯彻党的十八大以来的会议精神，中共中央办公厅、国务院办公厅印发《关于改革社会组织管理制度促进社会组织健康有序发展的意见》，将"民间组织管理局"正式更名为"社会组织管理局"，在官方表述上以"社会组织"取代"民间组织"。虽然目前官方在表述上已使用"体育社会组织"代替"民间体育组织"，但依据我国惯例及本研究的实际情况，本书将继续沿用"民间体育组织"这一称谓。但需要说明的是，称谓的选择并不影响概念内涵的一致性。本书中的林村民间体育组织不仅是村落社会文化实践的组织者，也是村落同质性社会资本和异质性社会资本的链接者，还是乡村振兴动员的参与者和村落道德秩序重构的承载者。

（二）社会动员及其相关概念

1. 社会动员

"社会动员"的概念是由"动员"一词演变而来的。19世纪70年代初，普鲁士人在普法战争前夕因实行征兵制而赢得战役的事实引发了军事家们对"动员"问题的关注。军事理论家克劳塞维茨（2019）在其著作《战争论》一书中首次对"动员"一词进行定义，即为取得战争的胜利，必须动员一切能够动员的力量。在研究战争问题的专家看来，周密的战争准备就是一种动员行为，而在此之前没有任何国家使用过普遍征兵制这一做法，因此，学界认为普法战争开启了学界关于"动员"的研究之路。

"Mobilization"（动员）一词从德语英译而来，英国《不列颠百科全书（第11卷）修订版：国际中文版》将"动员"一词定义为，"在战争或紧急状态下，国家调动全部资源和社会力量为军事战斗服务"（中国大百科全书出版社《不列颠百科全书》国际中文版编辑部，2007）。"动员"一词最早在日俄战争中翻译为中文"出师准备"的意思，后因词语太长而被日本陆军大将意译为"动员"。《辞海（上）》（1979）认为，"动员"是指"为满足战争需求，国家调整社会状态并集中全部社会力量来实现战争的各项需求"。19世纪中期，受现代性理论思潮的影响，"动员"一词超越军事领域范畴被广泛运用到社会生活的各个方面，特别是"二战"后现代性的不断扩展给亚非拉地区的新兴国家带来了不少难题，其现代化发展引发了学界的广泛关注，学者们从不同角度对此展开了大量研究。

美国学者多伊奇（1987）首次提出"社会动员"（Social Mobilization）这一专业术语，用以描述一个社会中社会成员思想和行为方式等方面发生全面变化的过程，并认为社会动员受现代性因素影响而发生转变，同时这些转变反过来可能加速现代化的进程。美国政治学家亨廷顿（1988）在其著作《变革社会中的政治秩序》一书中从政治现代化的视角对社会动员进行了定义，认为社会动员是一个持续的过程，在政治、经济、文化等不同方面因素的长期影响下，社会成员在态度、价值观和期望等方面随着社会的不断发展与改革而发生转变。以色列社会学家艾森斯塔德（1988）采用结构功能法从制度层面指出，社会动员是指发动和动员一定的社会资源，并认为一个国家动员资源的能力在某种程度上反映出一个国家的经济发展水平。随着现代化进程的快速推进，社会成员的态度、价值观念、行为方式以及自身需求等必然随之发生改变，这些改变使英国社会心理学家英克尔斯（1995）关注到社会动员对社会成员产生的影响。可见，西方学者从不同视角对社会动员进行了从个人到国家、从微观到宏观的探讨，并涉及政治、经济、社会、文化及心理等多个领域。尽管各自研究的视角不同，但国外学者的研究大多认为社会动员是指社会成员生活方式和思维方式随着社会结构转变而呈现的一种变化过程。无疑，国外关于社会动员的认识给国内学者提供了一定的理论参考。在此基础上，国内学者结合中国社会的发展历程与实践，将社会动员定义为，"一定的国家、政党或社会团体以各种方式来影响和改变社会成员的态度、价值观和期望，在形成思想共识的基础上，引导、发动和组织社会成员积极参与社会实践，进而实现社会目标的活动"（甘泉、骆郁廷，2011）。社会动员既是手段又是目的，但同时体现为一种过程，通过组织引导形成一致价值观以实现共同的社会目标是社会动员的关键所在（李德成、郭常顺，2011）。从历史视角来看，我国社会动员可分为传统社会动员和现代社会动员。

（1）中国共产党革命时期的传统社会动员

长期以来，社会动员作为发动和动员群众进行革命和社会建设的一种手段，一直是中国共产党的政治优势，为中国共产党带领人民取得革命胜利做出了贡献，也对不同时期社会主义建设发挥了积极作用。社会动员对社会发展产生了巨大的影响，并引发了学者们的高度关注。国外学者汤森、沃马克（2003）通过研究发现，中国共产党的政治动员是动员社会资源为政治利益服务的过程。国内学者则对各个时期中国共产党进行的社会动员展开研究，从参与动员的对象和方式来看，新民主主义革命初期参与社会动员的人群主要来自工人、农民、学生、市民等不同群体，动员方式以宣传教育、请愿抗议、罢工罢课等为主（董惠敏，2015）。中国共产党在苏区进行的一系列以政治动员为主要方式的革命动员取得了良好效果，在抗战时期、解放战争时期这一动员模式仍被广泛使用（杨会清，2008）。新中国成立之后的一段时间内，由于社会生产力水平总体低下，社会发展需要依靠政治动员（徐彬，2007）。总体而言，大规模的群众动员在 20 世纪中期达到了高潮，但边区发展仍需根据具体情况采取行之有效的动员模式才能真正发挥作用（王德道，2009）。

（2）改革开放以来的现代社会动员

改革开放以后，国家将工作重心转移到经济建设上来，大规模的社会动员逐渐淡出了人们的视野。不过，值得一提的是，应对 1998 年抗洪救灾、2003 年抗击"非典"、2008 年抗震救灾和2020～2022 年的抗击疫情等社会危机，充分体现出国家在整合社会各界人力、物力、财力等资源方面的能力，也反映出社会动员在调动群众参与积极性等方面发挥的重要作用，这种动员能力对提升国家治理能力和实现国家治理现代化具有重要的意义。推进社会治理现代化，加强和创新社会治理是推进国家治理体系和治理能力现代化的重要内容和环节，在创新社会治理过程中，社会动员是社会治理不可缺少的重要方法和途径。从某种意义上而言，社会动员是创新社会治理的有机组成部分，也是构建社会关系网络的必然选择。

由此可见，与传统社会动员相比，现代意义上的社会动员随着社会的转型与发展在以下方面发生了重要变化。一是动员主体。

除党和政府之外，各类民间组织、草根团体和人民大众等都是社
会动员的主体之一。二是动员方式。社会动员包括传媒动员、教
育动员和参与动员（王学俭、高璐佳，2010），其中参与动员是改
革开放促使人们思想观念发生转变的结果。三是动员路径。社会
动员既包括横向关系的组织动员，也包括自上而下的行政动员与
自下而上的组织动员相结合的模式。四是动员机制。社会动员的
核心是以人民群众的根本利益（包括公共利益）为基础，通过动
员社会成员广泛参与公共事务，并在价值观一致的前提下共同实
现公共利益。

2. 同质性社会动员、异质性社会动员、复合社会动员

同质（Homogeneity）与异质（Heterogeneity）是科学与统计学
常用的一对概念，旨在对某一生物组织或物质的均匀性进行描述，
如果组成某种物质的各部分特征相同则具有同质性，如果构成物
质的特征呈现差异则具有异质性。在社会互动过程中，互动双方
在信仰、习俗、文化等方面相似度较高被认为具有同质性，相反，
如果互动双方在以上方面存在较大的差别，那么二者之间互为异
质性个体（罗杰斯，2002）。在闽南乡村社会中，几乎每个村落都
有本村供奉的神明，每个村落的村民也都拥有共同的信仰和文化
习俗。正是基于血缘、地缘以及共同的信仰和风俗习惯，林村内
部成员之间互为同质性，而村落内部个体与村落外部个体则互为
异质性。因此，林村民间体育组织对村落内部个体进行社会动员
被称作同质性社会动员，对村落外部异质性个体、组织或团体进
行社会动员则被称作异质性社会动员。林村民间体育组织在村落
间举办赛事进行异质性社会动员的同时，村落内部也在进行同质
性社会动员，这种同质性社会动员与异质性社会动员共存的状态
被称作复合社会动员。

3. 乡村振兴动员

21 世纪初以来，国家高度重视农村发展并出台了系列措施与
政策，如 2005 年推行社会主义新农村建设，2013 年农业部启动美
丽乡村创建活动以及 2018 年实施乡村振兴战略，以上举措体现了
国家对"三农"工作的持续关切与支持。因此，本书中的乡村振

兴动员不仅包括林村民间体育组织为实现"乡风文明、治理有效"的乡村振兴战略目标而进行的社会动员，还包括前期在社会主义新农村建设与美丽乡村创建过程中持续进行的社会动员。

（三）社会团结及其相关概念

1. 社会团结

社会团结是指个体与个体、个体与群体（组织）以及群体（组织）与群体（组织）之间的关系。它一方面指建立在共同的信仰和情感之上的相互联结关系，这种信仰和情感是人们共同遵守的规范，通常也被称作一种集体意识；另一方面指社会分工导致相互之间形成基于依赖的联结关系。

2. 机械团结与有机团结

涂尔干在《社会分工论》一书中提出"机械团结"和"有机团结"这对概念，并依此将社会结构二元划分为机械团结社会和有机团结社会。在机械团结社会中，个体具有高度的同质性，个体之间被共同的道德和规范约束，这种共同信仰和情感成为他们的集体意识，社会秩序正是通过这种集体意识来维持的。在有机团结社会中，随着社会分工越来越细，个体异质性越发明显，存在于道德信仰、规范等意识层面，个体按照分工各司其职，社会成员之间因此建立起相互依赖的关系，每个人对社会和其他人的依赖性越强，社会整体的统一性也就越强。

（四）道德秩序及其相关概念

1. 道德秩序

道德属于社会意识形态的范畴，具体是指通过善恶评价的方式调整人与人之间以及个人与社会之间关系的行为规范的总和。秩序则是通过对某一事物或形态的构成要素进行有组织、有条理的安排以达到正常的内部运转和良好的外观状态。道德秩序是指支配个体在群体或社会中的社会行为的价值与规范体系，同时这一体系能够有效调节个体在群体和社会中的社会行为以符合价值与规范。在社会学领域中，道德秩序是指有组织、有系统的义务状态，即每个人在社会或群体中都必须遵守的行为规范，具体包括价值、规范、法律和制度等。

2. 重构道德秩序

本书是基于中国农村社会由传统向现代转型这一背景展开研究的。社会转型是指在传统的社会结构之外出现一种新的社会经济或阶级力量，这种新的力量打破传统的社会结构，希望达成一种新的社会秩序并构建一种新的道德体系，以使新的社会秩序道德化（杨秀珍，1998）。20世纪80年代初至90年代末期，传统社会的礼治秩序对村民个体缺乏约束力，一些农村面临巨大的道德危机，当时的林村同样处于道德失范的状态，彼时村落新的社会道德又尚未建立。因此，本书中重构道德秩序是指在社会转型过程中，传统社会结构中的道德秩序处于失范状态，需要在现代社会中建立一种新的道德规范来维持社会秩序，这种新的道德规范的建立即是道德秩序的重构。从本书来看，民间体育组织以宋江阵文化为载体进行乡村振兴动员，将以社会主义核心价值观为普遍遵循的宋江阵文化"尊老育人、敦亲睦邻、解危救急、保乡卫民"十六字方针确立为村落新的社会道德，个体道德与新的社会道德的统一实现了个体道德的构建和村落集体意识的重塑，同时村落道德秩序得以重构。

第三节　文献综述与问题凝练

一　文献综述

（一）社会团结理论

1. 国外研究

（1）国外相关理论研究

Merton（1934）认为，涂尔干的方法论问题在于通过使用"指数"而不是直接可观察的社会事实作为机械团结和有机团结的指标，正如物理学家通过某些客观可观察和可测量的现象来测量热和电。涂尔干从分工角度对社会过程及其结构进行了深刻分析，并把机械团结和有机团结看作两个社会的明显特征，但人们认为这一线性结论是理想型的，从机械团结到有机团结的过程可能不是单向的。尽管这一研究结论太笼统或方法论层面存在问题，但多年后仍然能为人们进行经验研究提供一个概念方案和理论参考。可见，该理论仍然是现代社会学的最大贡献之一。

吉登斯（Giddens，1971）指出，涂尔干对道德个人主义的起源和性质的讨论构成了其试图解决个人与社会关系的一个主要方面。个人与社会之间的关系存在一种二元性，个体与社会的关系随着从机械团结向有机团结发展而发生根本变化。此变化过程包含两条路径：一是组织路径，二是道德路径。但涂尔干的思想陷入理论僵局，因而无法以令人满意的方式处理个体与社会之间的关系。

Hawkins（1979）对涂尔干在《社会分工论》一书中提出的社会团结理论是否仍然对其学术思想发挥重要作用这一问题进行了探讨。有学者认为，社会团结理论植根于许多关于原始社会性质等方面的假设。基于此，涂尔干在1902年撰写的第二版序言以及后来的工作中对相关问题进行了修正，并对这些社会的道德和组织特征进行了重新定义。在涂尔干早期的理论中，社会团结是随着社会结构的变化而变化的，而进化就是一种社会结构为另一种社会结构所取代，后期研究将这种变化描述为通过遵循共同的理想和情感体系而实现的同一类型团结的逐步扩展，这一制度的内容将因所涉社会的性质而有所不同，特别是在赋予个人的尊严和自主权方面，但它在促进团结方面所发挥的作用仍然是不变的。可见，涂尔干早期的观点仍为后续研究提供了一个明确的理论视角。

Marske（1987）指出，涂尔干在试图解释现代社会的道德基础时对有机团结相关的道德专业化或多样性与集中于"个人崇拜"的集体良知道德之间的关系进行了分析，他虽把社会和个人现实概念化为不同且独立的层次，但没有充分考虑到这些现实是如何相互调节的，整体论述偏理论性且过于笼统模糊，同时缺少用具体案例来说明或证实相关论点。社会结构从简单到复杂的发展过程通常被认为是个体孤立、"异化"、"失范"所致，这提醒我们，个体化过程不一定是原子化的过程，现代化进程致使个人越来越脱离传统的社会纽带，社会互动领域的扩大和劳动分工的增加导致社会内部文化多样性增加，个性也更加鲜明。涂尔干担心机械团结的崩溃会产生失范和利己主义，并认为这是由于缺乏有机团结所致，除非现代社会能够提供一种个人可以感觉到有目的的承诺和依恋的社会组织类型，否则失范和利己的可能性就会增加。

Müller（1994）对涂尔干《社会分工论》一书中关于社会分化与整合的问题进行了探讨。在面对社会秩序问题时，涂尔干发现社会结构和文化发展失衡导致社会危机，于是他借助一种关系模式来构想社会团结，认为社会纽带或社会关系因社会类型和团结方式的不同而存在差异。社会团结体现的是社会结构和功能的关系，社会团结的实现与社会组织和道德两个方面紧密相关，如果社会组织和道德能够顺利地协调，个体与社会的关系就会更加紧密，反之，社会就会陷入失范状态。实现有机团结的集体意识逐渐为分工所取代，这看起来是一个价值变量为一个结构变量所取代（Parsons，1967），但分工和有机团结之间的关系并没有得到较好的解释。涂尔干描绘的良好社会规范图景虽然超出了分工与有机团结之间的关系，但或许为社会秩序和个人自治问题提供了答案。如果分析东欧社会在转型中所面临的巨大问题，关注帕森斯（Parsons）、卢曼（Luhmann）、哈贝马斯（Habermas）、吉登斯（Giddens）等提出的相关理论，思考社群主义（共同体主义）中讨论的道德问题，那么涂尔干的社会团结理论具有重要的指导作用。

Pope 和 Johnson（1983）认为涂尔干的机械团结模型既符合内在规律又符合其理论前提。机械团结的核心主张是个体性与团结性之间的反比关系，但涂尔干试图证明个体性与团结性在社会进化过程中也是成正比增长的。当涂尔干认为有机团结和个体性成比例关系时，将个体性和团结性之间的这种正比关系置于涂尔干关于机械团结的核心主张时便产生了难以解决的理论困难。

Thijssen（2012）着重讨论了社会团结理论中的两个传统问题：一是片面地关注到有利于系统整合的结构性因素，二是将机械团结和有机团结分别定位在目的论过程的始末。随着现代化进程的推进，涂尔干在有机团结概念中重新融入了机械元素。有学者认为，涂尔干正确地指出了两种团结辩证法之间错综复杂的联系，有机团结与机械团结固然不是孤立存在的，人们需要摆脱的是从机械团结到有机团结的单向目的论道路，或许从机械团结到有机团结再回到机械团结的循环模式也是可能存在的。

Schiermer（2014）试图对涂尔干《社会分工论》一书中的团结问题提出新的观点，进而更好地理解当代现实。研究概述了为何涂尔干关于现代"个人崇拜"可被视为机械团结的案例，并指出涂尔干忽视了机械团结将继续存在于现代社会当中，同时谈到了社会分化与整合的关系。研究认为，机械团结在现代社会蓬勃发展这一广义框架为从新的角度看待现代社会的团结问题开辟了道路。此外，研究试图从理论上对个人与社会关系作进一步探讨，从有机团结到机械团结并非线性发展，现代客观世界的变化是由机械团结和现代的个人自治之间复杂的动态发展产生的。

（2）国外相关案例研究

在讨论群体应对灾难反应时，Turner（1967）提出，无论是在群体形成还是重组时，机械团结都存在。Zurcher（1968）证明了应对灾难时工作人员群体中机械团结的重现，并指出在机械团结向有机团结的转变过程中群体支持发挥了短暂作用。研究认为，这些群体在灾难边缘表现出对机械团结的持续关注，并发展出符合这种关注的行为模式、信仰和情感。另据一位"以完全参与者"身份受雇于美国煤炭公司"天堂四号"的研究者所言，由于该矿扩建，少数女性也逐渐加入矿工的队伍中。涂尔干提醒我们，越是机械团结的社会，男女之间的社会差别越小。大量女性的拥入，则有可能削弱或改变集体良知的基础，这是需要进一步探讨的问题。研究认为，以高度机械团结为特征的每个群体都以与群体所处环境相关的方式确保个人的忠诚，工作群体中机械团结的核心是非正式群体结构，对该群体威胁越大，对机械团结的关切也就越强（Vaught & Smith，1980）。

通过对巴基斯坦的努纳里斯（Nunaris）进行调查，可以发现，巴基斯坦的农村社会不是同质的，努纳里斯也不是一个同质的群体，它由十个氏族组成，其成员在职业、财富和观念上都有很大差异。简言之，客观条件似乎支持基于有机团结的社会群体的存在，然而，当调查努纳里斯以及巴基斯坦更广泛的社会时发现，相互之间的机械团结似乎非常稳固，因为各种社会关系都建立在相似而不是分化的基础上，更高层次的团结可能不一定是基于有机团结。对巴基斯坦穆斯林来说，所有穆斯林都是因宗教而联系起来的兄弟，基于分歧及其统一的团结似乎不是努纳里斯社会生活的一个重要因素，也不是国家内部的一个重要因素（Kurin & Morrow，1985）。

在对 ONTA（Onthel Tasikmalaya）自行车社区进行调查时，有学者发现，ONTA 自行车社区成员的机械团结建立在维护祖先遗产和社区成员团结的信念基础上，这是由其他成员的相似性形成的。除了健康目标和维护传统文化之外，还包括有机团结的价值观，ONTA 自行车社区成员之间经常聚会并在困难时互相帮助，亲情关系使 ONTA 自行车社区成员的团结更加紧密，这些都是 ONTA 自行车社区成员之间形成良好社会互动的基础（Anwar，2018）。

2. 国内研究

（1）国内相关理论研究

①理论阐释。个人与社会的关系是涂尔干与亚当·斯密关于社会分工的讨论焦点，这一讨论不仅揭示了社会分工的道德属性，也暴露出社会内在问题的复杂性。孙帅（2008）认为，涂尔干晚期关于构建一种道德个人主义以实现社会整合等的观念为解决以上困境提供了理论参考，从涂尔干个体与社会的关系出发来阐释其学术思想脉络，其用意不仅在于说明该理论为现代社会秩序问题提供了可能的解决方案，而且在于说明涂尔干所提出的问题本身比他所给出的答案更有意义。面对现代性带来的社会失范，涂尔干以个体人格的培养与社会团结的形成为研究起点，然而，涂尔干认为这一问题不仅仅指涉个人对社会的依赖，进一步而言，

这里涉及个人与社会的关系、利己与利他的关系两个问题（王林平，2010）。王庆明（2010）从解读涂尔干的经典著述出发，发现社会秩序混乱的根源是建立在宗教之上的传统道德对受经济发展影响的现代社会生活缺乏有效的约束力，而涂尔干在正视经济逻辑日益统摄日常生活世界这一事实基础上，提出职业伦理的塑造有利于化解社会危机，并认为人类社会的变迁可以从社会团结存在的不同形态进行区分，因此将不同社会结构类型区分为机械团结和有机团结（陈洪强，2011）。

现代性的扩张不仅促使外界环境和制度产生变化，而且在一定程度上使个人自身发生转化。这种转化是个人内部深层的"价值秩序"的位移和重构，或许现代社会主体性的构建不只是个人从"唯意志论"向"认识论"的转换过程，更是神圣社会赋予个人的意义（杨君，2011）。社会历史的发展、个体利益的满足以及个体利益与集体利益相结合是社会学分析社会团结的重要视角（秦文鹏，2012）。与其他学者不同，涂尔干敏锐地观察到现代社会由劳动分工催生的有机团结的社会关系，并深刻地剖析了有机团结实现的可能路径，为现代社会应对社会失范危机提供了重要建议，这为思考当下转型期的社会治理提供了一定的理论借鉴（吕付华，2012）。在《社会分工论》一书中，涂尔干对个人与社会的关系问题进行了解答，认为现代社会危机的根源在于，道德随着经济的发展对人们不再具有约束力，因此需要在社会分工的基础之上确立一种与社会发展相一致的新的社会道德（王虎学，2015）。社会缺乏凝聚力就无法生存，社会要想维持稳定的社会秩序，就必须重新确立与个人之前和谐的具体方式。随着分工的不断扩展与个体意识的异质性增加，从社会建设与集体意识的培养入手，为个体搭建道德学习与实践的平台，能够有效消除个人主义思想，从而培养个体的自律意识，为个体在人格自由与道德约束之间找到平衡（潘建雷、李海荣，2013）。

②理论比较。将"和谐社会"与"社会团结"进行比较发现，涂尔干区分社会结构的方式为传统和谐社会与现代和谐社会的划分奠定了理论基础，而有机团结的实现路径则对构建现代和谐社

会具有一定的启发意义（王威海，2006）。通过分析社会团结与和谐社会两个概念之间的异同，王威海（2007）认为，必须具备社会公正、社会稳定有序等特征才是符合现代社会发展方向的"和谐社会"。"公社与社会""机械团结与有机团结"是西方社会学中重要的理论概念，滕尼斯与涂尔干以不同的标准对社会结构进行划分，由此导致两者在类型特征的认识上存在一定的差异甚至相悖（齐泽民、陈星，2008），但滕尼斯与涂尔干使用二分法阐释的理想社会类型表达了他们对美好人类社会组织形式的期待（彭兵，2010）。滕尼斯用"有机"来说明传统的共同体，用"机械"的聚合来指代社会。与之不同的是，涂尔干把由同质性个体的集体意识形成的机械团结的社会看成是传统共同体，而把社会分工导致异质性增强而产生的有机共同体指代有机团结社会。有学者认为，当下转型期的乡村共同体重建需以内生资源为基础，并借助外部力量来构建基于有机团结的现代乡村共同体（王露璐，2015）。转型期社会分工越来越细，个人意识越发明显，在由传统农业社会向现代工业社会迈进的过程中，社会团结形态变化引发的社会矛盾是学者们重点关注并致力解决的问题，但社会结构的二元区分容易忽视社会急剧变迁催生出一个过渡的社会结构形态，故而从具体实践入手，将社会团结中的社会关系作为思考的起点是值得提倡的分析框架（张连海，2015）。

③理论反思。高丙中（2006）将研究聚焦于中国近年来的多种社团合作，认为这种合作是社会结构由机械团结向有机团结转变所致。研究从涂尔干"有机团结"概念出发，以此说明社会转型期社团之间通过自愿的平等合作建立起的横向联结方式有利于推动中国现代社会和谐有序地发展。社会分工促使个体意识凸显，社会结构由此向有机团结转变，建立以有机团结为基础凝聚个体思想共识的机械团结，有利于实现个人道德与社会道德的统一（周逸群，2013）。在由机械团结向有机团结的转化过程中，社会分工的扩展促使社会分化程度不断加深，通过社会组织来实现个体道德与社会道德的统一是有机团结产生的重要机制，也是现代社会秩序保持稳定的关键所在（李荣荣，2008）。涂尔干认为，重

建职业团体和重构个体道德是化解个体主义走向极端的有力武器。当前，社会道德失范问题在当下中国同样存在，如功利化的个体主义日趋严重，有学者认为是社会道德、个体信仰与家庭结构及伦理三者之间出现了偏差，而梁漱溟提出的"乡民理性"概念与涂尔干建立道德个体主义在目的上具有一致性，其实质是通过重建个体道德来实现个体道德的社会化（樊琪，2013）。涂尔干从道德视角思考社会转型期的社会失范问题，并认为社会团结的基础在于道德的整合，个体道德社会化以及遵守一致的道德规范是社会团结的前提。涂尔干通过道德实现社会团结的思想能为当前社会治理提供理论借鉴（岳天明，2014；罗春洪，2016）。

④理论拓展。涂尔干从普遍的理性视角对个体与社会的统一问题进行分析，但因与社会生活本身存在不一致，有学者提出把相互承认放置于主体间性的框架中来重新思考社会秩序重建的问题（贺来，2007）。关于如何实现社会团结，涂尔干提出在个体与国家之间重建法人团体或职业群体这一路径。有学者认为建立职业群体（法人团体）这一说法忽视了社会中间层次，还应该包括其他社会组织。尽管社会分工扩展导致异质性越来越明显，但在同质性的熟人社会中，以地缘和血缘为基础的各类民间组织依然存在并在人们的日常生活中发挥着重要的作用（肖瑛，2008）。因此，作为桥梁的社会中间层次的"总体的社会组织"不仅包括职业群体，也应该涵盖公共领域中的社区生活与一般社会组织（姚俊，2014）。

吉登斯认为，随着社会异质性的增强，建立在个体对他人或系统的信心基础上的信任，对构建有机团结与维持社会和谐秩序具有重要的作用（董才生，2010）。社会分工的扩展导致社会结构形态发生改变，但是东亚传统儒家文化构建的机械团结依然稳固。涂尔干二元区分的理论对此现象难以解释，进而有学者从经济学视角来探讨儒家"活法"的强韧传承性对中国传统社会机械团结的维护（涂少彬，2011）。风险社会的来临与现代性影响下社会生活个体化以及个体各种不确定性增加有密切关系，但对于转型期的中国社会而言，个体化的到来并不只是现代性导致的结果，地方传统与现代社会的发展也是主要影响因素之一，如个人主义思想、市场经济体制改革以及互联网日益发达等都在形塑个体化的样貌。因此，在个体性发展的同时注重公共精神的培养，既有利于现代社会团结的建立，也有利于化解转型期中国社会个体化引发的社会矛盾（王建民，2013）。无论是涂尔干关于社会秩序问题的讨论中提到的集体意识，还是福山从传统文化视角定义的社会资本概念，都是基于个体出发的自发性制度安排，而涂尔干提出化解社会失范危机的解决方案与福山提出促进社会政治和经济发展水平，则是人们通过组织内部规范来实现团体或组织的集体利益而进行的构建性制度安排。由此来看，新时期我国民族团结形式具有构建性特征，同时自发性制度安排仍然发挥着重要作用（卫松、昌儒，2018）。

（2）国内相关案例研究

通过调研发现，改革开放以来，佤族社会实现了由以机械团结为纽带的传统社会向以有机团结为纽带的现代社会转变，作为人神中介的巫师"魔巴"在佤族现代社会发展中仍在发挥积极作用，因而在较长的时间里还将继续存在（袁娥，2009）。有学者认为，村落群体、组织、个体的多元化利益诉求使相互之间的分化加剧，乡村社会的团结纽带被割裂，而新的社会纽带尚未自发产生，因而村落社会团结尚处于一种过渡状态（高飞、向德平，2015）。另有学者对民俗项目"打扁担"进行调研发现，传统农业社会中打扁担的组织参与主要依靠本族成员共同的习俗信仰、情感和目标维系，传统社会结构趋向于一种机械团结。随着村落经济的发展、社会分工向多元化转变，打扁担中的民俗信仰成分开始淡化，在组织参与上主要依靠政府的引导及社会成员自主的、自愿的合作来维系，因而在现代社会趋向于有机团结（赵芳等，2015）。还有学者通过对河南 W 村的打鼓活动进行考察，发现在参与打鼓活动的不同场域中 W 姓村民在相互交流中以"一家人"相称，但实际上对同村异姓村民呈现隔离状态（在仪式场域下）或融入状态（在日常生活中）。他们基于以上区隔于融合共存的现象提出，民间体育活动为乡土社会从"差序格局"向"差序场"转型提供了"物理舞台"，并促使乡土社会构建起基于血缘关系的有机团结社会（卫大静、杨海晨，2019）。

3. 社会团结理论研究述评

各种思想能够持久地传播，并非因为它能够解决各种社会矛盾，而在于它为后来者提供了各种继续认识和分析社会问题的视角。就涂尔干的社会团结理论而言，不仅仅是因为其提出的各种概念、假设和命题对现代社会治理具有积极意义，更重要的在于，社会团结理论对当前的某些社会事实具有一定的解释力，因而能够为人们思考当下面临的社会问题提供明确的研究视角以及解决问题的可能路径。正是由于涂尔干对自身所处时代现实的真切感悟和关怀，社会团结理论在时隔百年后对人们思考当下转型期中国社会秩序问题以及个人与社会关系等问题仍具有重要的指导意义。

从国内外相关研究来看，国外研究提供了国际社会的丰富经验，而国内研究则关注了中国当下社会现实的思考。具体而言，阐释性理论研究通常是对社会团结理论最核心、最重要、争议最多的问题展开讨论，为深入了解社会团结理论的核心问题及有争议的问题提供了重要的参考。比较性理论研究是就相关问题从不同理论视角与社会团结理论进行比较讨论，在丰富笔者理论知识储备的同时，能够从多角度增进对社会团结理论的认识；反思性理论研究是在对社会团结理论相关问题进行阐释的基础上结合当下社会现实进行思考，这种从理论到实践的反思无疑能够为当下研究提供理论与经验结合的思维模式；拓展性理论研究是借助其他理论或经验对社会团结理论相关问题进行解释，或是结合社会团结理论再提出新的概念或解决新的问题，这种研究取向有利于思维能力和想象力的提升。

涂尔干将社会团结二元区分为机械团结与有机团结的观点一直备受学界关注，学者们对此进行了相关的理论和经验研究，并得出以下结论：①从机械团结到有机团结的过程不一定是单向的；②机械团结与有机团结的二元区分导致出现难以解决的理论困难；③职业团体是现代社会团结的承载者，现代社会团结应该将机械团结（内部）和有机团结（外部）联系起来；④用一种将机械团结和有机团结相结合的历史循环模式来取代这种二元区分是可能的；⑤机械团结在现代社会将持续蓬勃发展；⑥群体团结靠机械团结维持，但更多女性加入可能对集体意识产生影响；⑦村落机械团结非常稳固，但更广泛的社会团结不一定基于有机团结；⑧传统农村社会已由机械团结向有机团结转变；⑨村落社会团结处于由机械团结向有机团结过渡的状态；⑩民间体育参与有利于乡土社会构建有机团结。

前人关于社会团结的研究成果为笔者提供了理论参考，但由于涂尔干很少通过具体案例来说明其理论论点，既有文献对社会团结存在形态的理论推断还需要通过案例来支持其观点。在既往的相关案例研究中，学者们得出以下结论：机械团结是目前社会团结的存在样态，未来是否发生改变仍不确定；社会团结呈现有机团结与机械团结共存的样态；更高层次的社会团结呈现机械团结的单一样态；社会团结划分为机械团结和有机团结，前者向后者的转变是线性的；村落社会团结处于由机械团结向有机团结转变的过渡状态等。由上可知，前人的研究为本书提供了一定的经验参考，但不能完全解释本书中的田野现象。为弥补前人研究的缺憾，或进一步推进二元区分的社会团结理论，本书有必要对林村民间体育组织通过乡村振兴动员促使村落社会团结形态转变和村落道德秩序重构的过程予以进一步探究。

（二）民间体育组织与社会动员

1. 国外相关研究

1990年初，为提高政府和公职部门的效率，英美等西方发达国家陆续发起了一系列重塑政府的运动，旨在通过转变政府职能，加强社会治理与自治，将民间组织引入公共事务管理。民间组织与政府部门共同承担起公共事务的管理职责，使政府部门作为唯一权力中心的格局被打破，进而与民间组织形成多中心治理格局，在社会治理过程中扮演掌舵者角色并发挥主导作用（登哈特，2004）。民间组织作为多元治理格局中的一元能够承担政府部门转移的部分职能，有效弥补政府失灵和市场失灵，从而在政府、市场等多边关系中营造和谐秩序（李琼，2011）。

曼德拉（Mandela，2000）认为，体育可以创造希望并具有改变世界的力量。Park（2010）以标志着韩国后独裁政治文化的2002 年足球世界杯期间的"红魔鬼"现象以及 2004 年的反弹劲抗议为例，探讨了由公众社区的自组织发挥集体动员作用建立韩国新的社会、文化和政治景观，并分析了后独裁时代的社区通过游戏等重塑韩国的文化和社会，这种群众志愿组织和动员建立在对结社和公民主权意识渴望的基础之上。Panton 和 Walters（2019）围绕体育大型赛事的公民活动进行了一项实证研究，其重点关注体育场重建背景下支撑利益相关者动员的因素，从而更清楚地了解社区利益相关者为何动员及其动员影响的程度。研究发现"兴趣强度"在动员中发挥的重要性，这个网络的长期可持续性与兴趣强度和社会认同有关，对社区网络动员作进一步研究可以更深入地了解以上发现是否能够在更广泛的环境中推广。

21 世纪以来，体育作为一种动力，在促进社会发展与和平等方面具有不可替代的作用。其中，"体育促进社会发展与和平"（Sport for Development and Peace，SDP）的范式转变逐渐得到联合国及众多国家的认可（Kidd，2008）。在实践层面，众多国家有意识地借助民间体育组织进行社会动员，以实现教育普及、健康促进、性别平等、社会融合等方面的社会发展目标（Houlihan et al.，2009）。在理论层面，国外学者亦注意到体育非政府组织在促进社会发展与和平过程中发挥的积极作用（Beutler，2008）。

Coalter（2010）从社会资本视角出发，对 MYSA 青年体育协会的案例进行分析，发现该组织为其内部成员人力资本的发展提供了机会。Schmidt 等（2020）运用资源动员理论，分析了运动员联盟与运动员交换和共享物质资源、道德资源、社会组织资源的过程，认为该联盟稳定发展的原因在于拥有一个庞大的社交网络，基于网络建立的信任关系形成了互惠规范。Elien 等（2018）基于组织社会资本的视角，以比利时流浪者足球杯 11 支流浪者足球队的地方网络为例，分析了促进地方网络发展的有利条件和制约因素，认为将地方网络嵌入更广泛的合作伙伴关系网络，能够为民间体育组织提供更丰富的网络资源，积累更多横向关联的桥接社会资本（Bridging Social Capital）和纵向关联的联系社会资本（Linking Social Capital）。有学者指出，通过加强网络间的有效沟通建立合作规范，促进相互间的信任关系，有利于提升网络再生产能力，推动 SDP 项目的可持续发展。此外，长期有效的组织动员，能持续增加社会成员对组织的认同，促进集体行动的达成（Schmidt et al.，2020），同时有利于提升社会成员的参与度、责任感和归属感以及社会成员的凝聚力、自豪感和主人翁感，进而引起社会成员价值观和态度的积极转变（Hamil et al.，2010）。

在 SDP 的范式转变下，联合国开始呼吁更多的非政府组织、社会机构以及志愿团体等加入以体育为载体实现社会发展与和平的具体项目中，国外学者不仅意识到这一范式转变对社会发展具有积极意义，还更加关注民间体育组织在实现教育平等、社会包容、社会融入等社会目标时组织动员的过程与效果以及进一步提升组织动员效果的机制问题。从国外相关研究来看，SDP 这一范式转变的实质就是非政府组织等以体育为载体动员更多个体、组织或群体参与社会治理。推进国家治理体系和治理能力现代化是党的十八届三中全会提出的目标要求，随着政府职能由"社会管理"向"社会治理"转变，其中关键的一环就是要把民间组织吸纳进新的社会治理主体当中，着力提升民间组织参与社会治理的动员能力，推动包括民间体育组织在内的社会组织进一步创新社会治理，为构建共建共治共享的社会治理格局做出更大的贡献。

2. 国内相关研究

根据《2017 年社会服务发展统计公报》，自 2012 年以来，我国民间体育组织数量直线攀升，由 2012 年的 2.3 万家上升至 2017 年的 4.8 万家，5 年间增幅超过 100%，高出同期全国社会组织平均增幅的 51%。随着民间体育组织数量的大幅增长，学界关于民间体育组织治理及其参与治理方面的研究也在逐年增多。从国内研究来看，有学者从技术治理（何强，2019）、自组织（常蕾，2017）、协同治理（沈克印，2017）、整体性治理（张艳，2020）

等不同视角，对民间体育组织治理、民间体育组织参与体育治理以及民间体育组织参与社会治理等议题进行了理论研究和案例探析。相关理论研究认为，自治权是民间体育组织自治的核心内容，其自治程度决定着体育治理的深度和广度，对民间体育组织的含义及其自治形态进行分析有利于变革之下民间体育组织获得新的发展契机（宋亨国，2016）。经验研究表明，组织庇护、合理赋权和政社合作治理是群众性体育活动草根动员的显著特征，政府部门的高效应对有利于提升地区群众性体育活动的治理绩效。基于此，有学者认为，政府部门保障基础性社会资源，体育社会组织发挥业务优势，政社合作治理模式构建对群众性体育活动有序开展及民间体育组织的有效治理具有重要意义（郇昌店、张伟，2018）。

随着新时期我国社会主要矛盾的转化，民间体育组织在注重组织内部发展的同时，需要积极参与体育治理和社会治理。而为更好地满足人们日益增长的体育需求，民间体育组织参与体育治理一方面既要得到政府部门的大力支持，另一方面要发挥自身的动员作用，政府与组织之间建立起更平等的合作关系（汪文奇、金涛，2018）。有经验研究显示，民间体育组织在参与社会治理过程中的互动性和嵌入性是社区体育组织社会资本生成的重要路径。培育发展社区体育组织，发挥社会组织的动员能力，有利于增强社会居民的主动参与意识（周结友、陈瑜，2015）。对民间武术组织参与村落治理的考察发现，以传统体育为载体构建的场域规训了群体成员的身体行为和道德认知，提升了群体成员的合作能力，强化了群体成员的集体意识（郭学松等，2018）。

从既有研究成果来看，众多学者对民间体育组织治理和民间体育组织参与体育治理进行了理论和经验研究，也有少数学者以个案方式探讨了民间体育组织参与社会治理的问题。然而，民间体育组织无论是参与体育治理还是社会治理，在此过程中都需要发挥自身的动员能力和作用来推动体育治理或社会治理，但是，这一动员过程在研究中因缺乏应有的关注而往往被忽视，仅有少数学者从理论层面关注社会动员与体育参与之间的共变关系，并意识到社会动员能够调动广大社会成员的体育参与积极性，推动社会体育得以持续健康发展（黄文，2020）。充分发挥民间体育组织在社会参与、社会融入、社会治理以及社会建设等方面的动员作用，有助于构建更加稳定的和谐社会（任海，2014）。

在实践层面，学者们认为民间体育组织能够有效推动群众体育的发展在于组织内部的精英动员和精英群体动员。胡科（2012）认为，社会精英是群众体育发展的重要力量，应当重视培育并发挥精英分子的动员作用，通过相互动员促使各类精英成为基层体育骨干，或是让各类精英结盟成基层体育组织，通过整合精英力量为组织提供涵盖各类优质资源的社会资本。郑国华等（2016）认为，精英群体作为民间体育组织的核心力量，在动员群众参与体育活动过程中，通过同质性社会关系的建立为民间体育组织筹集社会资本，进一步加强民间体育组织与异质性社会个体和组织间的互动，扩大民间体育组织运行规模，有助于推动群众体育的有效开展。以上通过精英动员为民间体育组织筹集社会资本从而推动体育发展的研究在一定程度上能为民间体育组织参与体育治理和社会治理提供经验借鉴，但前人研究侧重于精英动员而非作为体育治理或社会治理主体的民间体育组织，因而也就无法为民间体育组织参与社会动员提供有效的理论参考和经验支撑。

近年来，民间体育组织作为打造共建共治共享社会治理格局的重要组成部分，在创新基层社会治理过程中不仅是社会实践活动的组织者和承载者，也是社会资本的链接者。因此，在对精英动员实现民间体育组织治理的研究基础上关注民间体育组织参与社会动员进行社会治理创新是值得进一步探讨的问题。体育学界对民间体育组织参与社会动员缺乏应有的关注，导致其理论和经验研究较为缺乏，在此情况下，笔者通过查阅民间组织参与社会动员的相关文献为本书提供一定的理论参考和经验借鉴。从既有研究来看，关于民间组织参与社会动员的问题不仅存在于社区治理过程中，也存在于现代乡村建设中。随着社会分工的不断扩展，个体异质性增强，相互之间的依赖性也不断加深，单个组织无法有效应对社会的各种危机（Loza，2004）。于是，有学者提出将政府主导的组织动员与政府力量不足时社会组织等其他动员主体参与的动员方式结合起来。这种组织化合作动员方式通过充分发挥基层社会组织的作用，把"陌生人世界"转变成具有集体责任感和归属感的社区共同体（任克强，2014）。但是，上述组织化合作动员的方式也可能出现自上而下的行政动员能力与自下而上的社会组织动员能力发展不均衡的矛盾。就此，有学者以社区减负为契机，探索出行政动员和社会组织动员相结合的双重动员结构，为避免基层社会动员模式偏向一端，在继续发挥行政动员作用的同时要注重提升民间社会的组织动员能力。可见，"国家-社会"二者并非此消彼长，而是嵌入与共生的关系（刘成良，2016）。

当大部分学者关注民间组织与城市社区治理的相关研究时，民间组织与乡村治理的议题也引发了学界的广泛关注。"三农"问题是关系国民生计和和谐社会构建的关键性和根本性问题。有学者发现，自上而下的单线性行政推动路径突出了政府在乡村发展中的主导作用，但政府主导的乡村治理成本高且压力大，因而以政府为主导的行政动员和以注重乡村内生动力培养为导向的发展模式被认为是推动乡村振兴的两条主要路径（张玉强、张雷，2019）。因此，有学者指出，依靠民间组织参与社会动员有利于推动乡村建设的可持续发展（赵孟营，2007），在以农民为主体的前提下，政府适度介入的社会动员模式能有效增强乡村共同体的凝聚力和提升村落的集体合作能力（叶敏，2017）。

3. 关于民间体育组织与社会动员的研究述评

受涂尔干社会团结理论的启发，国内外学者就民间体育组织参与社会动员进行了研究，并且认识到充分发挥民间体育组织的动员作用有利于改善社会治理和推动社会建设。从既有研究来看，国外学者大多通过个案研究的方式，从个体社会资本、组织社会资本、资源动员理论等视角探讨民间体育组织进行社区动员和集体动员，并认为创建更广泛的横向社会关系网络和纵向社会网络有利于为民间组织提供更丰富的资源，网络间长期有效的沟通有利于增进社会成员的认同感，形成共同的价值理念，进而增强集体动员的可持续性。总体而言，国外研究更加关注为何动员、如

何动员以及动员的效果，其中民间体育组织参与社会动员的过程
是国外学者关注的重点。

从国内相关研究来看，学者们更多地聚焦民间体育组织治理、
民间体育组织参与体育治理以及民间体育组织参与社会治理的理
论与个案分析，却忽视了民间体育组织在参与体育治理与社会治
理过程中发挥的动员作用，由此导致民间体育组织参与社会动员
的相关理论与经验研究缺乏。从上述相关研究中不难发现，国内
学者更多关注民间组织参与社会动员的方式，如在政府支持下发
挥民间组织的动员能力进行社会治理，或是通过行政动员与民间
组织双向动员的方式进行社会治理。尽管学者们注意到社区发展
和乡村治理过程中行政动员与组织动员的双重治理结构如何达到
最优效果，但忽视了民间组织进行社会动员改善社会治理的过程。
对此过程缺乏了解，也就无法探究其内在逻辑与机制，进而无法
为创新社会治理提供相应的理论参与和经验借鉴。国外学者虽然
关注到民间体育组织参与社会动员的过程并对其动员效果进行分
析，但是既有研究不能对本书的经验材料做出充分的解释，因此，
本书有必要在社会团结理论分析框架下对民间体育组织参与乡村
振兴动员的过程作进一步调查与分析。

二 问题凝练

涂尔干（2000）在考察 19 世纪急剧分化的社会时发现"人越
变得自主，就会越来越依赖社会"等一系列矛盾现象。基于此，
他先验性地提出劳动分工的发展伴随社会动员形式发生了改变，
随着社会分工越来越细，社会异质性越来越明显，个体与个体、
个体与群体以及群体与群体之间相互依赖性将越来越强，于是将
此社会动员形式概念化为"有机团结"（Organic Solidarity），并把
由同质性个人联结的分工不发达的传统社会动员形式称为"机械
团结"（Mechanical Solidarity）（高丙中，2006）。之所以在有机团
结社会中个体、社会、群体之间的依赖性会增强，是因为劳动分
工瓦解了传统社会的联结形态，并催生出现代社会的契约关系，
从而改变了个体、社会以及群体间的关系形态，而更为关键的是，

这些关系形态的变化又会产生新的道德观念。不过，涂尔干意识到社会分工并不能必然产生新的道德观念并形成有机团结，由分工产生的高度异质性及其带来的影响反而可能会对有机团结造成威胁，于是提出通过道德化、组织化以及创建政府与个人之间的社会中间团体的方案来应对社会失范危机（黄玉，2011）。因历史原因，涂尔干未能把这一理论建议置于当时的社会实践中予以验证并作进一步修正，由此有学者认为社会团结理论是理论性的，缺乏经验证据来证实其论点（Merton，1934）。但是，涂尔干的学术思想起点源于对社会现实的关怀，使该理论在百年之后仍具较强的活力，并为人们思考当下转型期的社会动员问题提供了一个明确的理论视角和概念方案。

受涂尔干社会学思想的影响，学者们从不同角度对社会团结理论、民间体育组织与社会动员进行了宏观理论研究和微观个案探讨，这为笔者思考民间体育组织参与乡村振兴动员提供了理论参考。然而，既有研究至少还有以下两点值得进一步探讨。其一，涂尔干认为，在现代异质性社会中，由分工导致的个人、社会及群体之间动员形式改变所形成的契约关系会产生新的道德观念，从而重新规范并动员社会关系。但从文献回顾来看，涂尔干之后无论是理论探讨还是经验研究，更多关注的是社会结构的变化和动员形式的改变，较少关注由社会分工催生的现代契约关系所形成的"新的道德观念"，更鲜有学者注意到由社会分工引发的社会变革导致社会秩序失范后个人、社会及组织等通过道德化、组织化以及构建中间团体来重新规范社会秩序的动态过程及行动逻辑。基于此，笔者对改革开放以来林村民间体育组织参与村落社会动员的过程展开田野调查，或许能在一定程度上弥补这一理论缺憾。其二，涂尔干在《社会分工论》一书中提出社会团结理论时，把社会动员二元区分为机械团结和有机团结，而既有研究多数只是印证了涂尔干二元区分的机械团结和有机团结，至于从机械团结到有机团结的转变过程是不是单向的，机械团结和有机团结的历史循环是否会取代涂尔干二元区分的观点仍处于理论思辨层面，尚缺少从经验材料中对以上思辨进行证实或证伪的研究成果。从常识来看，社会分工并非一蹴而就，通过道德化、组织化及构建中间团体以规范道德观念并形成新的社会秩序必然会是一个循序渐进的过程，笔者通过田野考察林村民间体育组织社会动员形式改变的经验材料支持了这一观点。

以上两点形成了本书在经验问题和前人研究基础之上的理论问题：如果说林村民间体育组织参与同质性社会动员与异质性社会动员的过程伴随着村落社会团结形态的改变，那么在民间体育组织进行社会动员的过程中，村落社会从同质性社会动员的机械团结到异质性社会动员的有机团结的动态过程为何，它们之间是否存在一个过渡的社会团结形态？当民间体育组织进行异质性社会动员后，原来基于熟人社会的村落内部的同质性社会动员是否必然消亡，抑或是与异质性社会动员共存？林村民间体育组织参与乡村振兴动员的逻辑与机制又是什么？

第四节 研究目的与研究意义

一 研究目的

民间体育组织作为民间组织的重要组成部分，在政府职能转变下对村落社会进行动员与整合方面具有特殊的作用。目前，学界关注到传统体育蕴含的道德规范与文化精神对乡村振兴具有重要意义，但对民间体育组织借助传统体育参与社会动员与整合的逻辑与机制问题尚缺乏足够的认识。

笔者在田野调查过程中发现，林村民间体育组织依托宋江阵及其文化精神进行同质性社会动员、异质性社会动员以及复合社会动员，通过在村落内部构建道德文化空间、推动宋江阵文化进校园以及在村落间举办传统体育赛事，将原来松散的村落个体重新组织起来，形成更广泛的村落道德秩序共同体。本书旨在通过对林村民间体育组织借助宋江阵及其文化精神参与社会动员进行个案研究，进而为乡村振兴和社会治理提供来自体育领域的理论参考和经验支持。

二　研究意义

本书以社会团结理论为分析框架，结合田野经验材料，对林村民间体育组织参与乡村振兴动员的动态过程进行描述，并对民间体育组织参与社会动员重构道德秩序的逻辑与机制进行分析，同时对与民间体育组织参与乡村振兴动员过程相伴随的社会团结形态的转变过程及呈现的复杂样态作进一步阐释。笔者在进行民间体育组织参与乡村振兴动员的微观经验研究时，怀有民族志写作提倡的在微观与宏观之间建立联系的理论抱负，就本书而言，即是将民间体育组织参与乡村振兴动员这一微观事实与中国农村社会转型联系起来，与具有百年历史且同样关注转型期社会秩序问题的社会团结理论进行对话。本书基于林村民间体育组织借助传统体育文化实践进行乡村振兴动员这一个案的探讨，或许能够为相关学者或政策部门提供来自体育领域的理论参考与实践经验。

理论层面：其一，基于社会团结理论与中国本土化经验相结合的个案研究，或许能在一定程度上推进涂尔干关于机械团结与有机团结二元划分的社会团结理论的发展，进而解决二元划分的社会团结理论在中国社会缺乏解释力的问题。其二，通过对此个案进行研究，或许能够更清楚地认识到传统体育蕴含的建立在人类有限和局部生存经验之上的地方性知识在乡村建设中的重要作用，并意识到民间体育组织将地方性知识融入村民日常生活中是基层社会治理创新的具体实践。

实践层面：其一，民间体育组织以传统体育为载体进行社会动员，将传统体育蕴含的地方性知识融入地方文化实践中，有利于乡村文化振兴和精神文明建设；其二，依托传统体育提高民间体育组织的动员能力，民间体育组织通过参与社会动员形成的有机团结能够增强村落内部的凝聚力，构建和谐有序的村落社会；其三，民间体育组织参与乡村振兴动员能节约社会治理成本，缓解政府参与社会治理的压力，并增进组织与政府、组织及个人之间的联系，形成更加良性的乡村治理循环。

第五节　田野介绍与方法交代

一　田野个案的选择

（一）人类学的"田野"转向

人类学从萌芽到形成再到发展一直受到西方资本主义历史进程的影响，在此过程中，人类学民族志资料的收集方式也发生了由"书斋"到"田野"、由"异邦"到"本土"的两种重要转向。16 世纪欧洲资本主义兴起以及人与自然隔绝的神学体系被打破，专注于人类体质结构研究的人类学开始萌芽，并被欧洲学者看作探寻人类自然历史的一门学问。从 17 世纪初到 19 世纪中叶，一些哲学家倡导从人类体质和精神两个层面来探寻人类进化史。在此思潮影响下，随着西方发达国家的殖民扩张，越来越多的旅行者、探险人士以及传教者前往世界各地，记录下不同民族地域的风俗习惯和文化生活等，为人类学研究积累了丰富的资料（石奕龙，1998）。之后，不少人类学家也因此被派到非洲、美洲、亚洲等地进行异文化考察，探究异民族的社会制度、生活方式、风俗习惯以及文化艺术。甚至有学者认为，对异民族的研究即是对全人类的研究（哈维兰，1987）。然而，并非所有去过异民族社会的学者都能真正深入实地进行研究，有些只不过是通过与当地人攀谈来获取相关资料而已（王铭铭，2009）。真正提倡离开书斋走进实地的人类学研究者是德裔美国人类学家博厄斯（F. Boas），从 1886 年开始，博厄斯就经常到美国西北海岸印第安部落进行实地调查。

19 世纪初，生物学家达尔文历时 5 年环球考察和研究发表了《物种起源》，其生物进化论思想为尚在形成中的人类学提供了理论依据，并促使其向独立学科发展。至 19 世纪中期，受进化论思潮的影响，英国率先形成了以斯宾塞为首的人类学进化论派，如摩尔根、泰勒等人都致力于原始民族的考察或原始文化的比较研究，运用文化比较法和历史文化残余分析法，从进化论角度分析人类社会由野蛮向文明发展的演进过程并借此寻找文明与社会发展的内在逻辑。研究认为，人类文化是由简单到复杂、由低级到高级的线性进化过程，但是这一研究结论并未得到其他学派的认可。20 世纪 20 年代，随着功能主义的快速兴起，实地的田野调查取代了早期的"书斋式"研究，马林诺夫斯基（B. K. Malinowski）在特罗布里恩德群岛的田野调查同样是对异民族文化进行的研究，但其研究视角、方法以及所呈现的价值观不同于早期古典进化论时期学者们出于"猎奇"心理，而是采用一种科学民族志的方式从文化持有者的角度看待并呈现异民族创造和实践文化的过程，并认为要理解原始民族或社会的文化事实与逻辑，就必须通过真正的田野调查深入所研究民族的实际生活当中（夏建中，1997）。

随着西方资本主义的发展，20 世纪 20 年代初人类学研究不再局限于异民族文化领域。第二次世界大战爆发之后，西方发达国家出于战争之需，动员人类学家研究传统文化背景下的敌国国民性，并以此为制定对外政策的依据，《菊与刀》即是人类学最著名的代表作之一。随着"二战"结束，殖民体系趋于崩溃，许多被殖民国家相继独立，原来的"野蛮"民族逐步转变为乡民，西方人类学家因而不再置身于交通闭塞的土著部落，转而开始对与社会关系日益密切的当代社会问题展开研究。此外，"二战"结束后现代化进程的推进以及资本主义自身存在的问题引发了一连串社会矛盾，这也使得更多的人类学家逐步介入社会现实生活（陈启新，1988）。

发轫于西方的人类学一直被认为是专注于异民族文化研究的学科，这与西方发达国家长期的殖民主义和殖民历史紧密相关（王建民，2000）。西方人类学者在异文化研究方面具有丰富的理论和实践经验，这些成果为刚起步的中国人类学研究提供了参照和借鉴，费孝通先生早年在广西大瑶山进行田野调查，后来回到吴江县庙港乡开弦弓村进行调研，并在导师马林诺夫斯基的指导下完成博士学位论文 "Peasant Life in China"。该文将中国人类学研究的视野从以民族为研究对象转移到区域层面以本土文明社会人类活动为研究对象上来，这种研究转向在人类学发展史上具有极其重要的意义。进入 21 世纪，中国人类学的研究视野更加开阔且多元，在继续关注民族历史、族群关系、民族文化等研究基础上，"一带一路"、乡村建设等与现代社会发展紧密相关的议题也深受学界关注（窦存芳、冶芸，2020）。

（二）作为田野点的林村

1. 林村简介

本书田野点位于闽南地区的一个林姓宗族村落，在此将其称为林村。闽南金三角（厦门、泉州和漳州）是中国沿海开放地区之一，方言以闽南语为主。闽南地理坐标靠近北回归线，属亚热带海洋性季风气候，雨量丰沛，气候宜人，既适合人类聚居，也适合各种农作物的生长。厦门市古属泉州府同安县，2003 年 5 月经国务院批准，厦门市部分行政区划调整后新设翔安区，将同安区所辖新店、新圩、马巷、内厝、大嶝 5 个镇划归翔安区管辖。林村位于福建省厦门市翔安区内厝镇中部，国道 324 线 244 公里处北侧，背靠乌营塞山峰，占地面积 6.01 平方千米，全村耕地 640 余亩，山地 4200 亩。全村分为 7 个村民小组，人口 1238 户、约 3720 人。村庄地理位置优越，交通便利，324 国道和复线、泉厦高速公路、福厦高速铁路、莲锄公路穿过境内，现代物流园、巷北工业园两大产业分布两侧。村庄水系丰富，双坑、店头、东湖 3 个水库水流顺流流入村庄的指挥坝、湖头坝、西湖坝，汇入汀溪左干渠，流向村子南边的大池塘，最后流向九溪，组成一条 7000 多米长的完整水系。当地农作物以水稻为主，同时种植茄子、西红柿、土豆、胡萝卜等蔬菜及荔枝、龙眼、芭乐等水果。

林村另称内塘村，早时亦称刺塘，明初从莆田兴化宏路迁居至此，村里洪、吴、陈、高等多姓人合居。乐叟公系莲塘林氏开基祖，在兄弟五人中位列第二。乐叟公替富人家帮工，勤奋劳作谋生，中年建家，传子四柱：大马公、粹菴公、高轩公、毅园公。长房大马公居林村，二房粹菴公居店头繁衍。林氏于 12 世号称 4 子 25 孙时开始兴建家庙，自此林氏在此昌盛繁衍，随着其他族姓逐步式微，村落成为林姓宗族的聚居地，并在日后的发展过程中涌现出不少名人。林村历史著名人物林芳德，系出莆田乐叟公，由兴（化）入同（安），字简卿，号仁圃，是清代康乾年间马巷富商，也是一位热心公益的慈善家，坊间称其"林百万"。雍正四年和乾隆二十一年他曾两次重修大轮山文公书院，为治理同安东西溪水患，兴修"唐公堤"。此外，他还捐修梵天文公书院、马巷夫子庙、池王庙、泉州西南二谯楼、同安育婴堂、朝元观、东岳庙、尊经阁、准提阁等，出尽其力。林村辖区内现有小学和幼儿园各1所，宗祠2间，庙宇7座。

近年来，林村在社区治理中突出党建引领和多方联动，倡导各类社会组织参与协同治理，以村民为主体，引导全体村民参与协同共管。除宋武会外，还陆续成立了清风莲塘促进会、教育促进会、六林乡贤理事会等多家社会组织，村民从渴望参与到能够参与再到积极参与村庄事务决策，真正实现了从"你和我"到"我们"、从"要我做"到"我要做"、从"靠政府"到"靠大家"的转变。在乡村振兴总体目标的指导下，林村提出了"文化""清风""和谐""创业""宜居"的发展目标，共同推进美丽乡村建设和乡村全面振兴。自2008年以来，林村先后被评为"先进示范社区"、"全国民主法治示范村"、"福建省生态村"、"岛外文明生态第一村"、村企共建"先进单位"。2011年，林村被福建省宜居环境指挥部确定为"美丽乡村"示范村，并获评省级乡村治理示范村，成为全区农村社区治理的标杆；2016年，林村获"福建省最美休闲乡村"称号；2018年，林村获"福建省巾帼美丽家园"称号；2021年，林村获"福建省2018~2020年度省级文明村""全国乡村治理示范村"称号。

2. 选择林村作为田野点的理由

贺雪峰（2012）认为，村落社会结构可被看作建立在具有血缘关系的熟人社会基础上的宗族组织，并依此将中国农村划分为南方、中部和北方三大区域以及三种不同类型的村落。具体而言，南方农村多为团结型村落，如福建、江西、广东、广西等，北方农村多为分裂型村落，如河南、河北、山东、陕西等，而长江流域一带的中部农村以及西南、东北等地的农村多为原子化的分散型村落。

传统社会时期，中国南方地区、北方地区（典型为华北）和长江流域的村庄社会结构已较为完善，村落社会结构与地方社会规范相互支持并相互强化，特别是南方农村的宗族在村落社会治理中发挥着积极的作用。自 20 世纪以来，关于中国传统社会"皇权不下县"的说法已经成为历史，现代国家权力及其带来的影响逐步深入农村，传统村落社会结构由此产生各种差异。总体来看，农村社会结构变化的主要原因有两个：一是国家权力渗入农村使具有重要功能的宗族组织逐渐丧失合法性；二是随着国家整合趋向法制化发展，蕴含价值规范和道德思想的地方性知识在多重因素影响下对农村社会的约束力大大削弱，传统社会中的地方性规范的地位和作用逐渐为现代社会的正式制度所取代。

本书的田野点闽南林村，即属于南方农村团结型宗族村落。华南地区农村的宗族组织较多，村落以宗族聚居，地方性规范对族人具有强大的约束力，村落秩序依靠具有血缘关系的宗族来维系。在改革开放前的一段时期，传统宗族社会力量尽管不具有合法性地位，但是在中国南方地区的农村社会中并没有彻底消失，农民的宗族意识仍然强有力地存在。在迈向现代化的进程中，农村基层社会治理模式也在不断创新，德治、法治和自治三治合一的治理模式成为推动农村社会建设和实现乡村全面振兴的重要举措。尽管传统社会结构下的宗族组织是重要的结构性力量，但是随着社会的不断演进，宗族组织的价值观念和社会功能等也顺应现代农村社会的发展需求而发生转变。在政府主导下，新型宗族组织已经作为基层社会治理中的多元主体之一，与其他民间组织一起为乡村建设贡献积极的力量。

在对林村进行田野调查的过程中，笔者发现，村里老人们聊天时经常会提到宋武会这一组织，并提到该组织为村落发展做了不少贡献，如"他们为村里修了水泥路，开了'老人之家'，我们可以到'老人之家'吃饭，吃完饭还可以到（宋江阵民俗文化）广场散步，环境也很好，这样的日子以前想都不敢想"。老人偶尔也会回忆起 20 世纪八九十年代的生活："村里一条像样的路都没有，下雨天满地都是泥，大家都很穷，很多人出去打工，出海的也有，回来以后有点钱了，就去赌六合彩，大家都各顾各了，没什么人情味，那时候我们村的名声很不好，远近都出了名了。"相比之下，老人也就由衷地感叹："现在村里是越来越好了，大家来往得也多，很热闹了，别的村（村民）都知道我们（村），也很羡慕（我们）了！"（2019 年 7 月 20 日，"老人之家"）。

与村民之间的聊天引发了笔者对民间体育组织宋武会的关注，也因此成了本书研究的缘起。民间体育组织作为乡村社会治理的多元主体，既是乡村公共活动的组织者和承载者，也是乡村社会资本的链接者。相比于其他政治组织、经济组织等，民间体育组织以宋江阵文化为载体开展各项文化实践活动，直接与当地村民进行互动交流的机会很多。在实际参与社会动员的过程中，民间体育组织将政治、经济等社会各界的社会资本整合起来并使之在村落内部共同发挥作用。可见，民间体育组织重构村落道德秩序并非凭借一己之力，其他社会各界力量在民间体育组织动员下共同参与宋江阵系列文化实践活动。本书对林村民间体育组织参与社会动员重构道德秩序的个案展开研究。林村在宗族聚落、信仰特质、经济生活等方面并不一定能通约其他村落，但在当前乡村振兴背景下，民间体育组织以蕴含地方性知识的传统体育为载体达至"乡风文明、治理有效"，在一定程度上是可以通约的。

二　田野材料的获取

宋江阵是流行于我国闽南及台湾地区的传统体育项目，在国家启动中国民族民间文化保护工程与推行社会主义新农村建设的双重契机下，闽南厦金宋江阵于 2007 年被列入省级非物质文化遗产名录。林村自古就有习武之风，宋江阵文化底蕴深厚。为传承地方优秀文化，2009 年，在当地政府和精英的共同努力下，林村开启了宋江阵文化复兴之路，此举吸引了不少学者关注并前往林村展开实地调查。从现有研究来看，部分学者大多在林村民间体育组织管理者的陪同下进入当地，在田野停留的时间短则 1~2 天，长则 1 周左右，获取资料的方式主要是对组织管理者进行访谈，或是观看宋江阵表演的录像资料。由于从旁的短期观察很难从当地文化持有者的角度来理解当地的文化行为，这类学者的研究大多集中在宋江阵项目本身，他们无法从整体视角呈现林村社会的全面图景，因而也不能对当地文化与生活等作进一步解释。

人类学学者要生产好的民族志作品，就有必要按照田野作业的基本步骤进行有效的调查研究。参与观察是人类学一直强调的田野调查方法，人类学学者通过半年、一年或是更长时间与当地人共同生活，参与日常和节庆等仪式类活动，在参与观察和访谈过程中收集第一手材料。在田野调查过程中，参与观察者以他者的视角来观察并理解他者的文化及其行动背后的意义，同时从整体观出发呈现地方文化的脉络并作进一步阐释（庄孔韶，2015）。田野工作中的研究者既要注重参与，又要注意观察，这样不仅有助于深刻理解当地人行动的逻辑以及行动背后的意义，还能够提升资料的可靠性和真实性以增加文本的解释力和说服力（Bernard，1998）。为尽可能达到参与观察的目的，传统人类学学者认为，一是需要在调查地点居住一年或一年半的时间，并尽可能地熟悉当地语言，参与当地人随着季节变化而产生的仪式或节庆活动等；二是通过较长时段参与当地人的日常生活、劳作和节庆习俗活动，从当地人的视角来了解他们的文化，并在此过程中与当地人建立相互信任的关系（泰德拉克，2002）。除此之外，还有其他学者对田野调查工作提出了自己的见解。比如，研究结果（调研报告、民族志等）会随着调研时段的延长而变得更加可靠，田野工作者真正实地参与观察获得的资料要比访谈资料更加可靠，专业的人类学学者比普通的记录者收集的材料更加可靠等（李亦园，1999）。参与观察的人类学学者希望能够尽力使自己积极参与当地生活，同时又能够对当地生活进行客观冷静的观察。但是从严格意义上来说，参与观察者很难做到真正地参与观察，也不容易真正地完全理解他者，这不仅和参与的时间、研究的方法及技术有关，研究者与被研究者之间的互动程度等也是很重要的影响因素。因此，笔者能够做的就是从当地人的视角出发，尽量地去"感受他者的感受，理解他者的理解，解释他者的解释"（杨海晨，

2014）。

对于生于赣西而后在粤西工作多年的笔者而言，从未想过有一天自己会去未去过的闽南村落进行田野作业，这一切还得从有幸进入体育人类学这一研究领域说起。在 2018 年攻读博士学位前，笔者未真正接触过人类学，正在焦虑地琢磨自己该如何尽快入门的时候，接到导师的电话："7 月底云南大学民族学/人类学学院有个研究生田野调查暑期学习班，你看能不能去，如果可以就跟着去看看，了解一下田野调查是怎么回事。""哦，好……，那要做些什么准备吗？""不用，好好做人就行。"导师简短地回了一句。就这样，笔者有幸加入云南大学田野调查暑期班张教授的团队中，成员包括来自云南大学、中山大学、南京大学、中南民族大学等高校的民族学和人类学的硕士、博士以及文昌学院的白老师等，团队一行 13 人深入云南省大理白族自治州巍山彝族回族自治县南诏镇前新村开展为期 1 周的田野调查。尽管暑期班田野作业时间并不长，但笔者首次体会到"从这里到那里再回到这里"的完整田野作业过程。通过参与当地彝族村民的日常生活，与村民同吃同住同劳作，一起打歌跳舞，一同去土主庙祭拜，与当地村民、土主庙毕摩、打歌队队长、前新村村主任、镇文化局官员们聊天，感受并了解当地的历史文化、风俗习惯、生活禁忌、宗教信仰，尝试从他们的角度理解他们眼中的生活世界，并尽可能与整个团队一起全面呈现当地村落的文化图景。在整个团队中，笔者年龄偏大，人类学知识最薄弱，但自始至终笔者都抱着诚恳谦虚的学习态度、保持吃苦耐劳的生活作风，有机会就向张教授和其他同学请教，而他们也非常愿意分享和交流。为期七天的田野实践很快接近尾声，笔者收获了团员之间的友谊，对人类学的田野调查方法有了初步了解，同时与当地的村民建立了良好的沟通关系，以上种种为笔者再次开展田野工作奠定了良好的基础。

2017 年 9 月，课题组成员首次进入田野点闽南林村，这为小组后续开展田野调查奠定了基础。不同于前面提到的大多数学者自上而下进入田野的方式，笔者是在课题组成员的带领下，于 2018 年国庆节前夕第一次进驻林村。与之前调研的其他村落不同，一进村首先映入眼帘的是一座气势恢宏且极具闽南特色建筑风格的集观景台于一体的宋江阵民俗文化广场与闽台宋江阵博物馆，博物馆右侧是当地村部办公楼，村部办公楼后面是林村的小学和幼儿园，顺着主路往前走是尚武堂、六林广场、鸳鸯井，主路两边坐落着村民捐献的两间"老人之家"，沿着主干道向左前行，便来到村民早起锻炼、傍晚休闲散步的水塘公园。在一路参观的过程中，笔者真切感受到村落丰富的人文环境和优美的自然环境。正当笔者陷入思考之际，一阵欢快的锣鼓声传来，听小组成员介绍说，村里锣鼓队又开始集训了，他们是武林大会开幕式迎宾队的成员，于是过去与他们打了招呼。此外，我们这一路上还见到了博物馆馆长、村书记、"老人之家"负责人、宋武会会长、林村小学宋江阵教练以及武林大会的相关工作人员等。

　　笔者及课题组成员一行在国庆前夕来到林村不仅是以研究者身份进行田野调查，还担任武林大会的志愿者。笔者被安排在物料组，主要任务是发放比赛的一些器物，如奖杯、奖牌之类，但工作岗位并不是完全固定的，其他部门需要人手也可以调岗，这让笔者获得了更多与不同人群接触的机会。9月30日晚上武林大会正式开幕，笔者作为第一次参加林村武林大会的志愿者，完全被现场欢快热烈的氛围和锣鼓喧天的气势震撼到，兴奋之余，笔者开始与迎宾队伍中打鼓的村民聊了起来。在几天的活动过程中，笔者以志愿者身份与当地村民及不同工作部门的人群逐渐建立起合作关系。随着武林大会接近尾声，笔者初次的田野经历也告一段落，该是返回学校的时候了。通过初入田野进行参与观察，笔者发现了林村与之前调研村落的不同，并开始思考两者之间存在何种差异？为什么会产生这样的差异？带着由田野经验生发的问题，笔者回到学校开始查阅相关的文献。

　　有学者指出，对于将要研究的内容、涉及的主题，研究者在进入现场之前或多或少都有一个大致的想法，这些主题可能来自个人旨趣、既往的学术观点或是值得研究的方向等。但是，最初的想法并不是最终的研究结果，因为最初的想法可能是有出入的，也或者是完全不符合事实经验的，因而对研究结果保持最大限度的开放就显得相当有必要（乔金森，2015）。可见，研究预设并不一定能够解释田野经验的复杂现象，反而具有经验质感的研究者凭借对经验的直觉能力，能够从复杂现象中看到本质，进而提出"真"问题。不过，经验质感不是短期内能够形成的，需要通过长期的学术和经验训练才能形成对经验的直觉能力（贺雪峰，2021）。为进一步提升理论素养，笔者通过从学校图书馆借阅、下载与本研究相关的社会学和人类学纸质与电子书籍，同时利用中国知网、维普、读秀、Web of Science、Sci-Hub 等网络学术资源查阅中英文期刊、学位论文、会议、报纸等相关文献资料，以丰富自身的学科理论知识背景。通过近半年多的文献阅读，笔者于2019 年 7 月 1 日以宋江阵暑期公益班助教的身份再次前往林村进行为期两个月的参与观察。

笔者以暑期公益班助教的身份再次来到林村时，拜访了第一次下田野时初步建立联系的村书记林荣、宋武会会长林菽、博物馆馆长林宣传、宋江阵教练林音福、"老人之家"负责人黄小美以及村民林丽丽、林田水、林化深等人。当再次见面时笔者发现，尽管初次下田野时彼此留有印象，但是对方并不知道笔者来到林村的目的，此时的笔者也就成为"他者眼中的他者"。出于好奇，他们也想了解笔者的一些信息。每每遇到这样的情况，笔者都会说明真实意图，有必要的时候也会将自己的一些家庭生活信息与他们分享，如自己作为母亲、作为女儿、作为学者等不同身份的各种经历，笔者的分享能促进与对方形成共同的话题，拉近彼此之间的距离，也有助于相互之间建立初步的信任关系。从研究者角度出发，当参与观察者与当地人建立并维持相互信任与协作的关系时，收集的资料质量就会得到提升（Johnson，1975）。通过为期两个月的参与观察和无结构访谈，笔者与当地村委干部、部分村民以及民间体育组织成员等建立起良好的信任关系，并对林村的历史文化、风俗习惯、宗教信仰、宗族发展等有了大致的认识，同时对林村宋江阵的历史发展脉络以及民间体育组织宋武会复兴宋江阵文化的过程有了较为细致的了解。

自 2018 年 9 月以来，笔者于 2018 年 9～10 月、2019 年 1～2

月、2019 年 7~10 月、2020 年 1 月、2020 年 9~10 月因林村举办武林大会、宋江阵暑期公益班、"女儿节"等活动多次回到林村，与当地村民进行"三同"作业共计约七个月。随着往返田野的次数增多，加上林村各类活动的举办，笔者与村民接触的机会也越来越多，在有意无意间因为共同的话题与村民熟悉之后，村民会约上同村朋友一起喊笔者泡茶。通过不同场合的多次交流，笔者与更多的村民建立起联系，而此前已经建立起信任关系的村民与笔者再次见面时一边泡茶，一边拉家常，聊各自的近况、聊笔者上次离开之后村里发生的变化等。这种聊天方式看似是开放式的、放松的、无主题的，实则更能反映当地人的真实观点和态度，笔者某些学术观点的形成正是来源于此。

在半年多的田野调查过程中，笔者通过参与村落日常生活和相关活动发现，林村良好的村治与宋武会及其组织的系列乡村振兴文化实践活动密切关联。在全程参与 2019 年举办的武林大会后，笔者对林村民间体育组织参与乡村振兴动员的过程有了更加深入的了解。其间，笔者对宋武会会长、副会长、理事及骨干成员、村书记、村主任、村委会工作人员、村民及参与武林大会的部分组织成员等进行了无结构与半结构化访谈。通过近七个月的田野调查，以参与观察与访谈为民族志材料收集的主要方式，笔者在整个过程中共记录了约 20 万字的田野笔记。

三 研究伦理与反思

一直以来，田野调查被认为是人类学真正的核心，也是人类学学科最明确的特征（墨菲，2009）。20 世纪初期，马林诺夫斯基在特罗布里恩群岛的调查堪称人类学早期田野工作的典范，他在撰写的民族志《西太平洋上的航海者》一书中提出了田野调查的具体方法和程序，具体的方法和程序能够帮助研究者认识和理解地方文化，收集可靠而有效的资料，并通过对资料的分析和解释获知社会事实的本真。田野调查是一种方法、一种体验、一种过渡仪式。人类学者在进入与离开田野之间会经历某些内在的改变，进入田野工作时会体验到"文化震撼"，当返回家乡时又会体验到一种反向的"文化震撼"（皮科克，2009）。可见，田野调查对人类学研究的重要性是毋庸置疑的。但是，在进行田野调查之前以及田野调查过程中，关于研究者的角色定位、田野中的女性经验等仍是学界关注的焦点和值得讨论的问题，这于本书而言同样如此。

（一）研究者的角色定位

马林诺夫斯基（2017）认为，民族志研究有效开展田野调查的方法，就是通过与当地人同吃同住同劳作，完整而全面地呈现他者文化的图景，从而"理解他者的观点、他者与生活的关系以及认识他者眼中的他者的世界"，由此田野调查法成为人类学学者收集民族志材料的最重要的途径。然而，随着田野调查的深入，人类学学者在田野工作中通过参与观察法进行探索性、描述性以及阐释性研究的各种疑问和争论也随之而来（乔金森，2015），如田野调查过程中研究者与被研究者之间的关系、女性人类学学者在田野工作中的处境等问题成为学界关注的话题。

主位（emic）与客位（etic）这对概念最早源自语音学，人类学学者后将其运用到人类学的研究中。在人类学研究背景下，"主位"概念是指从被研究者的视角出发对事情进行解释，而"客位"概念则是从研究者的角度对事情进行解释。与"主位"与"客位"经常一起使用的还有"局内人"与"局外人"这对概念。在人类学研究中，与被研究者共属同一文化群体被认为是"局内人"，而"局外人"则是指研究者与被研究者不在同一文化群体中，人类学通常把主位视为"局内人"观点，把客位视为"局外人"观点。因此，参与角色可以是完全的局外人，也可以是完全的局内人，或者不完全的局外人或不完全的局内人。

根据以上观点，有学者将田野作业中的参与角色区分为四种：①完全的观察者（complete observer）；②参与的观察者（observer as participant，观察多于参与）；③观察的参与者（participant as observer，参与多于观察）；④完全的参与者（complete participant）（Gold，1958；Junker，1960）。在以上四种角色中，完全的观察者相对客观，但因分离程度高而导致卷入田野的程度最低；参与的观察者的参与程度适中，但观察和参与同时发生时很难保持绝对的客观；观察的参与者是在深度参与的同时仍能保持观察和相对的客观；完全的参与者的参与程度过高，因而难以客观地做出判断（库恩，2004）。学者们结合上述观点以及自身的田野调查，认为应该将局内人与局外人结合起来考量（李亦园，1998）。在田野调查中，人类学学者不仅是观察者，还需要一定程度地参与他者的生活，由此研究者该如何把握参与的"度"就显得尤为重要。对此，有学者提出了"摇摆人"式田野调查的观点，认为局外人可以"进得去"而局内人能够"出得来"应该是研究者在田野工作中较为理想的状态（杨海晨等，2012）。

所谓局外人可以"进得去"，指的是局外人以局内人的身份参与观察，在扮演田野调查多重角色的过程中不仅能够获得不同的视角和观点，还在与不同的人群建立关系的同时可以更全面、更准确地理解观察到的事物，并通过与他者的正常互动来了解他者的行动与意义世界。研究者只有成为田野现场的一部分，身体力行去体验和经历，才能真正做到这一点。在日常生活中，扮演的角色和具体的真实之间有清晰的界限，研究者在跨越这个界限或在被称作"随俗了"或"成为现象"之前，就应该由"局内人"切换到"局外人"，即上述的"局内人"能够"出得来"的状态。因此，研究者在现场真切观察的同时有必要对所观察到的熟悉情况进行批判的分析和解释，对于不了解的习俗等要防止做出不恰当以及不必要的价值判断。尽管扮演调查现场的角色是参与观察的一部分，也是获得直接经验的重要方式，还能够获得局内人生活经历的准确细致的描述，但是研究者仍需要尽可能多地与调查团队成员共同讨论现场的经历，在局内人的观点和分析框架之间进行切换，如此才不至于完全混淆"角色的我"和"真实的我"之间的界限。

（二）田野中的女性经验

一旦女性研究者进入田野，就已经成为被研究者眼中的"她者"，虽然女性研究者本身存在年龄、个体及学术经历等主体因素的差异，但是在田野工作过程中女性作为研究者的专业性容易被忽视，因为她们会被认为是文字记录者或是男性研究者的助手，而被认为是传统意义上的家庭女性等类似经历更是时常发生。由此可以看出，研究对象对女性研究者的定位折射出普遍意义上人们的社会价值观，而恰恰是这种价值观将女性研究者置于尴尬的处境之中。

19世纪末以来，随着田野调查工作逐渐成为人类学研究的主要方法，人类学研究者夫妇共同开展异文化田野调查的现象开始出现，其中妻子主要协助丈夫完成一些文本记录事宜。直至20世纪初，具有专业学习经历的女性人类学研究者独自深入北美社区进行民族志的田野调查成为女性人类学学者独立开展研究的开端，此后不断有更多女性研究者加入人类学这一研究领域中。与男性人类学学者相比，女性所具有的性别优势让其在社会互动过程中更具灵活性，因而也就更容易进入男性学者无法介入的异文化田野中。就此，有女性研究者认为，"作为研究人类体质与精神的一门学科，人类学特别善待女性成员、来自其他学科的人以及少数族群"（Parezo，1933）。

女性研究者虽然一开始能够更为顺利地进入田野工作，但有研究表明，田野经验及研究结果与研究者性别因素有关，因此人类学研究者的性别成为民族志研究经常探讨的伦理问题。对此，有学者从跨文化语境对性别在人类学研究中发挥的作用这一问题进行反思，并根据不同实地场景划分出三种研究类型来回应上述问题。第一种是男性在数量和权力方面都占主导地位，第二种是以权力为主导的传统男性与女性场景，第三种是以女性权力为主导的非传统男性与女性场景（Easterday et al.，1977）。通过划分类型发现，在绝大部分的优秀人类学民族志作品中，男性研究者对当地男性日常生活的描述占据了很大的分量（Reinharz，1992）。

然而，区别于上述田野中的分类情况，女性人类学学者在不同场景（同质性、异质性或两者并存）下进行田野作业的具体过程体现出她们所采用方法的特点。例如，在同质性场景中，女性研究者认为，同为女性，相互之间进行交流是非常容易的事情。在传统社会中，女性扮演的角色让其因长期处在家庭内部环境当中而与外界沟通甚少，然而，一旦获得与外界沟通的机会则会表现出交流的意愿。另外，对于研究者和被研究者双方而言，双方同为女性，并且在日常生活中都被认为是传统家庭中的辅助角色，在这种共同感的基础上，双方之间反而更容易产生信任感（Finch，1993）。

帕森斯认为，某些情形下女性学者比男性学者能够拥有更多机会去观察妇女与儿童的生活（Rosenberg，1946）。受帕森斯的启发和帮助，理查德·格莱蒂斯在纳瓦霍地区进行田野调查时跟当地一个家庭学习编织技艺，她通过扮演学徒和女儿的角色与当地人生活在一起，并与之建立起亲密的联系。格莱蒂斯的研究兴趣发生转变与她这次亲身经历有关，因为此前尽管查阅过很多纳瓦霍宗族相关的资料和信息，但并未能够有机会亲身参与纳瓦霍人的生活。在学习编织技艺的过程中，研究者学会了地方语言，并与当地妇女建立起相互信任的关系，同时作为参与者深入她们的日常生活，而在此前这些都只停留在理论层面，并不能真正了解当地人的真实感受（Gladys，1989）。拥有类似经验的还有博厄斯的学生鲁斯·邦泽尔。由于制陶工艺主要是由女性完成的，根据其导师的建议，邦泽尔选择将制陶工艺作为研究的切入点以及首次田野调查研究的主题。

女性人类学学者通常与女性被研究者一同进行日常生活劳作，这不仅能够通过直接参与当地人的生活来收集相关田野材料，还能够在与当地人的互动过程中建立起良性的互惠关系。正如人类学学者所言，自己经常在自家门前与当地妇女一起闲聊，看她们为晚餐做各项准备工作，这种闲聊看似是女性之间的八卦碎碎念，可在实际闲聊过程中，能够与当地女性建立更加融洽的关系，获知更多当地的有趣信息，而且这些无关紧要的话题很有可能为研究者进一步了解当地文化现象提供更多的思路（Powermaker，1967）。事实上，女性学者借助性别优势既可以进入女性所在的私人空间，也能够凭借自身智慧进入男性世界或混合性别的田野环境中。劳拉·纳德尔通过自身经历表明，"具有良好教育背景、独立并善于交际的具有一定年龄的女性人类学家，或许可以比男性更容易进入更广阔的文化之中"（Nader，1970）。

可见，想要建立更加良好的研究关系，年龄、性别都是较为重要的影响因素。女性研究者在田野调查过程中偶尔会陷入某些僵局当中。例如，在被研究者都是男性的场合下，作为研究者的女性可能会难以展开话题，即便能够聊天，或许也只是就事论事，难以营造良好的沟通氛围。笔者在田野调查过程中曾遇到类似情况，为此，笔者会通过转换场合来寻求另外的沟通方式。由于是在村落里面做研究，相对来说去村民家串门比较方便，笔者到村民家一般选择先跟女主人聊天，同为女性又年龄相仿，双方通过聊小孩、聊"八卦"比较容易拉近双方的距离，从而营造出较为轻松的聊天氛围，之后再与男主人聊天便会显得更加自然。通常来说，女性被研究者在场更容易将聊天的主题拓展开来，聊天的内容随之也会更加广泛，因而也就能够收集到更全面的田野材料。总之，田野调查虽受年龄、性别等因素影响，但女性研究者的民族志作品仍然是人类学所追求的"整体观"图景呈现的重要视角（张晓佳，2017）。毕竟，任何民族志研究的出发点都是一样的，都是强调一种人类共通的情感与理解基础上的真实。

第六节　研究思路与篇章结构

一　研究思路

人类学家在田野工作过程中通常会将参与当地人的日常生活和仪式活动等资料进行描述并记录下来，同时根据收集到的社会事实加以分析与阐释，这样一种确切的表达就是田野工作的结果——民族志。虽然民族志不能以完全客观的描述来生产出一套完全真实的事实，但是民族志的描述与解释可以揭示人类生活的真相。笔者通过对林村展开田野调查获取第一手经验材料，并对社会团结理论等相关文献进行回顾，在经验事实和前人研究的基础上提出了本书的理论问题。针对林村从同质性社会动员的机械团结到异质性社会动员的有机团结的动态过程为何，这一过程是否还存在一个过渡的社会团结形态等一系列问题，笔者将其置于改革开放后林村这一特定时空坐落下民间体育组织参与乡村振兴动员的过程性经验事实场景中予以回答并力图从个案中进行归纳（卢晖临、李雪，2007）。之所以从过程性经验事实场景中回答以上问题，是因为社会动员的变化本身就是一个动态过程，前人截面性地思考机械团结或有机团结往往容易割裂社会动员变化的整体性结构。此外，过程性经验事实将社会视为具体行动的连接，即具体的行动之间如何建立联系或实现社会的整合目标。构成社会的基本实体是处于社会关系中的个人，是在社会本体论上追求一种"可见性"，涂尔干基于社会事实所讨论的社会动员本质上即是如此（张庆熊，2019）。从方法论层面来看，动态过程经验场景和社会动员之间的契合度较高。

基于此，本书在社会团结理论分析框架下，结合 Luhmann（1982）在概述涂尔干相关论述时提出的"社会—集体性—团结—道德—规范"的概念链条提炼出"组织化、道德化、社会中间团体、集体意识、机械团结、有机团结"等关键概念并设计民间体育组织参与乡村振兴动员的研究思路：首先，对林村民间体育组织参与乡村振兴动员的过程性场景事实进行描述；其次，对林村民间体育组织参与社会动员重构道德秩序的逻辑与机制进行分析；最后，在对林村民间体育组织参与乡村振兴动员过程进行描述与分析的基础上，进一步对村落社会团结形态转变过程及呈现的复杂样态予以阐释。民间体育组织参与乡村振兴动员重构村落道德秩序的过程，乡村振兴动员引起村落社会团结形态发生转变的过程，以及社会动员、社会团结、道德秩序等相互之间的内在联系与逻辑如图 1-1 所示。

二 本书架构

本书共分为六章：第一章为"绪论"，第二章为"作为地方性知识的宋江阵"，第三章为"民间体育组织参与同质性社会动员"，

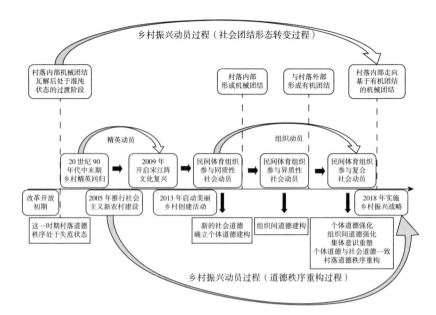

图 1-1　民间体育组织参与乡村振兴动员重构村落道德秩序的技术路线

第四章为"民间体育组织参与异质性社会动员"，第五章为"民间体育组织参与复合社会动员，第六章为"余论"。

第一章"绪论"。该部分主要包括"研究背景与问题的提出"、"理论基础与概念界定"、"文献综述与问题凝练"、"研究目的与研究意义"、"田野介绍及方法交代"以及"研究思路与篇章结构"六个部分。本书开篇描述了改革开放以来中国社会结构由"总体性社会"向"个体性社会"转变（文军，2012），社会流动和社会分化加快，在此背景下大量农民开始外出打工，其思想观念受个体化等现代性因素影响，村落传统道德秩序和礼义规则发生改变，致使村落社会动员能力变弱，人与人之间的联结日益"原子化"。然而，笔者通过田野调查发现，闽南林村呈现不同于其他"原子化"村落一般的景象。基于这一现象悖论，笔者提出本书的经验问题。本书关注的是现代社会转型过程中的社会动员问题，社会团结理论是涂尔干为应对法国社会转型期的社会失范危机而提出的理论思想，能较好地解释本书中的经验材料，因此，笔者将社会团结理论作为本书的分析框架，对前人相关研究进行回顾以及重要概念进行界定之后，聚焦本书着重需要回答的学术问题，并在研究背景与问题的提出基础上阐明了本书的研究目的与研究意义。研究问题对研究过程具有引领作用，从需要回答的问题出发，笔者在社会团结理论分析框架下设计了本书的研究思路。绪论的最后介绍了本书田野点的情况并说明选择该田野点的理由，对田野材料的获取过程与方法进行了阐述，同时对田野调查中研究者的角色定位、女性经验等相关伦理问题进行了反思。

第二章"作为地方性知识的宋江阵"。林村历史文化底蕴深厚，作为地方性知识的村落文化宋江阵距今已有近 500 年历史。本章第一节从地方性知识与全球化和地方性知识与传统文化两个方面，探讨了在现代化和全球化背景下地方性知识的重要意义以及如何处理好地方性知识与新知识之间的关系等。第二节从社会历史发展的角度，追溯了林村宋江阵文化的起源、发展与没落的整体过程，同时对不同社会时期宋江阵文化的社会功能进行了分析。第三节阐述了社会急剧变迁背景下林村内部机械团结瓦解，社会关系纽带松弛，而此时新的村落道德尚未建立，社会团结处于混沌过渡状态。直至 21 世纪初，在国家相关政策出台、地方政府支持与民间精英回归的多重助力下，宋江阵文化才得以真正复兴。

第三章"民间体育组织参与同质性社会动员"。本章是本书主体框架的第一部分，由"民间体育组织的兴起""同质性社会动员与个体道德构建""同质性社会资本的积累"三节组成。第一节主要从林村组建首支宋江阵队伍、成年宋江阵"崭露头角"、宋江阵文化研究会成立三个方面论述了民间体育组织宋江阵文化研究会形成的缘起。第二节论述了宋江阵文化研究会通过创办"老人之家"、发起宋江阵进校园活动、构建村落公共文化空间等公益道德实践进行同质性社会动员并实现村落个体道德的构建。第三节从同质性社会网络的形成、"报"的互惠机制、基于"面子"与"人情"的信任三个方面探讨了同质性社会资本积累的过程和同质性社会动员的机制。

第四章"民间体育组织参与异质性社会动员"。本章是本书主体框架的第二部分，由"从研究会到宋武会""异质性社会动员与组织间道德构建""异质性社会资本的积累"三节组成。第一节主要从以武术为基础的宋江阵、武术与宋江阵共同传承以及武术协会成立三个方面论述了单一宋江阵民间体育组织逐渐扩展到包括宋江阵、武术两类民间体育组织的过程与缘由。第二节从构建异质性社会中间团体和与异质性组织构建道德共同体两个方面阐述了异质性社会动员以及组织间实现道德构建的过程。第三节从异质性参与网络的构建、组织间互惠关系形成与组织间信任关系建立三个层面阐述了异质性社会资本的积累以及异质性社会动员的机制。

第五章"民间体育组织参与复合社会动员"。本章是本书主体框架的第三部分，由"公共空间'共同缔造'"、"同质性社会资本与异质性社会资本共构"、"村落集体意识重塑"以及"村落走向新的社会团结"四节组成。第一节从"共同缔造"理念提出、宋江阵民俗文化广场落成以及村落间共同举办传统体育文化盛事三个方面论述了共同缔造的公共空间。第二节从共构"扩大的乡村共同体"、共构基于情感的互惠规范以及共构"开放"的信任关系三个方面论述了同质性社会资本与异质性社会资本共构的过程以及民间体育组织参与复合社会动员的机制。第三节从村落社会道德的确立、村落个体道德人格的形成、村落个体公共精神的成长三个方面论述了村落集体意识重塑的逻辑。第四节从个体意识与集体意识的统一、村落间有机团结的实现以及村落走向有机团结之上的机械团结三个方面阐释了村落走向新的社会团结的过程。

第六章"余论"。本章由"研究结论"、"进一步的讨论"以及"本书的贡献、局限与展望"三节组成。第一节既是本书对前面主体框架研究内容的总结，也是对"绪论"中"文献回顾与问题凝练"一节提出的理论问题的回应。第二节对本书意犹未尽的相关问题展开了进一步的讨论，并从理论和实践两个层面提出了相应的启示。第三节从理论和实践两个层面描述了本书的贡献，指出了本书的局限，同时指明了后续的研究方向。

第二章　作为地方性知识的宋江阵

第一节　地方性知识的探究

一　地方性知识与全球化

全球化与现代化促进了知识的传播，同时构建了空间维度与时间维度上的纵横关系网络。从西方知识的传播来看，西方文化与工业文明在全球范围内的传播可被看成是空间上的全球化行动，而现代化过程则是这一行动在空间上的扩展和时间上的延续。全球化与现代化的相互交织与融合，对附着于地方社会的文化知识体系造成了前所未有的巨大冲击（李霞，2012）。随着西方文化的全球化扩展，蕴含地方性知识（local knowledge）的传统文化遭受巨大挤压，这种长期的文化冲击使地方文化逐步丧失了原有的主导性地位。然而，文化本质上是具有多样性的，西方文化的全球化扩展对地方文化的挤压终将激起地方文化保护者的反抗。为了应对全球化与现代化带来的各种危机，尤其是由文化全球化导致的不良后果，人们开始重塑地方知识的主导性地位，并以此来保护地方文化的多样性。这一行动既是应对文化全球化的重要之举，也是后现代主义思潮对抗全球化的一种话语表达。当然，世界文化的多样性并不是为了在全球文化范围内生产"文化巨头"，相反，文化的多样性鼓励世界范围内不同国家和民族之间展开交流与对话，从而推动世界不同的优秀文化得以广泛传播。中华优秀传统文化是中华民族的瑰宝，如流行于中国闽南一带和台湾地区的宋江阵，即是一种以武术为基础的民间艺术表演形式，这一地方性知识本身所蕴含的价值规范和道德伦理，对当下社会发展仍具有十分重要的指导教育意义。

一段时期以来，和全球化与现代化相关的议题都是学界研究的热点和焦点。1981 年，格尔茨在耶鲁大学法学院开展了题为"地方知识：比较观点下的事实与法律"的讲座，并首次提出了"地方性知识"这一概念。他并未对此概念进行精确的定义，只是强调了从文化持有者的内部视角来关注地方文化的多样性。有学者认为，"地方性知识"的后殖民时代风格较为浓厚，主要是受欧美人类学界的文化研究思潮、以帕特南为代表的新实用主义思潮、后结构主义等各种学术思潮的影响较深（盛晓明，2000）。继《文化的解释》之后，格尔茨又推出了《地方知识——阐释人类学论文集》一书，此书是关于抽象知识与具体知识之间关系的进一步讨论，从具体的个案、事例和零碎的观察当中抽象出更广泛、更超拔的一种洞察。要具备这种能力，就必须把具体的地方实践放在一个足以了解的距离或范围之内，使之相互启发并相互联系起来。这就正如格尔茨（2014）所强调的，"需要把特定类型的现象放置在能够引发回响的联系之中"，而这种能够"引发回响"的联系就是指"语境化"的情境。

笔者深受格尔茨启发，在闽南林村调研时亦深切体会到，关于地方性知识的研究需要在具体知识与抽象知识之间架起一座"语境化"的情境桥梁。本书以地方性知识宋江阵为载体，以林村民间体育组织为依托，对林村民间体育组织复兴宋江阵文化，在村落内部及村落间发起系列文化实践活动进行乡村振兴动员的过程展开田野调查，探讨村落社会团结形态的改变以及村落道德秩序重构的逻辑与机制等问题。

自工业革命爆发以来，市场经济和民族国家形成两股巨流冲击着世界的每个角落。然而，这种全球化所带来的冲击超出了政治学者们预期的同质化和普遍性，地方性知识不仅没有消失，反而比过去更加受到关注和重视。例如，语言种类减少被语言内部差异增大取代，政治和军事力量增强，民族和族群冲突并未减少，方言成为民族国家官方语言的可能性还在增加（纳日碧力戈，

2014）。当下全球化盛行，人群交往、文化互动是社会常态。格尔茨把人类说成是"不完备的动物"，即人类的基因本身不会自然而然地驱动他们成其所为，后天的文化熏陶让他们成为社会人，培养出他们的行为方式和精神取向。格尔茨之所以将地方性知识作为方法论进行阐释学研究，是因为他认识到地方性知识的多样性特征决定了各地文化之间必然存在差异，只有在学习和理解不同文化的基础上，发现不同地方性知识之间的差异，从特殊之中抽象出共识，才能更加客观地看待普遍性与特殊性问题。始终坚持文化相对主义的早期人类学家，如博厄斯和本尼迪克特，认为不同的地方文化都有自己的价值，既不能按高低排序，也不能进行对比，各自有存在的合理性。格尔茨认为，极端相对主义强调个体的特殊性，拒绝普遍的共同性，容易陷入以自我为中心的封闭状态。事实上，以普遍主义自居的人们，在谈话时所使用的语言及其置身的文化背景无不充满了特殊性，因而这种以特殊的话语来谈论普遍主义的方式确实难以让人信服。因此，正确看待特殊性和普遍性问题，就需要在具体的语境当中来理解他者文化从而反观自我，以自觉和他觉、以"己所不欲勿施于人"和"彼所不欲勿施于人"的辩证统一来重建共识。

地方性知识就像是一座宝藏，从文化持有者的角度来看待他们眼中的世界，来感受、理解、思考和认识他们的文化，是认识地方世界的重要前提。如果只是自上而下地进行一厢情愿的规划，并未通过实践检验而直接作出价值判断，则会导致各种差错不断，甚至出现严重的灾难。斯科特在探讨为何试图改善人类状况的项目会失败这一问题时指出，那些抱着良好用心的政府部门为使国家实现现代化而推出各种项目，即便这些项目对人们的生活和生态环境造成了危害也还是在不断地被执行。这些简单而又清晰的设计从表面看来是社会规划和发展必不可少的，然而，极端现代主义的狂妄及其带来的灾难也是容易产生帝国主义的危险。这里的帝国主义指的是极端现代主义者将地方性知识及其所蕴含的文化内涵排斥在外的观念和行为。斯科特在实际调研中发现，无论是巴西利亚还是坦桑尼亚的案例，都指出了政府部门在进行规划时对当地社会或生态缺乏应有的了解，相反，地方性知识及其压迫下的适应却在很多时候能够避免产生意想不到的后果。换言之，在对地方性知识蕴含的宝贵财富缺乏关注的同时维持正常的生产和社会秩序，似乎是不可思议的事情。斯科特对现实的观照关乎人们看待和运用地方性知识的能力，力求从保护自然和尊重当地社会发展事实的角度设计出可行的项目（斯科特，2004）。

从现代化项目的实施为何失败中所得出的一些结论适用于标准化和同质性的相关研究，同样对现代转型期中国农村社会发展的思考也具有一定的借鉴意义。以本书的田野点为例，宋江阵是林村传承了数百年的传统文化，这一独具特色的地方性知识既强壮了当地人的体魄，也培养了当地人有责任、有担当的道德品质。民间体育组织作为乡村社会实践活动的组织者，以复兴宋江阵并依托其文化精神在村落内部和村落间举办各类文化实践活动，创建宋江阵文化空间，营造宋江阵文化的道德氛围等进行乡村振兴动员，是推动乡村精神文明建设的有效途径。因此，从文化持有者的角度来认识和理解他们的文化和世界，或许是地方政府部门在推动某些计划或改革等时需要考虑的问题。

二　地方性知识与传统文化

地方性知识以地方民众传承的知识为载体，具有独特的生存土壤，在自身发展的同时并不排斥科学知识，但也不太赞成"唯科学主义"的态度。因为任何真正的科学知识并非"放之四海而皆准"，客观上都存在一定的局限性。故而，在全球化与现代化席卷世界各地的同时，保护地方性知识的合法性地位，从地方和传统的视角来审视和探究社会生活的另一种存在模式与样态，也不失为多元文化中的地方性表达。地方性知识中的"地方性"一词强调了特定地域及此衍生的知识积累和生成，体现了一种文化的主张（田养邑、周福盛，2018）。如果说地方特色是地方性知识这一概念的显性特征，那么"情境性"是地方知识生成的活性土壤。然而，知识的形成并非全部土生土长，有些是世代传承下来的，而有些则可能是传播而来的，实际的知识就是在历代传承和横向传播过程中混合而成（巴战龙，2018）。如在厦门、漳州、泉州一带以及台湾地区传承的宋江阵，虽然被称作"某某"宋江阵，但不同地区的宋江阵在表演人数、角色扮演、演出布阵等方面会存在一定的差别，这种差别的存在或许就与各地不同的"情境"密切相关。

现代社会的发展与变迁，必然会生产出许多新的知识，独具特色的地方性知识很难一成不变，也将在新的知识的影响下得到丰富与发展（图力古日，2017）。因此，在面对地方性知识的历史变迁时，要认识到地方性知识的动态变化是被动还是主动产生的，是本土形成的还是外界传播而来的，也要意识到地方性知识的内涵发生变化是全球化和现代化影响下不可抗拒的结果（许倬云，1998）。地方性知识的传承与发展历来和当地的社会、文化、自然发展紧密相关，从整体性视角出发，将地方性知识置于当地社会文化的自然环境和社会环境中去分析，既关注当地社会的宏观结构，又深入具体的日常生活、风俗习惯等微观层面（杜维运，2006），不失为看待地方性知识的一种方式。从整体性视角出发，不仅要探究地方性知识的历史，还要关注地方性知识的现在，地方性知识的"历史"和"现在"呈现的是时空转换下内容与形式的一脉相承（卡尔，1981）。了解过去是为了更好地开拓未来，我们在从历史的视角看到地方性知识的"地方性"的同时，要从相对主义的视角看到地方性知识的开放性。地方性知识虽与地方文化长期的社会生活实践等紧密相关，但人们的物质生活和思想观念会随着社会发展而不断发生变化，这就使得地方性知识在保持原有内涵的基础上产生一定程度的变化。近现代以来，众多国家走向现代化发展道路，原有的地方性生活智慧与理论知识等不断融入其中，由此逐渐形成了一种新的现代性，同时生成了一种新的地方性，这就意味着地方性知识在不断更新。只不过与文化全球化产生匀质化、单一化等效应不同，地方性知识是在保护与传承地方文化内涵基础上的创新与发展（艾森斯塔特，2006）。

地方性知识这一概念是基于全球化背景提出来的，地方与全球联系在一起更加突出了地方存在的价值和意义。地方性知识中的"地方"指的并非封闭的"地方"，其内容和形式随着地方情境的转换而发生改变。因此，我们既要认识到地方性知识的边界，又要承认其边界的可跨越性，在合适的时间和空间运用恰当的知识进行实践才是明智之举，对地方性知识的挖掘、传承、保护、创新与利用亦是如此。在全球化与现代化的推进过程中，通过当地人的生活习俗、行为方式、民间信仰及传统文化来还原各种地方性知识的鲜活样态，注重地方性知识的历史传承与开放传播，把握地方性知识的纵向传承与横向扩展的动态变化，对迈向现代化的中国乡村社会而言具有重要的现实意义。从林村来看，作为地方性知识的宋江阵历经数百年的发展，在国家政策的推动和地方政府的支持下，村落民间精英走上了复兴传统文化宋江阵之路，而以村落民间精英为核心建立的民间体育组织秉承宋江阵文化精神，通过与异质性宋江阵团体和武术组织进行交流，创新林村宋江阵的传承方式。比如，与学校和地方武馆等合作共同传承武术和宋江阵，在村落间举办民间体育赛事，为宋江阵和武术爱好者搭建展示和学习的平台；举办宋江阵暑期公益班，并与民间传统文化有机融合，为青少年的全面发展搭建更加广阔的实践平台。可以看到，作为地方性知识的宋江阵在基层社会治理中发挥了积极作用，其文化内涵早已超越了"地方"的局限，并且越来越具有开放性和包容性。

第二节　宋江阵文化的起落

一　宋江阵的起源

宋江阵是以武术为载体的独具特色的民间表演艺术形式，历经数百年的演进与发展，目前已经成为我国闽南及台湾地区最具代表性的民间体育活动。进入 21 世纪，民间文化的复兴引起了众多学者的关注，两岸学者就宋江阵的起源、演进与发展等问题展开了大量的研究，其中关于宋江阵的起源形成了多种说法。

第一种说法认为，宋江阵源于抵抗倭寇。明朝时期闽南地区的村民为抵御外敌而习武布阵，漳州、泉州一带民众自古习武成风，技击、藤排、水战都是手到擒来（胡立虹，2007），加上受戚继光军队练兵的影响，宋江阵迅速在闽南社会流行开来。明代中叶，闽浙沿海一带的倭寇猖獗，烧杀抢掠，无恶不作。嘉靖二十年（1541），倭寇侵犯翔安莲河、东园、珩厝等诸村社，1000 多名百姓躲避于鸿渐山北麓"千人洞"内，被其残忍烟熏致死。倭寇灭绝人性的恶行令人发指，沿海百姓奋起抗击，自组民团卫队，纷纷筑起各种营寨、堡垒，翔安有大嶝虎头寨、鳌寨和新圩乌山寨，金门有官澳寨、峰上寨、烈屿寨等。嘉靖三十八年（1559）五月，倭寇攻破大嶝虎头寨，抗倭英雄谢三等岛民连遭杀戮。嘉靖三十九年（1560），金门阳翟城遭倭寇纵火屠城，积尸遍地。

据民国《同安县志》记载，嘉靖二十年（1541）至隆庆三年（1569），倭寇侵犯翔安、同安和金门达 11 次，其中攻城 6 次，数千家民居化为灰烬。嘉靖四十三年（1564）二月初五，九战九捷的抗倭英雄戚继光率领戚家军追击倭寇到翔安一带，毙敌数千，救出百姓 3000 余人。地方官兵与群众组织共同抗敌，地方官员动员各乡村民立寨结社以阻击倭寇，目前仍有 20 多处"堡""寨"遗存于同安各处。在倭寇攻城洗劫的过程中，当地村民习练武术、排兵布阵以抵抗倭寇、保乡护邻，乡邻之间以及宋江阵队伍因而变得更加团结，由此，地方村民习武练阵以保乡卫民的传统习俗便沿袭下来并不断发扬光大（吴慧颖，2004）。

第二种说法认为，宋江阵源于抵抗土匪。有学者通过调研发现，位于厦门市翔安区内厝镇的赵岗村习武之风由来已久，在朝野混乱之时社会动荡不安，村民自发组建乡民自卫队，通过模仿梁山好汉的人物原型练阵习武，以躲避土匪的侵犯。随着社会秩序日益稳定，习武不为抵抗外敌所用，于是以娱神娱人的表演形式在民间传承下来。习武者以《水浒传》中的人物为原型，依照梁山好汉的相貌特征扮相在庙会舞台上进行武术表演，表演者以 36 人或 72 人的阵容进行操演，宋江阵传承至今的阵法和阵式或许由此而来（蔡莉、兰自力，2006）。有学者在赵岗村调研时发现，当地保存的清朝初年的宋江阵兵器上虽未见到类似"宋江阵"等相关字样，但在手抄的《赵岗王氏族谱》中有记载，"赵岗宋江队建于公元18世纪，为维护村民安居乐业，发起组织巡更治安队。宋江队第三代于18世纪末成立，其中，队员王天长（又名王长春）武艺超群，在19世纪初涌现出王昆加、王克己、王鸟娇等一批水平较高且较为全面的宋江队队员"。地方族谱详细记载了赵岗宋江队成立与发展的过程，1980年赵岗宋江队参加活动的照片也被陈列在当地宋江阵博物馆中，照片上面清晰地印有"赵岗宋江队"的字样（赵少聪等，2019）。

第三种说法认为，宋江阵源于抵抗强族。有学者在厦门市翔安区考察时了解到该地宋江阵的起源与明朝官宦林希元（1481~1565年）有关。《马巷厅志》《同安县志》均记载了林希元的相关事迹（林学增、吴锡璜，2000），从《林次崖先生文集》及其年谱等材料中可以判断出林希元曾是一名文官（厦门市图书馆，2015）。林希元，字茂真，号次崖，别号武夷散人，翔风里山头村（今翔安区新店镇山头村）人。官至南疆大理寺丞，一生为人耿直，"凡事只问道理，不问利害"，认为人生在世就得"益于时、益于后"。林希元精研理学，被世人尊为一代宗师，理学名宦。据《大嶝田墘郑氏族谱》记载，"林次崖先生来谒见外祖，表兄弟相率迎之时，皆少年。先生曰：'何长者之不克见也？'少年答曰：'人多不寿，此迎者皆长辈也。'先生戚然久之，于是认真勘察田墘村地貌的变化。他目光如炬，立于沙岸往西北眺望，见九蛇（九条溪水）对此张牙，由于深谙风水地理，明白岛民短命乃'蛇害'缘故，故布'蜈蚣阵'以毒制夷，又参北斗七星吉位，筑'七星墩'，种植黄连木。此阵既成，岛民长寿"（厦门市翔安区宋江阵文化研究会，2015）。

此外，坊间也一直流传着翔安区新店镇宋江阵八保十七乡的传说。相传在明朝时期，翔风里十三都（翔安区西山岩周边）某姓家族势力强大，其滋生的邪恶势力经常欺压周围其他姓氏村民，夜间盗抢尤为猖獗。其他姓氏无奈于实力悬殊，敢怒不敢言。为使无辜百姓免受欺压，林希元提议将十七乡的林、许、杨、魏、江、蔡等姓氏村民组织起来形成"下八保"（设山头保、许厝保、门崎保、炉前保、杨厝保、浦南保、东界保、桂园保），各保村民通过练习武阵头来提升自卫能力。每年正月初六是清水祖师爷交保的轮流普度日，"下八保"村民组织多个阵头，在西山岩前的广场操练各种阵式迎神祈福，西山岩周围的武术水平由此得到提高，以前欺压百姓的邪恶势力再也不敢横行乡里（厦门市翔安区宋江阵文化研究会，2015）。基于这段历史传说，翔安区宋江阵文化研究会于2012年6月走访了新店镇湖头村，2013年7月走访了当时八保之一的东界村，2015年走访了新店山头村以及当时八保之一的炉前村。

据东界村宋江阵传人许先正老人回忆，自古以来闽南地区就地少人多，于是有了"八山一水三分田"的说法。传统农业社会以耕种为主，乡民之间经常为农田肥水发生械斗，打架致死的事件屡见不鲜。当时翔安西山岩周边居住有林、许、杨、魏、江、蔡等其他姓氏的村民，村民经常遭到某大姓家族邪恶势力的欺凌，生存极为困难。为化解村民的生存危机，林希元向周边百姓宣传，说自己受西山岩的清水祖师爷托梦指点，周围十七乡必须组成八保，轮流普度敬拜祖师爷，以求保佑各村安居乐业，借此号召邻近村民以各保为单位组织阵头，加强武术训练。

在林希元的号召下，每逢祖师爷交保日，各乡村民都积极组织阵头，全部聚集到西山岩庙门前的大埕上，以借神庙会之机来展示各自的武术实力。随着乡民武术水平的提升和各阵实力的增强，原来那些流氓恶棍再也不敢欺压村民。林希元以武阵头文化巧妙地化解族群之间矛盾的智慧之举一时成为乡邻口耳相传的佳话。在炉前村，1933年出生的魏仁通老人和1934年出生的魏水罗老人所讲述的宋江阵形成历史与许先正老人所说的基本一致。湖头村宋江阵和东界村宋江阵老队员以及炉前村两位老队员对宋江阵历史的讲述，能使人清楚地了解到林希元在翔安武阵头文化发展历程中发挥的重要作用。尽管关于林希元号召八保十七乡村民习练武术组织阵头的说法均来自村民的讲述，但关于宋江阵源于对抗强大宗族的说法也不无道理，毕竟明清时期福建宗族众多，其中势力强大的宗族不在少数。

中国的宗族组织较为复杂，血缘、地缘是这一社会组织的基本特征，除此之外，共利也是宗族的重要特征之一，宗族因此被认为是世上少见的亲属组织（唐美君，1982）。不过，任何一种宗族组织都不能同时兼具地缘、血缘与共利三种特征。据此，学者们将中国的宗族组织大致划分为三类：第一类是继承式宗族，此类家族以血缘关系为基础，其目的在于为家族传宗接代，因而特别关注其财富及社会地位的共同继承；第二类是依附式宗族，此类家族以地缘关系来联结族人，因此地缘关系是族人必不可少的联结纽带，血缘关系往往只具有象征性意义；第三类是合同式宗族，此类家族以利益关系为基础，利益关系成为联结族人的重要纽带，而血缘和地缘关系并不具有实质性意义（郑振满，1992）。从历史角度看，福建宗族组织的发展大致经历了从继承式宗族逐步演变为依附式宗族和合同式宗族的过程。闽东南沿海一带通常泛指闽江下游及晋江、九龙江、木兰溪、霍童溪等流域。明清时期，该地设有四府二州，福州府、漳州府、泉州府、兴化府被称为四府，二州是指福宁州和永春州。当地自然生态环境优越，商品经济发达，大量宗族聚居于此，其中部分宗族规模日益扩大。

明代以前，在福建沿海地区的社会经济结构中，部分宗族通过倚靠地方官员的权力，或是与地方庙宇建立紧密关系来壮大实力并发展为当地的强族，从而在地方宗族中处于高人一等的位置。元末明初，修祠堂、置族产、修族谱等宗族活动逐步在沿海地区聚居的宗族中流行开来，并慢慢形成了以士绅阶级为首的依附式宗族（郑振满，1992）。士绅指在科举考试中因获得功名而被授予文武官衔的族人，他们在宗族中处于较高的地位并掌握着一定的权力，不但享有对宗族事务的参议权，而且参与宗族中各类重大事务的决策等，甚至有的宗族还规定，类似祭祖等重要仪式活动必须由士绅来主持。依附式宗族通过对基层实行有效控制来维护传统社会秩序，对于宗族内部成员而言，宗族就像是一座大山，危难之时可以依靠（郑振满，1992）。因而也就不难理解，在社会动荡不安的年代，当强势宗族欺凌弱小宗族时其他姓氏的弱小宗族需要联合起来对付强势宗族。在当时情形下，占统治地位的强大宗族通常以寺庙为依托的方式壮大自身实力，八保十七乡表面上借助庙会来展示各自阵头的实力，实际上是向强大宗族展示村民的武力。林希元让村民习练武术组织阵头既保护了村民的安全，也使村落的社会秩序得到稳定。

综上所述，学者们关于闽南地区宋江阵的起源大致有三种说法，但这三种说法有一个共同点，即无论是外为抵抗倭寇，还是内为抵抗宗族，宋江阵的兴起都与当时内忧外患的社会背景紧密相关。清朝康熙年间，当朝政府因担心复辟，故禁止民间聚众习武。无奈之下，乡民不得不将宋江阵改头换面，日常生活中村民以表演的形式排阵舞狮以资娱乐，在节庆日时以表演助兴，娱神娱人，看似表面娱乐实则暗中习武保家卫民。在社会治安无序的年代，宋江阵一直是乡民抵御外侵的重要手段，具有保乡卫民、敦亲睦邻、解危救急、伸张正义的功能。辛亥革命以后，社会逐步稳定，以武术为基础的宋江阵转而与民间戏曲等艺术形式融合并以娱乐的形式传承下来。宋江阵在明清时期和历朝社会不稳定时期最为繁盛，但随着现代社会的不断演进与发展，村落百姓的生活安定有序，与倭寇抗争及参与宗族械斗的历史一去不返，宋江阵在社会无序时期的功能逐渐弱化，转而以娱神娱人的方式继续发展。

二　作为民间游艺的宋江阵

游艺是一种具备游戏特征又兼具娱乐性与文化性的民间艺术形态（崔乐泉，2002），也是一种通过杂技、歌舞以及民间传统体育活动等艺术表演形式来丰富人们精神生活的群众性活动（王永平，1995）。民间游艺为认识地方传统文化打开了一扇窗，每种地方传统文化都有其形成的特定历史文化背景，通过了解地方特色的娱乐方式来进一步认识当地的风俗习惯、民间信仰，有助于理解在新的语境下传统文化的内涵对当地人精神气质的影响。《水浒传》中"替天行道，忠义双全"的英雄好汉历来是百姓崇拜和模仿的对象。明郑时期，即从 1662 年郑成功收复台湾至 1683 年清政府统一台湾这一时期，闽南地区的好汉们以武术为基础，在农闲时节进行各种阵式的操练，明郑部队使用的藤牌、刀斧等器械与现今宋江阵表演中表演者使用的器械相仿，尤其是现今宋江阵中五花操兵法的阵式变化及攻守之法与其非常相似，宋江阵或许因此而得名（吴慧颖，2004）。

闽南地区宗祠众多、宫庙林立，民间信仰深深融入人们的日常生活和各种节庆活动当中，并成为当地人生活中不可或缺的重要组成部分。每逢祭祀、人生礼仪等重要节庆日，当地都会组织各类游艺表演来"斗热闹"，宋江阵作为最具看头的游艺形式无疑要参与构筑闽南社会文化特色的活动。闽南社会的日常生活与宫庙、宗祠息息相关，因此宫庙和宗祠门前的戏台或空地在开展节庆活动之时便成为人们进行表演的最佳场所和地方民众"集体欢腾"的公共空间。"开闽王"王审知的忌辰是农历二月十二，每年此时，同安北山广利庙门前各类游艺表演（如车鼓阵、蜈蚣阁、宋江阵等）连续五天五夜"斗热闹"，盛况空前，人潮如织。据老艺人尤金满回忆，晋江安海龙山寺的观音谒祖是当地非常有名的迎神盛会，每十二年才举办一次，游艺阵头数量非常庞大，文阵和武阵的数量加在一起达数百阵之多，场面非常隆重，而其中最具气势、最为壮观、阵容最大的非宋江阵莫属了（吴慧颖，2004）。

坊间流传着这样一句谚语："文看车鼓弄，武看套宋江。"以剧情形式进行表演的"套宋江"，不仅重现历史小说中的著名人物，还穿插相应的故事情节，使以武阵操练为主的宋江阵更具观赏性和娱乐性。宋江阵这一新的表演形式深受民众喜爱，于是逐渐被搬上戏台进行演出，后被民众称为"宋江仔"，并演变为高甲戏剧种之一。学界一直有"中国舞蹈有一半是武术""巫武舞合一"的说法（董锡玖、刘峻骧，1997），这两种表述有相似之处，将武舞、傩舞与娱乐相结合的表演形式逐渐成为地方庙会表演的重要内容（周传志、喻丙梅，2016）。中原的武舞军乐传统对闽南地区的历史文化产生了一定影响，而宋江阵的形成和发展又与当时的社会历史文化背景紧密相连，因此，作为民间游艺形态的宋江阵通过角色扮演和武舞结合的方式带来的狂欢化，不仅是族群历史记忆的传承，还被看作地方民间话语的表达，甚至是官方与民间的另一种互动与和解（吴慧颖，2004）。

一直以来，民间戏班都有戏神崇拜习俗，田都元帅就是被民间戏班供奉的戏祖。据说，田都元帅原名雷海清，其母早逝，自幼被戏班老艺人授以表演乐器技艺，扬名一时。唐玄宗建梨园乐班，召其为总管，其因不愿为叛贼献艺而被杀，唐玄宗因此追封其为天下梨园总管，唐肃宗时加封为田都元帅（秦淮梦，2015）。无论是"宋江仔"还是"宋江戏"，都体现了特定历史情境下百姓对传统历史故事宣扬的惩凶除恶、主持正义的"忠义文化"精神的理想追求，百姓通过扮演其中的人物角色"再现"故事的戏剧情节，同时穿插武术单打、对打等场面。有学者认为，作为游艺民俗活动之一的宋江阵是由戏剧形态的宋江戏和武术表演结合而成的（吴海达，1998），因此，宋江阵与其他戏剧表演者一样都供奉戏祖田都元帅。在宋江阵展演过程中，队员们手持各种兵器进行单练或对练存在一定的危险性，因此队员们在展演前祭拜田都元帅，祈求保佑展演能够平安顺利，谢幕后祭拜田都元帅以感谢其保佑展演圆满完成。

> 据翔安区当地老人回忆，1948 年农历八月初四，同安县名寺的东岳凤寮岳仁圣大帝（俗称"岳帝爷"）十二年一轮的"落保"盛典由现在翔安区马巷镇井头村奉礼巡安。巡安庆典队伍由井头村出发，经山亭、山顶头前往马巷街，返城再经郑坂、后莲、城场后回井头村。井头村洋溢着庄严喜庆的热烈气氛，众人抬着岳帝爷等神佛开路，后面是战旗和彩旗，紧接着是内厝镇林村宋江队，再者是高甲戏、歌仔戏、布袋戏化妆队伍，还有由儿童扮演的生、旦、丑等角色安坐在马背上，之后是俸香的群众。队伍足有上千人，最后由武装的马队押后，四个人并排的队伍浩浩荡荡向马巷进发。当巡安队伍走到山亭后郭村"土寮"凉亭时，后郭村村民热情地邀请林村宋江队做一场表演，林村宋江队 18 人英姿飒爽地上场，在凉亭前进行各种阵式和不同套路的表演。顿时，凉

亭前犹如古战场，刀光剑影，战鼓震耳，喝声如雷，鞭炮齐
鸣，赢得巡安队伍和邻村围观群众的声声喝彩和阵阵掌声。
巡安队伍到达马巷街时，整个马巷街为之轰动，邻村群众围
满街巷。林村宋江队在五甲尾又进行了同样的表演，这场表
演同样声势浩大。（厦门市翔安区宋江阵文化研究会，2015）

三　宋江阵文化的没落

伴随新中国的诞生，民间传统文化宋江阵也迎来新的发展阶
段，陆续出现在1949年厦门地区新中国成立文艺会演、1952年福
建文艺观摩会演、1955年厦门市民间体育表演大会、1957年"大
跃进"大型会演、1958年前线慰问三军将士的表演等重大活动中，
其受欢迎的程度由此可见一斑。然而，令人遗憾的是，由于历史
原因，20世纪50年代中后期，"全能主义"制度下国家职能扩展
到社会生活的各个领域，包括宋江阵在内的民间文化遭受重创，
一个相对自由独立的民间社会已不复存在（罗兴佐，2006）。

随着国家与社会关系的改变，国家权力日益强大，集体化时
期，社会结构单一，同质性极强，社会内部相互之间缺乏横向联
系，社会流动性和开放性相当缺乏（王亚兰、杨旭东，2002），有
学者将这一社会结构形态称为"总体性社会"。在此单一社会结构
下，国家垄断了社会资源，垂直的行政组织网络体系对社会成员
实现全面而有效的控制，各种政治运动有利于实现对全体社会成
员的动员。一方面，国家最大限度地掌控社会资源和动员社会成
员以实现自身的目标；另一方面，国家在削弱社会组织的独立性
和自主性，横向组织之间因缺乏必要的联系而使要素和资源难以
流动，中间组织不发达导致社会缺乏自治和自组织能力。此外，
由于个体被国家直接管控，社会成员既无法垂直向上流动，也无
法实现横向流动，社会成员的个人位置完全由身份来决定，而不
是取决于职业、地域、组织或群体，社会成员之间的有限分化仅
与出生这一先赋性因素密切相关（孙立平等，1994）。

在总体性社会中，政治、经济、文化等领域全方位的高度一体

化以及体现国家意志的一系列改造过程，使依靠国家机器驱动的社会丧失了活力。在西方文化冲击下，以儒家文化为主体的传统文化随着封建社会的解体而趋于衰落，发生在鸦片战争与新中国成立前的第一次文化裂变成为历史必然。在全民族文化断裂之际，陈独秀、李大钊、毛泽东等先进分子及共产党人在对中国传统文化进行批判性继承的基础上，将马克思主义与中华优秀传统文化相结合，建立起近代中国的新文化。第二次文化裂变虽不是历史必然，但影响依旧深远。"文革"期间，相当一部分人对继承下来的优良传统文化全然不理，或是进行"被动的"删除，并以对儒家文化经典缺乏了解为由对其进行肆意破坏，这种破坏不仅是物质上的，还包括从思想上消除对传统文化的记忆（周碧晴，1991）。第二次文化裂变给中华优秀传统文化带来了灾难性的破坏，不仅大量民间传统文化的物质实体被毁灭了，而且几乎所有差异化的地方性知识都被禁绝了，其间大量历史久远且有价值的拳谱资料被毁掉，武术器械被损毁或收缴，各类民间武馆被迫关闭，宋江阵表演也因此被迫中断。1955 年 2 月 22 日，全国体育工作会议曾明确指出，"暂不开展武术的整理和研究等相关工作，除中央体委以外的地市体委暂不成立武术机构；地方企事业单位原有的武术组织需加整顿，农村暂停建立拳馆、发展武术联谊会等活动，原有的武术活动需在地方政府和社团指导下进行"（国家体委政策研究室，1982）。

中国传统社会以"家庭本位""家国一体"为核心，从小农经济的生产方式来看，个体是家庭中的成员，依靠家庭而非"个人"存在，个人的生活就是家庭生活，家庭是个人的全部，是人的自身再生产与社会经济再生产的实现方式的血缘共同体（崔宜明，2006）。总体性社会结构的单一化使社会经济、文化等方面的同质化进一步增强，而高度一体化和同质化的集体化组织生活又使原来以家庭为单位的个体在私人生活方面承受了更大的打击。人民公社通过意识形态规范、政治压力和组织约束等方式对人们的生产、工作、家庭生活等方面实行高度集中的管控，在公社、生产大队、生产队三级组织管理下，农民原有的生产经营、择业、流动等各项自主权被剥夺，甚至个人生活的自由和价值也难以实现（程同顺，

2000）。在这样的环境下，作为社会生活基本单位的传统家庭不断被解构，取而代之的是如"大锅饭"一般的平均主义分配方式衍生出的公共食堂、托儿所、敬老院等机构，原有传统家庭担负的赡养、教育以及抚养等职能均由上述机构履行（李红婷，2013）。

在传统社会中，宗族组织是人们在生产和生活协作中主要的依靠对象，家庭之间的相互关系通过宗族来维系。新中国成立之后，随着宗族祠堂的土地所有权被废除，尤其是土地改革运动后族田由国家没收再重新分配给村民，宗族对村民的吸引力和控制力大大降低（肖倩，2012）。吉登斯认为，国家的发展可以分为传统国家（traditional state）和现代的民族-国家（the nation-state）。从国家与社会的关系来看，城市是传统国家对社会实施行政控制的主要场域，而在民族-国家时代，国家直接经由行政力量实现对基层社会的控制（Giddens，1985）。由此来看，晚清以前的中国社会属于传统国家阶段，国家权力止于县，在乡和村实现以宗族制度为基础的地方自治，民国以后则过渡到现代民族-国家阶段。毛泽东在《湖南农民运动考察报告》一文中指出，中国农民的思想一直被政权、族权、神权、夫权这四大绳索束缚（毛泽东，1967），因此，新中国成立之后族权被排斥在国家政权体系之外，其合法性也在土改和集体化运动中被一步步剥蚀（肖倩，2012）。随着国家与社会关系的改变，宗族作为一种社会组织和社会制度已经不复存在，取而代之的是通过人民公社制度实现国家对基层社会的直接控制。然而，集权化管理、计划经济等各项政策的实施，导致农村经济活力丧失，农民生活贫困，农村社会缺乏有效治理，这些不良后果最终使人民公社制度走向解体（程同顺，2000）。

第三节　宋江阵文化的复兴

一　村落机械团结瓦解

（一）传统宗族力量弱化

中国传统社会是一个宗族社会，从周代开始就特别重视宗族力量的发展。受气候、环境、族群等各方面影响，早期中原移民初到闽南时经常发生难以预测的灾祸，为维护自身利益，族人必须依靠宗族力量来抵御外界侵袭。宗族中具有血缘关系的族人，以族规、家训等带有约束性的文字契约，通过历代繁衍生息，形成人口众多的聚落利益共同体（汤漳平，2018）。传统社会中宗族一直聚族而居，一个家族几代聚居在一起是最基本的结构体系，正是基于这种结构，家族越来越庞大且越来越稳固。宗族文化是一种以血缘礼俗为基础的秩序，遵循仁爱孝悌、血缘依附的原则，宗族以此来调节宗族内部经济、生活等各方面的关系（陈燕玲，2013）。在社会生产力水平低的传统社会中，各族群通过耕种土地来满足基本的物质生存需求，在互相扶持和帮助的过程中宗族凝聚力得到加强，并构建起一个尊老爱幼、敦亲睦邻的紧密团体（戴冠青，2012）。

涂尔干认为，社会生活源于个人意识的相似性和社会分工两个方面。个体意识的相似性意味着社会是第一位的，个人被吸纳到社会当中，与其他具有相似意识的个体共同处在集体生活当中。假如要构建一个社会的理想类型，并设想这个社会的凝聚力完全是由相似性产生的，我们就应该把它看成是同质性的个体构成的，且各个部分之间没有任何差别，这类人群聚居在一起。然而，在群居社会中有一部分个体已经丧失了独立性，成为较大群体中的一部分，暂且称之为"以氏族为基础的环节社会"。它是由许多类似的群体重复产生的，就像一条环节虫是由许多环节集合而成的，这种组织只是扩大了的群居社会而已，各个成员大多有血缘关系，由此产生的亲和力便是维系他们相互结合的主要力量，这种社会只是由相似的同质的环节构成的，除了具有相似性产生的团结外并无其他特征。当然，每个氏族也都有各自的特征并能够彼此区分开来。环节组织要生存下去，各个环节之间不仅必须具有相似性，还要有差异性，否则它们就会相互混淆直至最后消失。在不同的社会条件下，这两种截然不同的要素的比例相异，但无论如何，它们的社会类型总归是一样的。它们之间的异质性越弱，社会就越团结（涂尔干，2000）。

从涂尔干的论述中可以看出，在由宗族构成的传统闽南社会，个人很容易被吸纳进社会之中，并产生强大的社会凝聚力。这种凝聚力产生的根源在于，个人意识在共同的信仰或规范之上形成了共同的心理类型。在此前提下，个体意识的相似性使群体成员相互吸引并互相帮助，而共同的心理类型也成为群体成员共同生活的基础（涂尔干，2000）。只不过，随着人民公社制度的推行，国家高度集权下传统社会宗族组织的功能被大大弱化，甚至被逐渐取代了。

（二）总体性社会"集体意识"消解

20世纪50年代中末期至改革开放前的一段时期内，国家对社会的高度管控导致社会结构单一、社会分化程度低，个体自主性缺乏，个体意识完全为集体意识所湮没，此时的社会团结形态类似于传统社会的机械团结个体：集体意识高于个体意识。在涂尔干看来，每个个体内心都有两种意识：一种代表社会意识，也即集体意识；另一种是体现个人人格的个体意识。当集体意识起决定作用时，个体意识不能为了自身利益而舍弃集体利益，而是应该以集体利益为重。尽管集体意识与个体意识是两种不同的意识，但相互之间存在联系，因为个体意识与集体意识构成了一种实体，是共同的有机基质将两者紧密联系在一起，并产生了同质性基础之上的机械团结，这种团结将个体与社会直接联系起来。这种固有的团结不仅使普遍的个人融入群体之中，还使人们的具体行为相互一致。因此，只要集体意识发挥作用，个体意识就会向集体意识看齐（涂尔干，2000）。

在总体性社会中，国家力量的强大使其具备了极强的社会动员能力，社会资源、社会成员乃至整个社会生活都通过国家来驱动。虽然国家力量强大有利于化解近代以来中国社会存在的社会矛盾，但是国家高度集权也会导致新的社会危机的产生，例如，社会秩序仅仅依靠国家调控，缺乏社会中间组织发挥作用，势必阻碍社会的发展进程。随着改革开放拉开序幕，人民公社制度退出历史舞台，总体性社会逐渐向个体性社会转变。涂尔干指出，机械团结随着社会的发展而不断进化，个人维系于社会的纽带也会不断松弛下来，直至断裂或消解。在机械团结社会中，社会分工尚不发达，个体意识高度相似，集体意识占据上风，个体数量的减少并无多大影响，即使真的失去了小部分的个体，社会功能也不会紊乱。

　　同样，个人如果距离集体不算太远，也可以顺利地融入社会。因为每个人都是独立的个体且有各自的生活，所以个体能够随时脱离群体并且完好地在任何地方生存下来，这样的个体即使脱离了原来的群体也仍然可以像群体那样流动。尽管社会希望每个个体都具有相同的信仰和一致的行动，但是随着社会分工越来越细，社会内部在不断分化的同时新的元素不断介入，原来的社会秩序以及社会内部相互之间的关系必将被动摇。为了使原有的平衡不被打破，有机体不得不防止各种外界因素的侵入（涂尔干，2000）。经济体制的转变可以被看作一种外界因素，随着社会分化程度的加深，社会资源流动加快，个体异质性增强，个体意识凸显，集体意识越来越弱，机械团结社会原有的和谐被破坏，个体与社会之间的纽带必然发生断裂。

　　由此，在新的社会团结之下，个体与社会之间必然重新建立起新的联结，而这种关系的建立取决于以下三个方面。一是个体意识与集体意识的相互关系。集体意识越明显，越能够涵盖个体意识，个体与社会的紧密程度就越高。二是集体意识与个体意识处于均等状态。当集体意识和个体意识处于同一水平时，集体意识越活跃，对个人越具有统摄力。如果集体意识缺乏活力，那么个体意识很容易摆脱集体意识的约束，社会团结可能面临垮塌的危险。三是集体意识的明晰程度。信仰和行动越是清晰明确，把个体的思想和行为都纳入统一的模型之中，个体意识就越不容易背离集体意识。反之，模糊空泛的行动和思想则无法将个体意识集中起来。因此，当个体意识出现异动且思想出现分歧时，其行动必将受到影响，进而导致社会凝聚力减弱（涂尔干，2000）。

　　随着机械团结中个体与社会关系纽带的断裂，个体意识得到前所未有的发展，集体意识失去了以前的主导地位，逐渐变得脆弱而模糊。社会的演进和文明的进步必然伴随着旧的社会结构的瓦解和新的社会结构的形成，自古以来即是如此，个体意识的形成并非最近之事，其萌芽与发展也不是线性的，却贯穿于整个历史进程。然而，这并不是说集体意识将就此消失，只不过随着个体意识的不断增长，集体意识不如以前那样清晰了。只有个体意识在发展的同时继续遵守共同的信仰和规范，集体意识才会更加稳固。当个体的信仰与行为都不具有宗教属性时，个人就成为宗教唯一的对象，个人也因此而具有了宗教色彩。如果把对个人的崇拜当作共同信仰并被人们分享，也就是说，即使任何个体意识都集体到同一目标，那么这个目标也只是个体的，而不是社会的。然而，社会的力量总是强大的，将个体意识集中起来的力量来自社会，但个体仍然是个体本身，并不维系于社会，个体并没有成为构成社会的纽带。因此，涂尔干得出如下结论：由相似个体维系的社会纽带已经松弛下来，机械团结日益瓦解并由此导致社会内部的相互关系更为复杂，一种新的团结方式将要产生。

改革开放以来，国家对政治、经济及文化方面的控制日益松动，宗族组织和传统文化出现了复兴的势头，但是经济体制的转变给农村社会带来了巨大的影响，个体思想观念发生转变，利己主义思想明显，个体更加注重核心家庭利益，对社会和他人缺乏责任心。在总体性社会向个体化社会转变的过程中，一方面，个体刚从国家集体意识的约束中解放出来；另一方面，民间传统文化尚处于恢复状态，在此形势下的个体不受传统道德规范的约束，在个体意识不断增强的同时集体意识日益消减。林村旧的社会纽带已经松弛，社会机械团结瓦解，新的社会纽带尚未建立，新的社会团结还未产生，此时的林村处于一种"混沌"的过渡状态。

二　民间传统的再生

（一）宗族的再生

20 世纪 70 年代末 80 年代初，人民公社制度退出历史舞台，家庭联产承包责任制使家户经济重新回归，强国家、弱社会的整体局面开始转变。首先，国家对社会经济、文化、生活等方面的管控逐渐放松，个体自主性明显增强。其次，国家对各领域的控制力度减弱，由对实际过程的控制转变为原则性控制。最后，国家制度的完善使政府管理更加规范，社会逐渐朝着规范化方向发展。以上变化使民间自由空间不断扩大，社会结构逐步分化，社会结构要素增多且相互之间的差距拉大，社会资源的流动性增加，社会异质性日益增强。随着社会自主性的不断提升，个人不再过度依赖国家，而是更加积极主动地参与社会公共事务，民间社会组织化程度得到提升。随着国家经济体制改革越发深入，社会分化程度不断加深，由此引发的社会结构变迁必然导致新的社会矛盾产生（孙立平等，1994）。

在由总体性社会迈入个体性社会的进程中，个体意识日益增强，个体与社会的关系问题，也就是如何实现社会整合的问题成为学界关注的焦点。通常来说，社会整合通过国家层次的政治整合和地方层次的社会整合两种路径来实现，我国社会整合大致经历了传统社会的先赋性整合、集体化时期的国家力量整合、现代社会契约性整合三个阶段。其中，以契约关系为基础的商会、行业协会等作为社会中间组织在社会整合过程中发挥了积极的动员作用。同样，民间组织的动员能力在其他社会领域也得到了彰显。在传统社会中，宗族组织历来是不可或缺的基层治理力量，随着国家集权管理模式的改变，由血缘关系构成的家族关系网络重新得到建立，一度"隐形"的宗族组织得以恢复和重建，并服务于地方社会的发展（杨善华、刘小东，2000）。

迄今为止，中国仍然是农村人口占比相当大的国家，其未来的政治、经济等方面的发展在很大程度上与农村紧密相关，而农村的发展在很大程度上取决于宗族文化的走向（王沪宁，1991）。在改革开放新时期，乡土传统（包括宗族传统）被民间以创造性的方式予以回归，并使之恢复了原来的意义并在此基础上扮演着新的角色。金耀基（1999）在对现代化的相关问题进行探讨时曾提出文化遗失与文化重生的概念，他认为，中国传统文化在现代化过程中会发生一种文化遗失的现象，并认为文化具有可能遗失、不可能遗失以及隐退与回归的特征。其中，大部分文化会遗失，但也有小部分或极重要的部分反而可能在新的社会环境下重获新生。社会经济的发展给予民间社会相当的空间，使在过去受到挑战的宗族制度重新恢复，遗失的文化传统得以回归再生，这种宗族文化的回归也可被看作中国社会结构在急剧变迁中力图寻找新的平衡。费孝通（1999）曾指出，社会发展需要关注地方普通民众的日常生活，并试图去认识和理解他们是如何维持生活以及如何看待自己的生活的，这是一个从"社会进化"到"社会平衡"的过程。

改革开放之前，农村宗族组织表面上被迫解散，但实质上人们头脑中的宗族意识并未消除，宗族文化只不过是由显性状态转入了隐性状态。随着人民公社制度退出历史舞台，国家对政治、文化、经济方面的控制逐步放松，包产到户、个体家庭的生产经营方式和村委会的设立，为宗族复兴提供了广阔的资源空间。可见，宗族的复兴不仅仅是恢复族人对共同祖先的认同和对血缘亲属关系的认同，更是恢复族人凝聚在心中尚未表达出来的对祖先的崇拜。共同的祖先、血缘关系以及祖先的崇拜是我国传统宗族文化最为重要的特征，正是因为族人对祖先的崇拜，才有了祭祀祖先神灵的宗族祠堂以及记载家族世系、人物的族谱。宗族祠堂、族谱作为家族和家族关系的物质体现，是传统家族文化的两大载体。宗族文化的复兴不仅表现在宗族观念的强化上，而且表现在宗族组织修族谱、修祠堂等形式上。一直以来，祠堂不仅是宗族成员纪念开基祖宗的建筑标记，也是宗族活动的重要精神场所，诸如上谱、祭祀、嫁娶、丧葬等重要仪式性活动都在此举行。20世纪初至改革开放的一段时间，由于众多祠堂遭到了破坏，许多姓氏的宗派面临断代的危机，因此，修建祠堂和续写族谱成为宗族复兴迫在眉睫的头等大事。20世纪80年代，随着修纂地方志工作的开展，全国各地的乡村续谱活动逐渐由隐蔽走向公开，众多祠堂也陆续得以整修（沈新坤，2018）。

（二）民间文化的再生

自近代以来，随着现代性的介入，中国民间传统开始不断受到冲击与挑战。尤其是在新中国成立后的乡村改造计划中，"破旧立新，移风易俗"一度成为时髦口号，规模宏大的"破神庙，打菩萨"运动使民间传统遭受了史无前例的破坏。改革开放后，随着政治控制的松动，那些消解和隐蔽起来的民俗活动逐步恢复和兴起。

自古以来，传统农民家庭把出生、结婚、死亡看成是必须认真对待的大事，如传统婚姻以及丧葬礼仪都要按照一定的程序展开。因此，传统文化复兴首先表现在与人生周期相关的传统仪式方面，其次是传统节日及庆典的复兴。中国传统民间节日与乡村的日常生活息息相关，有生动的生活气韵，如立春打牛、元宵舞龙灯、清明插柳条、端午赛龙舟、中元放河灯等。但究其根源，民间传统岁时节日也与原始宗教和法术禁忌有关，如清明放风筝意在放晦气、端午赛龙舟意在驱邪避疫等。新中国成立后，许多民间节日被淡化甚至取消。改革开放后，各种民间传统节日开始复兴，尤其是将清明、端午、春节等传统节日作为法定节假日无疑推动了传统节日的复兴。最后是民间信仰的复兴。民间信仰又称习俗信仰，是民众日常生活的重要组成部分，并融入人们的日常生活之中。从民国初年至改革开放前的一段时间，经过数次破除迷信活动，大多数民间俗神庙宇被拆除，信仰习俗活动也被迫停止。直到改革开放以后，祭祖活动日趋频繁，传统地方庙会活动重新焕发活力，原本被禁止的各类民间信仰习俗活动以各种方式"复魅"，重建或修葺的寺庙殿观也如雨后春笋般涌现出来（符平，2007）。

三　宋江阵文化的重建

（一）国家政策的出台

从全球文化发展态势来看，持文化普遍性观点的文化全球化是普世文化对地方文化的侵袭，工业文明的急剧发展以及后工业文明的来临加速了全球化和现代化的进程，这一进程影响到地方文化多样性的发展，以丰富性和多样性为特征的地方文化受到巨大的冲击。在此背景下，包括非物质文化遗产在内的文化遗产保护引起了相关组织和部门的重视与关注。1972 年世界遗产项目正式启动。2006 年 7 月，"人类口头和非物质遗产代表作"名录在联合国教科文组织第 30 届世界遗产大会上获准通过，该文件有效弥补了《世界遗产公约》中关于非物质文化遗产内容部分的不足。进入 21 世纪，《世界文化多样性宣言》（以下简称《宣言》）在联合国教科文组织召开的第 31 届会议上被通过。《宣言》强调，文化多样性如同生物多样性维持生物平衡一样，是人类得以持续健康生存和发展必不可少的条件（佟立等，2012）。

2003 年，联合国教科文组织通过《保护非物质文化遗产公约》，目的在于保护以传统、口头表述、音乐、舞蹈、节庆礼仪、手工技能等为代表的非物质文化遗产。非物质文化遗产来源于群众的集体生活，其自身具有的历史文化价值能够有效弥补官方文献存在的不足与缺憾，后人在此基础上能够更加全面真实地认识蕴含丰富历史的资源，这不仅是各民族传统文化的珍贵记忆，也对人类社会发展具有重要的历史、文化和科学价值等（王执中，2017）。自《保护非物质文化遗产公约》通过后，我国正式启动非物质文化遗产保护工作，2011 年《非物质文化遗产法》正式颁布。在全球化和现代化背景下，《保护非物质文化遗产公约》的签署以及我国非物质文化遗产保护工作的启动，意味着我国民间传统文化的复兴迎来了春天，且能够在国家的支持下得到保护、传承和发展。在市场经济作用下，城镇化进程不断加快，相比之下，农村发展却比较滞后，由此导致城乡差距日益扩大。我国既是人口大国，也是农业大国，虽然有大量的农民拥入城市，但留在城市的只是极少数，绝大部分人口还是要回到农村，农村发展是我国实现全面建成小康社会的重要组成部分，因而受到党和国家的高度重视。

20 世纪 50 年代，我国曾提出"社会主义新农村"这一概念，

"小康社会"则是在改革开放初期提出的，其中涵盖了社会主义新农村建设的主要内容。2005 年 10 月 11 日，党的十六届五中全会审议通过《中共中央关于制定国民经济和社会发展第十一个五年规划的建议》，提出了"生产发展、生活宽裕、乡风文明、村容整洁、管理民主"的新农村建设目标要求，将农民作为农村发展的主体，充分调动农民的积极性，动员全社会力量参与农村建设，改善村容村貌，激发农村的发展活力，提高农民的经济文化生活水平，提升农民的整体素质，同时开展具有民间特色的文体活动，以满足农民群众日益增长的文化需求（魏礼群，2017）。在中国民族民间文化保护工程启动与社会主义新农村建设推行的双重背景下，当地政府开始着手民间传统文化的挖掘工作，这为林村的发展提供了良好契机。

（二）地方政府支持与村落精英回归

20 世纪 80 年代初，国家对农村政治、经济、文化等方面的严格管控出现松动，使那些存在乡土社会中被认为能强化族群记忆的民间文化开始复苏（杨海晨，2017），林村一带的宋江阵也因此重新回归民众视野。然而，人民公社制度退出历史舞台与社会流动限制的放松并没有立刻带来农村物质资源的丰富，宋江阵爱好者因迫于生计而无心宋江阵的习练和表演，导致宋江阵文化的复苏如昙花一现。20 世纪 90 年代初，市场经济体制刚刚确立，因林村靠近改革前沿的沿海一带，小部分村民为改善家庭状况开始外出务工。至 1995 年前后，大量村民开始拥入厦门、泉州、晋江等地，"空心村"现象日益严重，村民进城务工后不仅物质生活水平得到提升，思想观念也发生了转变。在总体性社会中，国家通过对社会的集中管控来抑制个体意识的膨胀，然而，经济体制转型导致社会结构分化日益明显，随着个体化时代的到来，人们逐渐从国家管控中脱离出来，社会结构逐步由单一化向多元化、复杂化转变。总体性社会体制与日益分化的社会结构已经不相适应，从而在一定程度上推动了总体性社会向个体化社会变迁（文军，2012）。

鲍曼（2002）认为，"个体从遗传获得的自然属性和与生俱来的社会属性中脱离出来，这种脱离给个体带来的某种意义上的解放被认为是现代社会潜在的明显特征"。个体化被放置到社会结构中进行讨论，这种社会结构形态因而被称为"个体性社会"。在滕尼斯（2006）看来，个体性社会的形成与现代性以及个人主义思想是紧密关联的，个体化是后现代社会生活的主要特征之一。个体充分意识到，只有挣脱共同体的束缚，其自身人格才能得到发展。然而，个体获得自由的程度是制度性动力作用的结果而非个人能力所能决定的（贝克，2004）。总体来说，个体化时代来临，不仅促进了个体人格的发展，也给传统社会带来了巨大的冲击，社会公共生活日益减少，亲属关系变得淡薄，人与人之间的心理距离变远，相互之间的情感淡化，"原子化""陌生人化"成为个体化社会的标签。由个体化导致的差异性、多样性以及不确定性，使个体陷入极度的自我焦虑之中。

在从总体性社会向个体性社会转变的过程中，以家庭为单位的传统社会结构也在发生变化，家庭生活拥有了较大的私人空间，全球化和现代化的冲击使传统社会时期发挥作用的地方性规范束之高阁，而集体主义的高度管控已经成为过去，在无任何道德约束的真空状态下自我中心式的个人主义得到迅猛发展，从而导致林村出现无视社会公共道德的"无公德个人"的出现，注重核心家庭利益的人们在最大限度追求个人利益的同时将自身对社会或者他人的道德责任置之脑后（阎云翔，2006）。随着社会结构分化不断加深，家庭生活越来越私密，村民相互之间因缺少互动而变得越来越陌生，原来熟人社会之间的信任、合作、互助逐渐消失，曾经亲密的熟人群体走向瓦解，村民对村落共同体的依赖和认同程度下降，取而代之的是核心家庭利益至上、个人主义之风盛行，乡土情谊淡化，公共生活领域狭窄，原来集体化、社会化的意识为市场经济改革催生出的个体化、原子化所取代，传统文化缺位导致村落凝聚力越来越弱，赖以维系乡土社会秩序的关系纽带濒临断裂，民间社会失去活力。

人民公社制度退出历史舞台使农村社会开始焕发出新的生机。

在市场化的影响下，一方面，农民加入"打工潮"进入城市；另一方面，国企的单位人试图脱离体制加入"下海潮"，希望在市场化浪潮中通过自主创业来实现人生的财富梦想，林菽即是"下海潮"中的一员。越来越多的个人在正式制度之外实现了自由合法的流动，但获得自由的个体也会重新建立自身与社会和群体的关系（梁洁，2013）。林菽出生于林村，在集美成长求学，毕业后就职于杏林的一家国营（有）企业，其间他曾主动要求从科室调到车间工作，但工作中发生的几件事情让其感受到企业同事缺乏主人翁责任感，工友之间情义淡薄，尤其是置他人安危不顾而自身利益高于一切的做法让他寒心，于是做出了自己创业的选择。20世纪90年代末，林菽带着自己的专利回乡创立化工原料公司，因善于经营，他乘着改革开放的东风在短短几年内积累了殷实的家底。但是，经济富足并没有给他带来幸福感。当看到社会治理无序、村里个人主义之风越发盛行时，他对林村的未来感到担忧。林菽自小跟随父亲习练武术和宋江阵，且多年来对此情怀依旧。

　　我习练宋江阵，还得从我父亲说起。我父亲（林扬琴）是20世纪40年代我们村宋江阵的队员。爷爷的那个房子后面住着宋江阵的旗手林肖，中间隔一条巷道，林肖比我父亲大20多岁。伯父比我父亲大十一二岁，我伯父耍大刀，也是宋江阵队员。旁边还住着几个地下党员，耍双鞭的，武功很好，甩出去都有风声。我父亲年纪小，20多岁。我父亲跟着宋江阵队员练了好几种兵器，他那时候还是投身革命活动的地下工作者，因为有一身武艺，总是能够很快完成组织布置的任务。新中国成立后，我父亲就在集美公安部门工作，后来因国家经济困难他主动申请全家回乡参加农业生产。改革开放后又回到集美，我1981年在化工学校读书，他那时候就开始打兵器给我练（宋江阵），那些兵器我都收藏30多年了，黑乎乎的。他知道我喜欢这个东西，1978年教我太祖拳，真正教我兵器是在1981年，那时候跟他聚在一起的时间比较多，有时间就赶紧学，但那个时候很多人认为练武的人"好斗"，我经常都是挑没人的时候，拿个锄头、双鞭或扁担当武器练。我父亲希望我除了学太祖拳、宋江阵，还能够多学点别的东西，博才嘛，他老人家重视，就带我去拜访一些武术前辈，后来我又学了五祖拳、少林拳、太极拳、擒拿格斗术等。1978~1990 年，我在集美还跟武术界的朋友一起玩，1995 年创业之后就比较少了。

我父亲还是为村里做了点事的。20 世纪 60 年代，我父亲回来当生产队长抓生产抓精神文明建设，我对这些印象是很深的，他每天晚上都要统计生产情况，表扬好人好事，还要亲自广播。他还研究农村的改革，通过实践形成数据，交给同安县革命委员会，我那时候上初中，帮他计算数据。当时我父亲提出办水厂、电厂、农具修配厂，水源充沛够我们村用，加上农副产品加工、农业经济、创业收入，都设计好了。刚好改革开放，我父亲落实政策回到集美，后来很多事情就没法实现了。

第二次是在 20 世纪 80 年代，他在集美退休，村里老干部把他请回来，因为当时村里很没落，需要人主导，他回来以后就先抓老人会工作，请一个老的大队长做老人会会长，刚好祖庙（祠堂、家庙）、姑妈婆宫（村庙）都要重建，他回来就把这两个弄起来。我父亲在世的时候总跟我说，人要多做好事，要讲奉献。他老人家的遗书写了一句话："人活着要做个有意义的人，讲良心道德和原则。"

我们村是 14 世纪末从福清迁过来的，1661 年（第 10 世）划界迁民迁往新圩界内，1681 年部分林氏回迁，到 18 世纪 40 年代（第 14 世）组成护村自卫队，逐步发展成宋江阵，18 世纪末形成东面篮蒲柱和西面三进柱两支宋江阵，发生矛盾走入低谷再恢复形成三进柱，19 世纪初（第 16 世）宋江阵开始由泉仔乾柱传播至宏路，20 世纪 40 年代（第 18 世）林扬满成为林村宋江阵的领队，林肖（第 19 世）是我们村宋江阵的头旗，1949 年以后宋江阵改到宏路自然村发展。我们村历来传承宋江阵文化，忠孝文化是宋江阵文化的精髓，既是理学

文化，又是社会治理的文化。讲起社会治理，就不能不提林芳德了。（林菽，林村，2020 年 1 月 20 日）

通过查阅相关文献，笔者了解到林芳德生平及其参与社会治理的详细事迹。"林芳德，民间都称'林百万'，属林村第十一世，是清代康熙至乾隆年间马巷地区家喻户晓的商儒，生平急公尚义，有口皆碑，虽富甲一方，却仍不忘回馈社会。捐职州司马，捐献百金重修梵天寺后的文公书院，为治理同安东西溪水患，知县唐孝本发动邑民修堤（'唐公堤'），林芳德共襄其事，力为不少。马巷的夫子庙、池王庙（闽台池王开基祖庙原威殿）、泉州西南二谯楼、同安县的育婴堂、朝元观、东岳庙、尊经阁、准提阁等，都'无不破费劳力，共成义举'。同时，还在马巷施棺十年，费以千计。此外，他尊敬先贤，不但倡建马巷通力庙，并于乾隆九年捐巨资于庙后筑文昌阁祀朱子，为弘扬林希元理学精神，又于乾隆十二年捐资修林希元'理学名宦'坊。林芳德堪称一位疏财仗义、重视传统文化传承的大慈善家。"（厦门市翔安区宋江阵文化研究会，2016）

习练宋江阵的时间长了，林菽对宋江阵文化便有了更为深入的认识和理解。他深切地体悟到，宋江阵的"武"承载着丰富的文化内涵，外在的一招一式之下表达的是百姓保境安民的诉求，传承的是解危救急的忠义精神。同时，父亲的言传身教对他产生了潜移默化的影响，再加上家族祖先对当地社会治理做出了很大贡献，由此形成的道德教化让他时刻充满了正义感和责任感。基于宋江阵文化的熏陶，林菽认为秉承先祖提出的孝忠家国、谦忍睦邻的宋江阵精神将有助于扭转村庄盛行的个人主义不良风气。然而，由于多年来缺乏统一的规划和管理，村落建设基本上处于无序状态。2005 年，国家推进社会主义新农村建设，在此过程中，大规模的村落拆迁导致越来越多的失地农民转产转业，推进旧村改造和新村建设成为解决失地农民出路的有效方案。为推进旧村改造和新村建设，地方政府从当地农民的实际出发整治村容村貌，着力改善农村生活基础设施和生产生活条件。作为厦门市在岛外选择的 20 个试点村之一，林村开始了先行先试的探索。

据村里老人回忆，"当时村里没有一条像样的路，垃圾到处都是，村里又脏又乱，后来林菽出资给村里修了水泥路，就好了很多"（蔡英，村民，2019 年 7 月 20 日）。尽管当时旧村改造的时候国家给予了一定财政支持，但结合林村具体情况以及自身想为村落做些实事的想法，林菽找到村委以个人名义出资 250 万元，并亲自组织和带领村民修建新的水泥路，由此打响了旧村改造、新村建设的"第一炮"。事实上，林菽捐资修路只是想通过自己的努力为村里做点事情，未曾料到区委下村调研时对其为村落谋发展的事迹给予了高度肯定，这为林村后来成为厦门市乃至福建省的示范村奠定了基础。社会主义新农村建设不仅体现在村容村貌的改善方面，在以人为本和可持续发展理念下，还包括乡村文化发展与精神文明建设。自 2003 年中国民族民间文化保护工程启动以来，当地政府非常重视民间传统文化的挖掘工作。翔安区委宣传部洪部长了解到林菽对传统文化有难以割舍的情怀，因此希望他能积极参与宋江阵文化的挖掘工作，并带领村民把宋江阵发扬光大。

2009 年，翔安区委宣传部洪部长专程找到我，非常认真地跟我讲，"林村的文化底蕴还是很深厚的，我也听你讲过，你们林氏家族世代相传宋江阵传统文化，你父亲也是宋江阵传承人，现在国家开展民间文化的保护工作，新农村建设也需要发展地方的优秀传统文化，如果你有传统文化的情怀，我倒是很希望你出来主导宋江阵文化复兴项目"。与洪部长的一番谈话，激发出林菽内心深藏多年的对宋江阵的情怀。自1998 年回乡以来，忙着创业，做企业，根本没有多余时间来做闲事，以前的爱好也只好先放一边。现在，儿子大了，可以独当一面了，我就可以抽出时间把爱好捡起来。其实，我以前在国企工作和创业过程中也体会很深，现在社会人情太淡薄了，没什么责任感，我们村传了几百年的宋江阵文化现在却没人理，老祖宗传下来的，丢了可惜啊。宋江阵文化就是讲"忠""孝"、讲责任、讲担当，现在社会缺的就是这个，如果宋江阵能够恢复起来，对我们村乃至整个社会风气（的好转）都是有好处的。（林菽，宋武会会长，2020 年 1 月 5 日）

在中国民族民间文化保护工程启动与社会主义新农村建设推行的双重机遇下，2007 年，厦金宋江阵被列入福建省第二批省级非物质文化遗产名录。在当地政府的支持与推动下，2009 年，林菽凭着自己对林村宋江阵文化的深厚情怀以及对村落社会治理的责任感，正式开启了宋江阵文化的复兴之路。

第三章　民间体育组织参与同质性社会动员

第一节　民间体育组织的兴起

一　林村组建首支宋江阵队伍

20 世纪 90 年代以来，农村在由传统社会向现代社会转变的过程中出现了诸多社会问题。为应对社会转型过程中农村出现的各种社会问题，2005 年国家开始推行以经济发展为基础、以社会全面进步为标志的社会主义新农村建设。"十五"期间，厦门市坚持把实现农民增收作为农村工作的核心，深入推进农业和农村经济结构战略性调整，重视完善农村社会保障、建立农村工作新机制等。此外，厦门市还把促进农村劳动力转移作为增加农民收入的主要手段，要求岛外每家农户至少有一人务工，健全服务体系，加强技能培训，举办专场招聘会，初步形成全社会齐抓共管的长效机制，同时加大对零就业家庭的政策扶持力度。在解决农村富余劳动力转移的同时，厦门市积极鼓励农民自主创业，发展多种经营，并提供了各种优惠政策，大力促进农村二、三产业快速发展。2005 年农民家庭人均经营二、三产业纯收入达到 1051 元，比 2000 年的 510 元增加了 541 元（编辑委员会，2006）。随着国家各项有利于农村发展的政策文件出台，农民经济收入来源呈现多元化趋势，且总体收入有了明显的增加。随着农村整体经济环境的改善、城镇企业的增多以及农民自己创业等，村民即使外出务工也是在离村落不远的地方，与 20 世纪 90 年代出海或外出务工相比，现在林村的村民基本都在村落附近务工，因此村落举办公共活动也就不缺人了。

宋江阵文化的复兴，既得益于中国民族民间文化保护工程的启动和地方政府对非物质文化遗产保护工作的重视，也依赖于林村民间精英林菽对宋江阵文化的深厚情感，以及部分较为年长的村民对宋江阵文化传承的支持。在被全球化席卷的农村，传统文化的消解使村民共同的文化生活不复存在，村民之间交流的机会减少。随着电子信息技术不断更新与传播，年轻一代完全为新型信息技术手段所裹挟，导致村落个体与个体之间的关系纽带松弛，"原子化""陌生人化"现象日益严重。此外，经济全球化带来的文化全球化，使村落年轻一代对自己生长和生活的地方的文化缺乏了解，因此当地传统文化被束之高阁。然而，林村村民自古习武，宋江阵文化历代传承，20世纪早期仍有不少村民习练宋江阵，节庆之时还有宋江阵队伍进行表演。考虑到传承宋江阵文化可以丰富村民的精神生活，提高村民对宋江阵文化的认同程度，增强村民的责任意识，有利于培养村民吃苦耐劳和团结协作的精神，林菽与村民决定一起着手复兴宋江阵文化。

2009年5月，林菽与林音福等一起，召集村民利用晚上空余时间练习武术基本套路和宋江阵阵法。为重新组建林村宋江阵队伍，林菽特意拜访了当地的老宋江阵队员，邀请他们操演并教授宋江阵套路及阵法，如老宋江阵队员林大坪演练民国时期以雨伞编排的宋江阵操练套路，林梓演示兵器双刀的操练动作，林进行演示丈二的操练动作等，大家共同为宋江阵文化的复兴献计献策。然而，林村宋江阵在开训之初仅有15人参加，在此情况下，林菽希望林音福能够凭借自身的能力发动更多村民参与练习。虽然林菽出生于林村，但是他长大后一直在外求学与工作，直到1998年才返乡创业，村民对他的信任程度远不及与他年龄相仿的林音福。早在旧村改造以及征地的过程中，林村村民就与当地政府之间产生了一些矛盾，林音福得知此事后出面为村民争取利益，最终妥善解决了问题，由此赢得了村民的认可。于是，在林音福的发动下，一个月以后学习宋江阵的人员增加至60人。但是，除少数有武术功底的成员表现出对宋江阵的兴趣外，其余村民大多碍于林音福的面子而加入队伍，更多是抱着一种旁观者的心态。改革开放以来，受文化现代性、全球化以及市场经济的影响，乡村传统文化遭遇被边缘化及遗忘的尴尬，有些不愿参与的村民甚至认为组建宋江阵是为林菽个人谋利，还劝参与的村民不要做傻事，替别人添砖加瓦。从家庭私人领域发展出来的个人主义思想让大多村民不愿将时间花费于此，他们完全忽视了自身对群体和其他个人的义务与责任感（阎云翔，2006）。

尽管如此，林菽还是非常认真地组织村民训练，并在宋江阵训练的场地内张贴"严格训练、严格要求""快、准、猛、狠、活"的训练口号，一方面希望队员能够秉承刻苦训练的优良作风，另一方希望队员能够尽快掌握宋江阵习练的动作要领。自20世纪50年代末林村宋江阵队伍解散至今再没有组建过类似的团队，因此，这次重新组织宋江阵队伍对林村具有重要意义。在训练的几个月时间里，部分村民由于各种原因多次进出队伍，这种队员的随时变动不利于阵式的演练与编排，也不利于团队队员的沟通与交流。换言之，这就是对他人和团队缺乏责任感的表现。见此情形，林菽在练习间歇经常给队员们讲述宋江阵文化蕴含的忠义精神，以及林村先祖林扬满、林芳德等人传承宋江阵文化为村庄做贡献的事迹，并鼓励队员们一旦参与就要坚持到底，不管任何困难都不要中途随意退出。

阿吉里斯（Argyris）在1960年出版的《理解组织行为》一书中，使用"心理契约"这一概念来说明个体与组织之间的关系，并认为个体是否乐观与组织采取的领导方式有关，积极的领导方式能够让个体减少抱怨并保持乐观的心态。之后学者们深化和发展了心理契约的概念，认为心理契约是个体与组织之间隐含的不成文的双方各自的责任以及对另一方的期望。可见，心理契约在组织中的作用非常明显：一是能够减少个体与组织双方的不安全感，对个体起到约束作用；二是能够有效规范组织成员的行为，组织成员亦能够通过组织行为来适当调节自我行为；三是促使组织自我审视所承担的责任，以增强自身对员工的吸引力（张德、吴志明，2016）。在林菽的积极引导下，村民逐渐意识到个体对自己、对他人以及对组织的责任，在组织的约束与规范下，个体与个体、个体与组织之间不断进行有效的沟通与合作，并逐渐建立起信任关系。随着参与练习次数的增多，最初抱着"随便练练看"的心态来参与练习的村民也在逐步发生转变，全身心地投入训练中。

开展可参与的公共文化生活是丰富农民精神生活、促进乡村精神文明建设从而达至"乡风文明"的内源性基础。从现实来看，可参与的乡村文化活动的开展离不开村落精英和民间组织的参与动员。村落精英，一般是指在村落中有声望和影响力，以村落集体利益为重，为实现村落共同目标发挥领头作用的个体（田原史起，2012）。林村宋江阵队伍的组建主要依靠老一辈宋江阵队员的指导，他们是村落的文化精英。林菽可被视为拥有一定经济资本和文化资本的民间武术精英。林音福在村民中享有较高的威望，其构建社会关系网络以及通过这种社会关系网络获得资源的能力较强（章立明，2016），可被视为拥有社会资本的村落精英。依托老一辈宋江阵队员的资本，即林菽的经济资本、文化资本，林音福的社会资本，以及部分村民的共同努力，林村宋江阵队伍得以迅速组建起来。

二　成年宋江阵"崭露头角"

2009 年 10 月，新组建的林村宋江阵在翔安区人民文化中心参加国庆 60 周年文艺会演，之后陆续在翔安大嶝、新店等地参与文艺会演和专场表演，并于 2010 年 1 月 26 日在大嶝虎头寨参与了中央电视台《走遍中国·走进厦门》节目的录制。林村宋江阵的表演引起了很大反响，当地媒体对此进行了报道，这次报道为两岸宋江阵的交流建立了良好的开端。2009 年 10 月 29 日至 11 月 1 日，台湾台东大学民俗文化研究专家吴海达教授到厦门参加第二届文化博览会，在看到有关翔安宋江阵的报道后专程找到林菽，两人初次见面进行一番交流后都有一种相见恨晚的感觉。宋江阵流行于台湾和闽南地区，其表演阵容强大且具有较强的观赏性，因而深受当地民众喜爱。在台湾南部地区，宋江阵是规模最大且最受关注的民间表演活动之一，可以说，宋江阵是两岸文化同根同源的最好见证（兰自力，2004）。

关于台湾宋江阵的起源，有学者认为源于戚继光的"鸳鸯阵"，在明郑时期"寓兵于农"政策实施下于台湾民间开始传播，另有学者将宋江阵的起源与戏曲表演以及祭祀活动等关联起来，还有学者认为宋江阵与少林武术有关。台湾学者吴海达对宋江阵传入台湾的过程进行梳理归纳后认为，南少林所在的漳州、泉州一带居民习武风气鼎盛，在郑成功驱逐荷兰殖民者以及施琅攻台的过程中，众多漳州和泉州的勇士参与其中，后清朝担心沿海居民反清复明，因此禁止聚众习武，少林拳技只能改头换面，以岁时祭神的名义结合舞龙舞狮来表演。明末清初，随郑成功一起入台的士兵中不乏来自漳州、泉州一带的勇士，他们加入开垦的行列并将宋江阵在台湾南部推广开来。尽管说法不一，但宋江阵是伴随大陆汉人移民而传至台湾的观点是两岸学者达成的共识，学者们对闽台宋江阵的演变及表演特征进行的田野调查也都证实了这一观点。通过田野调查发现，闽台宋江阵在表演形式、使用道具等多方面都很相似（蔡莉、兰自力，2006）。

海峡两岸同属中华民族，拥有共同的历史血脉和共同的文化根基，台湾本土文化的发展是建立在中华文化基础之上的，只不过随着历史的演进，台湾本土文化受到全球文化的冲击，其内涵变得更加丰富和多元。从地理位置来看，远古时期的台湾与大陆是相连而成的整块陆地，随着地壳运动和漫长的地质变迁才逐步形成了海峡，之后再演变成为海岛。据有关记载，早在三万年前旧石器时代后期，就有"左镇人"生活在台湾，以后又有一万五千年前的"长滨文化"主人，早期的这些台湾古人类应该是从大陆迁移到台湾的。唐宋时期，大陆居民、菲律宾人、马来人等大量迁入台湾。到明代，这些大陆居民与迁入台湾的菲律宾人、马来人等融合为东番夷，即台湾高山族的祖先（叶兴建，2011）。随着交通工具逐步发达，从大陆迁居台湾的人口开始增多。唐宋年间，福建沿海居民为躲避战乱而迁居至台湾从事渔商开拓。随着大批大陆汉人迁居，大陆文化也一并带入台湾。在大陆文化的影响下，台湾逐步形成了具有鲜明特色的地方文化。在明郑治台时期，大陆的政治制度、生产方式、文化传统进一步在台湾得到传播，极大地促进了台湾社会的进步和经济文化的发展。清朝统一台湾后，对台湾进行了大规模的开发和治理，台湾社会的整体发展基本与大陆无异（张春英，2014）。

政治、经济、文化是一个完整的社会形态的基本构成要素，海峡两岸文化同宗同源，中华文化作为维系两岸关系的纽带，能够跨越历史和时空的局限，拉近两岸民众的心理距离。1994 年，厦门金莲升高甲戏剧团赴台湾演出近两个月，由于文化同宗同源，当地民众表现出极大的兴趣和热情，可见民间传统文化演出对促进两岸文化交流发展具有重大意义。2015 年 5 月 4 日，习近平总书记在会见中国国民党大陆访问团时强调"两岸同胞要以心相交、尊重差异、增进理解，不断增强民族认同、文化认同、国家认同"。① 文化认同是指个体或群体对自身所属文化的一种归属感，并将这一文化作为区分我群与他群的界限（陈孔立，2016）。民族认同是通过宗教信仰、节日习俗等文化要素使社会个体成员对自己民族产生情感依赖，进而形成并强化民族内部的凝聚力（王建民，1991）。国家认同则是基于对共同文化的认同形成的对国家的共同理解，是建立在文化认同和民族认同之上的更高层次的认同感（韩震，2010）。因此，提升对共同文化的认同感，增进两岸心灵契合，才是两岸和平统一的必由之路。

正是基于对宋江阵文化的认同，2010 年 1 月 2 日，吴海达教授和高雄内门顺贤宫副主任委员黄荣富先生以及宋江阵总教练郑力福特意来到翔安进行交流，并邀请内厝林村宋江阵前往台湾参加当地十二大节庆之一的内门宋江阵演出。在当地政府的支持和林菽的资助下，2010 年 4 月 9 日，内厝宋江阵文化交流团一行 42 人搭乘直航班机飞往台湾，这是 60 年来第一支赴台表演的大陆宋

---

① 《习近平总书记会见中国国民党主席朱立伦》，https：//www.gov.cn/xinwen/2015-05/04/content_ 2856616. htm，最后访问日期：2024 年 1 月 9 日。

江阵队伍，也是海峡两岸宋江阵的首次交流。在此次活动的开幕式上，台湾地区领导人马英九先生身穿阵头传统服装、手持令旗，为表演活动揭幕并致辞："台湾宋江阵发源于大陆，今天我们特意邀请了来自厦门的宋江阵队伍进行表演，请大家拭目以待。"① 此次赴台演出，内厝宋江阵在高雄、宜兰等地开展了 7 场表演，其间恰逢妈祖圣诞和宋江阵创意大赛闭幕式，内厝宋江阵再次进行广场版和舞台版的表演，并正式参加两岸宋江阵文化交流对接仪式，双方互赠纪念品并合影留念。

此次文化交流在台湾地区引起了强烈反响，每到一处都能感受到台湾民众对同宗传统文化的喜爱。尤其是内厝宋江阵演员们按照《水浒传》中的人物进行着装打扮并画上脸谱，让观众产生一种耳目一新的感觉，每当看到表演精彩部分时，观众总会报以热烈的掌声。在演出结束后退场的路上，观众还夹道鼓掌致意，"你们演得真棒，明年还要再来"。此外，台湾报纸、新闻网分别以"高雄县内门宋江阵，福建厦门阵头表现不俗""厦门内厝宋江阵达高雄内门交流""厦门宋江阵来台以艺会友""两岸民俗文化交流热，厦门内厝宋江阵来台切磋""内厝宋江阵赴台表演，马英九现场'督阵'"为题对本次文化交流活动进行了报道，《厦门商报》也以"厦门内厝宋江阵赴台表演，马英九现场'督阵'"为题进行了大篇幅的报道。

60 年来的首次两岸宋江阵交流活动，让"陌生人化"的个体成为组织中的一员，并从组织生活中获得不同于以往的人生经历和生活体验（欧阳爱权，2015）。

> 第一次去交流嘛，很激动很兴奋的。我们一表演完就听到很多观众喊"你们演得真棒，明年还要再来"，有些人还冲上台来跟我们合影，我们觉得很自豪啊。（苏春会，宋武会副秘书长，2019 年 8 月 10 日）

---

① 《厦门内厝宋江阵赴台表演 马英九现场"督阵"》，https：//news. ifeng. com/c/7fYpvRIYrYH，最后访问日期：2024 年 1 月 9 日。

原本只想暂时参与宋江阵习练的村民不仅感受到宋江阵文化的魅力，而且体会到来自民众社会的荣誉感和促进两岸融合发展于国于族的责任感。多次宋江阵表演实践让林村宋江阵获得了更多的关注和支持，也让原本松散的村落个体之间的凝聚力得到加强，林村借由宋江阵进行的内部整合和村落动员初见成效。

三　宋江阵文化研究会成立

中国台湾文化的中心主要在宫庙，沿街机动式表演的民俗阵艺就是当地的"行动剧场"（陈彦仲，2003）。尽管林村宋江阵在台湾的演出获得了民众的好评，但是林菽等人意识到，无论是在普及程度、技术水平还是在艺术表现等方面，宋江阵均与台湾当地存在较大差距。宋江阵在台湾民间受到热烈欢迎，让林菽萌生了依靠民间组织力量来传承宋江阵的想法。李熠煜（2004）认为，中国当代农村民间组织生成的关键在于农村精英的核心作用，林菽的经验认识与之不谋而合。此外，两岸地缘、血缘及神缘相通，闽南与台湾宋江阵每年还会定期进行交流，借助民间组织的力量不仅有利于林村宋江阵文化的传承，而且有助于推动两岸民间传统文化的交流与发展。

2010 年 1 月 7 日，厦门市翔安区委宣传部洪部长专程前往林村就宋江阵文化进行调研。为进一步传承和弘扬宋江阵文化，加强传统文化交流，巩固文企共建成果，林菽提议在组建宋江阵队伍的基础上成立厦门市翔安区宋江阵文化研究会（以下简称"研究会"）。2010 年 5 月 28 日，在翔安区委的支持下，研究会成立大会暨第一次代表大会在林村村委会举行，共有 70 名会员参加，翔安区文联秘书长出席并代表区委宣传部发表了讲话，内厝镇党委书记、翔安区民政局副局长、翔安区人民文化活动中心主任等参与了此次会议，会议选举林菽为研究会会长。

第二节　同质性社会动员
与个体道德构建

社会动员是国家或社会组织借助不同的方式来影响或改变社会成员的态度、价值观和期望，凝聚一定的思想共识，并引导和组织社会成员积极参与社会实践，从而实现一定社会目标的活动过程（刘伟，2016）。思想动员是社会动员的核心，有效的社会动员需要通过宣传教育施加外部影响，引导社会成员从思想到行动的转变。在农村传统社会中，文化不仅被看作资源，而且被看作组织动员的载体。然而，改革开放至 20 世纪 80 年代末，农村经济水平虽然得到一定的提升，但文化建设水平要滞后得多，至 20 世纪 90 年代中期"打工潮"兴起，农村传统文化曾一度被"抛弃"（石勇，2008）。作为精神家园的农村文化生态被破坏以及村落内生动力不足，导致林村原有的礼治秩序发生改变，邻里亲缘社会关系变弱，甚至陷入彼此隔绝的"原子化"状态中（冯婷，2014），村落道德秩序严重失范。

党的十八大以来，美丽乡村建设成为继社会主义新农村建设之后农村发展的新目标，习近平总书记曾在多个重要场合强调，美丽中国要以美丽乡村为基础，只有农村美了，中国才能更美。①"绿水青山就是金山银山"这一科学论断的提出，就与习近平同志考察浙江安吉的乡村建设有关。可见，推动乡村生态建设和传统文化发展既是美丽乡村建设的重要目标，也是实现美丽中国愿景的重要举措。

文化是由信仰、价值观、规范等诸多要素构成的复合体，各要素间的相互作用使文化具有一定的功能，推动社会不断发展。文化不是独立存在的，人与文化、社会系统相互联系，在文化的教化作用下个体实现社会化，而社会则需要文化发挥引导和凝聚

---

① 《习近平眼中的"强美富"》，https：//baijiahao.baidu.com/s？id＝16873233059885
45246&wfr＝spider&for＝pc，最后访问日期：2024 年 1 月 9 日。

的作用来实现整合。《周易》中的"观乎人文，以化成天下"强调的正是文化的教化功能。人类个体的成长过程是一个获取文化并将其内化为自身需要的教化过程，人也就从"自然人"转化为"社会人"。人们在自然和社会环境中创造出不同的文化，但不同的文化对于个人而言既是具体的，也是历史的（蔡彦士、叶志坚，2002）。个体处在地方文化型构的特定环境中，通常容易受到地方文化的浸润和洗礼，当地文化所蕴含的价值规范和道德观念也必将体现在人们的日常行为当中。

研究会成立后，通过访谈老一代宋江阵队员，陆续恢复了一批业已失传的宋江阵阵法。随着社会的不断演进，作为地方性知识的宋江阵蕴含的文化内涵与价值功能也会随之发生变化。因此，结合社会时代发展需求，以社会主义核心价值观为根本遵循，研究会基于宋江阵蕴含的忠孝仁义之精神以及"保乡为民、敦亲睦邻、解危救急、伸张正义"的价值内涵，从中凝练出蕴含宋江阵文化内涵的"尊老育人、敦亲睦邻、解危救急、保乡卫民"十六字方针以及蕴含宋江阵价值观念"讲精神、担责任、重修养"九字口诀的宋江阵文化精神①。然而，宋江阵文化精神的传承不能纸上谈兵，最终还得融入村民的日常生活中才能彰显出价值，而一次工作之余的"偶然发现"让研究会萌生了创办"老人之家"的念头。

---

① 宋江阵作为闽南民间社会的一种地方性知识，其文化内涵并非一成不变，而是随着社会结构及价值观念的变化而变化，此时的宋江阵十六字方针及文化精神是在社会主义核心价值观的统领下，由林村参与宋江阵的乡贤集体凝练出来的。需要说明的是，作为地方性知识，宋江阵的起源与明清时期的抗倭抗匪等社会背景密切相关，林村又是团结型宗族村落，因此，保护村民安全以及维持村落秩序稳定成为地方宗族乡贤的主要责任和目标。总体来看，宋江阵文化精神与新时代社会主义核心观是一致的，但在诸如"解危救急、保乡为民"等内容上尚未做到精确匹配，这体现出地方乡贤的认知局限性。不过，随着宋江阵的传承与发展越来越多地注入国家力量和意志后，宋江阵文化精神的具体内涵还会随着社会的发展而发生变化，如笔者在田野调查中了解到，林村乡贤正在考虑将宋江阵文化精神中具有小农意识的"解危救急、保乡为民"的内容予以删除，从社会治理、两岸统一等方面进一步凝练宋江阵文化精神，使其具体内涵与社会主义核心价值观的主要内容更加契合。

一　研究会创办"老人之家"

"一天傍晚，我开车从村里路过，看到一位老人坐在自家门口抹泪，这个老人年纪比较大了，跟我也蛮熟的，他说子女很忙，没顾得上给他送饭，他觉得自己年纪大了，给子女增了麻烦，自己就不该这么长寿，讲这个话的时候老人是非常难受的。"（林菽，宋武会会长）事实上，类似这样的情况还不少，村里大部分中壮年都忙于工作，还有一小部分独居老人，他们的子女在城市工作，通常只能一周回来一次，就算老人一日三餐能够保证按时吃饭，但其精神生活依然十分空虚，平时也缺少家人的陪伴。宋江阵文化传承忠孝精神，孝中有仁，忠中也包含仁，而忠中之仁来自孝中有仁。归根到底，"孝"才是根本。与老人的交谈让林菽感慨颇多，他不禁回想起父亲临终前"为村庄多做奉献、多做好事"的嘱咐。秉承宋江阵文化精神以及遵从父亲的嘱咐，林菽萌生了带领研究会着手为村里 70 岁以上老人建立一处既能免费提供一日三餐，又能提供日常休闲公共空间的想法。在研究会的动员和筹备下，村民林保国和林水迫捐献久未居住的祖厝，研究会出资将其修葺一新，作为老人们一日三餐以及日常休闲的公共空间，并取名为"颐年堂"。

第一间"老人之家"颐年堂于 2010 年成立，最初的经费主要由研究会提供。然而，提起"老人之家"刚成立时的情形，林菽感慨不已，村民说他"吃饱了撑的""有钱就自以为是了"，各种闲言碎语满天飞。作为"老人之家"法人代表的黄小美也说当初真的是很难，"一开始老人们不肯来，一是担心吃得不卫生，二是怕别人背后说子女不养老，但更多还是觉得研究会和林会长作秀，搞不了两天估计要散伙。当时也没别的办法，毕竟这个事情之前也没有做过，我们（研究会）只好先发动自己的长辈来用餐，头个月只来了 20 多个人"（黄小美，"老人之家"法人代表）。尽管村民用质疑的眼光看待此事，但研究会从来没有动摇过，并认为人们需要时间来认识和了解新鲜的事物，慢慢有一些村民开始抱着试试看的心态来到"老人之家"，跟"老人之家"的工作人员一起聊聊天。

> 研究会安排我们 7 个人负责这边，除小美外，都是老人，
> 老人更了解老人的口味，吃得要清淡，菜也要煮得更烂一些，
> 我们都是根据老人的需求来安排每天的伙食，每天的菜基本
> 不重样。（林宣传，"老人之家"管委会主任兼闽台宋江阵博
> 物馆馆长）

了解到研究会确实是在用心为老人们免费提供一日三餐之后，
每个月总会多几个老人来用餐，一年后用餐人数达 60 多人，如今
"老人之家"已经走过了第 10 个年头，用餐人数最高达到 113 人。
2011 年，村民林金钻等人得知"老人之家"因用餐人数增多，原
来的场地不够用，便将闲置的祖屋收拾出来作为开办第二间"老
人之家"的场所，新开办的"老人之家"取名为"颐养堂"。

在研究会成员的协助下，"老人之家"被打理得井井有条。老
人们自己动手打饭、舀汤，用餐结束收拾好各自的餐具后又三五
成群地坐在一起开始聊天。林文极老人是退休教师，负责更新一
日三餐的菜式安排，统计每月以及每天的开支明细，详细记录村
民的捐赠以及爱心活动等。据统计，"老人之家"包括伙食费、房
屋修缮费以及食堂用具开支每年需要 20 多万元，林菽承担了所有
费用，他觉得能让老人们获得快乐、健康，花这些钱就值得。正
常情况下，"老人之家"除春节放假 7 天，其余时间都正常开放。
每逢中秋、国庆等节庆日还会专门给老人加餐，老人们笑称："这
里（老家之家）好像（20 世纪）人民公社食堂一般，我们又吃起
'大锅饭'了。"的确，公社办食堂是人民公社制度实行以后在全
国推广的新事物，由于食堂能够为人们提供一日三餐，家庭中的
女性劳力不仅可以不再为照顾家庭饮食而劳碌，而且可以与其他
人一样去食堂吃饭。一起吃饭一起出工，这样的生活着实让农户
们感受到提前到来的"共产主义"。林村老人对人民公社时期"大
锅饭"的说笑，说明老人们对当下的生活感到满足。

如前文所述，研究会创办"老人之家"最初只是想为老人提

供免费就餐和日常休闲的公共空间，但意外的收获是，研究会通过"孝"文化实践促进了村民从思想到行动的转变。受研究会公益行为的感召，村民们捐献祖屋就是一个例子。此外，随着"老人之家"的善举逐步被村民认可，到"老人之家"进行捐赠的村民也多了起来。林村有多家自己创业的农户，他们经常将自己种的土豆、胡萝卜、红薯、西红柿等送到"老人之家"，有些办企业的村民则会买些米面粮油送到"老人之家"。逢年过节或村落有结婚、办满月酒等喜事时，村民也会以实物和现金的形式到"老人之家"进行捐赠。此外，林村小学和幼儿园的师生还经常利用周末空余时间开展敬老活动，组织学生到"老人之家"表演才艺、打扫卫生、陪老人聊天等。所有这些公益捐献或爱心之举都被林文极老人记录在册，以供人随时翻阅。

> 老人是一个家庭的根脉，每位老人的背后都代表着一个家庭的牵挂和幸福，守护好每位老人就是守护好许多老人家庭背后的幸福生活，对我来说，每天最快乐的事，就是看到老人们健康地来到"老人之家"用餐，听他们"讲古"，感受他们生活的喜悦。（黄小美，"老人之家"法人代表）

小美平时爱将老人们的生活点滴用拍照发朋友圈的方式记录下来，有时也会将照片发给老人的子女看，平时还教老人们使用电子产品、画画等，这让老人们体会到更多的乐趣，精神生活既丰富又愉悦。老人们偶尔与儿女产生了摩擦，也会找小美倾诉，而她会慢慢跟老人讲道理，后来老人的子女碰到不好解决的事情，就会直接找小美帮忙，因为他们知道老人们都听她的劝。经过长年累月的相处，小美与老人们的感情就像亲人一般，她成了老人们的贴心"孙女"。

"老人之家"开办的时间越来越长，影响力也随之逐步扩大。或许是"老人之家"秉承宋江阵"敦亲睦邻"的"孝"的文化精神符合政府对新时代乡风家风民风的期待，包括全国老龄办等在内的多家单位、机构等前来调研、交流、资助及帮扶。自 2017 年起，"老人之家"日常运作的经费来源逐渐多元化，在研究会自筹资金的基础上，区政府相关部门每年都会对"老人之家"进行专项补助，红十字会、企事业单位等外界社会团体及个人也会不定期给予部分物资捐赠。政府对研究会致力于村落公益事业的肯定与支持，以及外界组织团体将"老人之家"作为学习榜样，一方面激励着研究会以更大的动力投身于村落公益活动，另一方面增进了村民对研究会的认同感，并使村民进一步产生了从思想到行动的转变。在政府和外界组织的关注和支持下，"老人之家"逐渐成为动员村落内部同质性个体和联结村落外部异质性组织的平台。

《孟子·梁惠王上》有曰："老吾老，以及人之老；幼吾幼，以及人之幼，天下可运于掌。"尊老爱幼是中华民族的传统美德，在孟子看来，善于推己及人是古代圣贤能够超越他人的关键，贯彻仁爱精神，给予他人和家人一样的关爱，如果能够真正做到关爱他人，那么国家的治理也就不那么难了（陈谷嘉，2010）。推己及人本质上是一种建立在孝之感恩基础上的推恩模式，将家庭责任推广至社会责任，将小爱化为大爱，研究会正是希望将宋江阵文化蕴含的仁爱奉献精神传播开来并传承下去。老人是村落延续的根脉，而小孩是村落发展的希望，宋江阵文化的传承不能仅仅依靠成年人，也需要培养小孩的责任感和担当。

二　研究会发起宋江阵进校园活动

为进一步传承和发展中华优秀传统文化，2017年，中共中央办公厅、国务院办公厅印发了《关于实施中华优秀传统文化传承发展工程的意见》，其中提到"中华优秀传统文化蕴含着丰富的地方性知识，在政府主导下社会各界力量共同参与中华优秀文化的传承和发展，有利于弘扬传统美德，提升个体道德素质，推动社会和谐有序发展"。中华优秀传统文化蕴含的价值观念和道德规范对新时期社会发展具有现实指导意义，推动优秀传统文化的创造性转化和创新性发展，使之在继承中发展、在发展中继承，成为我国新时期社会文化发展的重要任务和目标。

一直以来，融表演和娱乐为一体的宋江阵在台湾地区的普及程度很高，且深受当地民众的喜爱。两岸相互交流之后，研究会意识到宋江阵的传承和发展应该从娃娃抓起，如此才能培养充足的后备力量，为此，研究会决定将宋江阵推广到学校中去，首要的对象便是林村小学。习练宋江阵不仅能够提升学生的身体素质、心理素质和道德品质，增强学生的自信心，还能培养学生吃苦耐劳的坚毅品格，树立学生的责任感和团队意识。林村小学校长意识到习练传统文化宋江阵对学生发展具有积极正面的作用，因而非常支持宋江阵进校园活动。2010 年 11 月 18 日，研究会指派林村首支成年宋江阵队员林音福和林水聚担任林村小学宋江阵队伍的教练，考虑到宋江阵练习需要操练兵器，于是从三年级及以上学生中选取了 60 名学员参加了第一期宋江阵的学习。值得一提的是，翔安区文体局李正南副局长在得知研究会希望将宋江阵推广到校园的想法后也对此举表示高度赞赏。2010 年 11 月 23 日下午，在学生训练期间，翔安区文体局以及区文体中心的相关领导和专家特意来到林村小学了解宋江阵训练的情况，并认真观看了小学生的演练，认为林村小学宋江阵的训练既传承了中华民族优秀传统文化又强健了学生的体魄，同时鼓励学生要有克服困难的勇气，勉励学校师生把宋江阵特色教育坚持开展下去。

学生既是学校的一员，也是家庭的一员，学校与家庭必须互相配合，才能为学生营造健康成长的和谐氛围。林村小学学生学习宋江阵尽管得到文体局、学校以及研究会的支持，但家长的支持与认可也尤为重要。在家长们得知自己孩子在学校学习宋江阵时，部分家长表示支持，部分家长保持中立的态度，认为学不学都可以，但也有极少数家长和个别老人对此存有异议。

如前所述，林村首支宋江阵队伍刚成立时，有个别村民认为宋江阵跟自己没有多大关系，新组建的宋江阵队伍估计也不会有多好的发展前景，说不定很快就会解散等。直到成年宋江阵在外参加演出与交流后，一些村民对宋江阵的态度才稍微有些转变，但对于让自己的孩子学习宋江阵还是不太能接受。因为在他们看来，学校就是教授文化知识的地方，让学生习练宋江阵属于不务正业，甚至有个别家长找校长抱怨："小孩在学校不好好念书，舞枪弄棍的有什么用，不怕影响学习吗？"（林务实，林村小学校长）个别学生家长之所以有这样的想法，一是因为他们对宋江阵文化蕴含的教育思想、文化价值和道德规范缺乏了解，二是因为他们只意识到学习应该是接受教育的过程，忽视了少年也需要进行自我教育，通过主动学习来更好地认识自己。习练宋江阵恰恰是教育与自我教育结合的有效方式。

　　经过近 1 个月的短暂训练之后，林村小学宋江阵团队于 2010 年 12 月 25 日参加了 2010 厦门国际马拉松赛"为马拉松喝彩"啦啦队比赛，因表演精彩出众获得了最佳表演奖，并受到国际马拉松组委会的特别邀请，参与"钢宇·奇克健身"首届厦门国际路跑展文化体验节的演出活动。2011 年大年初一，林村小学宋江阵与成年宋江阵在林村社区同台献艺演出，受到村民的一致好评。该宋江阵于 6 月 2 日参与巷东中学的艺术节演出，于 8 月 20 日参加 2011 年海西武术大赛并获得集体项目金奖，于 9 月 9 日受邀参加翔安区红十字会社会活动开幕式表演，于 11 月 5 日应邀参加厦门市教育学会中小学体育教学专业委员会第五届会员代表大会暨学校体育成果展示活动。2012 年 3 月，研究会应台湾高雄市内门区紫竹寺邀请，参加由紫竹寺和市政府共同举办的"高雄内门宋江阵"活动。该活动通常在农历春节之后举办，不仅是台湾地区十二大地方节庆活动之一，也是当地最受关注的文化观光盛会。林村小学宋江阵队伍首次以少年宋江阵的名义参与了此次活动。自 2010 年 11 月以来，林村小学宋江阵队伍参与了近 10 场演出活动，表演足迹从学校到村落再到村外甚至境外，林村小学宋江阵队伍逐渐成为翔安宋江阵的后备主力军。

　　随着学生参加表演和比赛次数的不断增加，他们获得的奖牌和奖杯也越来越多，学校为此特意建立了陈列学生奖杯和奖牌的荣誉室，一方面是出于学校对获奖学生的肯定，并以他们为榜样鼓励其他学生全面发展，另一方面增强了获奖学生的荣誉感和责任感。在历时 1 年多的训练和表演后，林村宋江阵队员的家长们看到孩子的成长和变化都感到非常欣慰，尤其是原来不太愿意让孩子学习宋江阵的家长发生了很大的转变。事实证明，习练宋江阵并没有耽误学生的学习，原来成绩好的学生稳步向前，成绩较差的学生有所提高。更为重要的是，由于经常参加宋江阵表演和武术比赛，学生的身体素质得到提高，自信心、责任心和团队意识等有明显的增强。

首先，学生的身体素质得到提高。武术套路动作包含屈伸、平衡、跳跃、翻腾等各项动作，学生的柔韧性、灵敏度以及力量、耐力、速度等各方面身体指标都得到提升。

> 有家长反映说，经过一段时间的训练，小孩抗病能力强了，也很少生病了，以前没有参加武术锻炼，体质都是比较弱的，也经常感冒，现在明显好多了，饭都比以前吃得多了。（林水聚，林村小学宋江阵教练）

其次，学生的自信心得到增强。

> 林晗玥同学原来体弱又胆小，稍微遇到一点困难就找父母。刚来参加训练的时候，动作很不到位、还怕吃苦，在同学面前不敢表现自己，有些胆小，所以经常就干脆缺勤不来练，后来我们就想办法引导她，既严格要求又耐心鼓励，经常让她到队伍前面示范，经过一段时间的训练，她变得积极主动了，也更刻苦了，而且再也没有缺勤过，进步也很大。她妈妈后来很高兴地跟我讲，"我们家晗玥通过训练，就像换了个人，自信心也有了，敢在同学面前大声讲话了，做什么事情也比以前强很多，很少叫大人帮忙了"。（林音福，林村小学宋江阵教练）

最后，学生的专注力更加集中，思维能力得到提高。练习武术动作时容易出错，只有反复体会正确的要领，不断纠正错误动作，才能形成正确的动作。教练在教学过程中主动向学生发问，是锻炼学生专注力和思维的有效方法。宋江阵跑阵要求学生既要按照动作要领完成每个动作，又要根据鼓点节奏的快慢进行调整，因此要掌握一套完整的技术动作，非常考验学生的专注力和思维应变能力。

> 洋林海同学在参加训练前非常调皮，坐不住，平时懒散没精神，什么事情都不在乎。但参加训练以后，他意识到自己的动作要跟同学去配合而且还要保持一致。通过训练，他的自我控制力得到增强，现在的他活泼可爱，上课更加专注，学习比原来好，纪律性更强，做事也认真。（林音福，林村小学宋江阵教练，2019 年 7 月 22 日）

此外，学生在品格得到良好塑造的同时增长了见识。由于经常外出参加表演和比赛，学生获得了更多在众人面前展示的机会，既增长了见识，又开阔了视野，原来胆小懦弱的孩子也变得勇敢了。武德的培养是武术习练的重要内容，所谓"习武先习德"，武术学习是一个内外兼修的过程。习练武术磨炼了学生的意志，培养了学生吃苦耐劳的品性、团结合作的精神，提高了学生的自我控制和自我管理能力，对其人格的塑造具有积极的作用和意义。

> 宋江阵讲的是团结协作、积极进取，在我们刚排阵的时候，因为不熟悉，大家难免会出错，但是我们都不怕流汗，不怕苦，反反复复排练，慢慢大家就产生了默契，团结的力量也就慢慢地展现出来，这让我们有一种热血沸腾的感觉。（林华立，林村小学宋江阵队员）

11~15 岁是个体由儿童期向青少年期发展的过渡时期，也被认为是少年期。这一重要的转变关键期，既是个性的形成阶段，也是个体逐步社会化的阶段，还是个体心理发展的阶段。人出生之后要成为一个真正的个体，就需要接受教育，对品性的塑造应尽早开始，需要在少年早期加以训导（夸美纽斯，2018）。正如想要训练一只喜鹊来模仿人的声音，就需要在其幼小时挑选出来训练才能达到目的。任何人都需要接受他人的教育，需要做别人的学生，也需要发挥自身的主动性去接受、继承、吸收知识文化，因为教育和自我教育都是人类文化传播与传承的重要手段。教育与自我教育在实践上既具有统一性，又是一种互补关系（胡德海，2016）。

学校通过有组织的教学方式培养学生个性和品德的和谐发展，但是，除学校教育外，还需要来自社会、家庭等多种非正式教育形式的作用，共同推动少年儿童在德、智、体、美、劳等方面的发展。而在各种非教育形式中，个体自我教育的能力显得尤为重要，只有教育的力量最终转化为学生自我教育的能力，学生自主向善向美、乐于认识和改造世界的主观能动性得以发挥，教育的最终目的才能达到（王凌皓，2014）。学生在参与道德实践活动或道德信念形成的过程中对自我肯定的程度，决定了其道德精神生活的品质，想要成为一个真正的人，就需要更专注于提升和完善自我。学生如果只是被当作教育的对象，教师一味地向学生灌输外界的知识，如科学、真理，而不提醒学生向内看，关注内在的自我，那么即便学生懂得再多的知识，也仍然无法对自我形成正确的认知。

值得一提的是，道德内化是一个自我实现的过程，需要通过自我开发、获取才能转化为自身心灵的财富。真正的教育是激发自我的主动性，人类最难的莫过于挑战自我并战胜自我，战胜自我即是认识自己和自我教育的开始。7~11岁是进行自我管理和提升控制能力的重要阶段。在自我教育中，身体锻炼是一项非常重要的内容。在童年时期，个体如果能够成功克服自身弱点，并体验和享受克服自身弱点带来的快乐，那么便能形成更加清晰的自我认识，从而养成自律的习惯并成为意志坚强的人。在集体行动中，每个个体都能以道德标准来做好自己的事情，而且这种思想认识能够贯穿于参与行动的相互关系当中。如果某个时候懒惰的思想占据上风，那么会被同学嘲笑并被认为是意志力缺乏的表现。而处于少年时期的学生又非常在意别人对自己的道德评价，因此，能够形成正确的自我认识在这个时候就显得尤为重要，自我教育的重要作用也由此体现出来。在自我教育中，除了认识自我以外，关心他人也是自我教育的重要方面。从小愿意把自己点滴的劳动奉献给他人，把自己习得的知识分享给他人，既是实现自我教育的基础，也是个体自身的道德需要。只有当个体收获来自外界对自我的道德肯定时，才称得上是真正意义上的自我教育（魏智渊，2013）。

自林村小学宋江阵成立以来，学生通过刻苦训练取得了一定的成绩，参与演出和比赛的机会不断增多，在训练、表演以及比赛的过程中，学生个体人格得到了良好的塑造，既强健了体魄又磨炼了意志，既体会了荣誉感又增强了责任感，既形成了团队意识又懂得了关爱他人，既增强了自信又学会了自谦。宋江阵进校园活动见证了林村小学宋江阵队员的成长与蜕变。由此，宋江阵进校园活动越来越得到村民的理解、支持与认可，尤其是原来不太支持孩子习练宋江阵的家长也成为学校运动会最积极的志愿者，共同参与校园活动。越来越多的宋江阵演出活动将村落原子化的个体逐渐凝聚起来，村落原本松散的社会关系正在逐步得到改善。为使村民更深入地了解宋江阵文化的历史，让宋江阵文化精神融入村民的日常生活行为当中，研究会在创办"老人之家"和推广宋江阵进校园活动的同时，为村落构建了公共文化空间。

三　研究会构建村落公共文化空间

在传统社会中，庙宇、祠堂、村头树下、水井旁、家门口等都是村民们交流情感、交换信息的重要场所，这些传统公共空间蕴含着村民的乡情、乡恋和乡愁。但是，随着乡村社会结构由总体性社会向个体性社会转变，农村家庭关系、邻里关系也发生了一些变化。20世纪90年代初，随着市场经济体制改革加快，农村家庭规模日益缩小，几代同堂的大家庭逐渐减少，村民更加注重核心家庭的利益。此外，农村大多数年轻人在外务工，留在家里的老人、妇女大多要照顾小孩，还要兼顾农活，很少能像以前一样经常聚在一起话家常。在文化全球化、市场经济等因素的影响下，人们的思想观念已经发生改变，私人生活领域成为人们生活的主要场所，人们的日常休闲娱乐通过看电视、打麻将来消遣，传统乡土社会特色文化活动完全被"冷落"。代际关系的疏远，邻里关系的淡化，乡村传统文化的无人问津，导致维持农村社会情感交流的公共文化空间的功能逐步弱化甚至丧失，优秀传统文化的"不在场"，致使乡村社会缺乏道德约束，社会秩序处于混乱的状态。可见，乡村公共空间不仅能够为村民的娱乐生活提供场所，也能够彻底打破私人空间的局限。费孝通（2011）认为，在熟人社会中，人们经常性的、面对面的沟通，容易形成以公共文化空间为依托的交流空间。公共文化空间承载着村民共同认可的传统文化，包括风俗习惯、价值观念、行为规范等，维系着农村社会关系的情感纽带，也维护着农村社会秩序的和谐稳定。研究会将宋江阵文化贯穿于村落公共文化空间之中，既为村民提供了休闲娱乐的场所，也丰富了村民的精神文化生活。

（一）修建武林、武道、武园与忠义广场

研究会自成立以来，相继在村落修建了武林、武道、武园与忠义广场。武林、武道和武园位于村口右侧，步入武道，首先映入眼帘的是两名武术学员对练的塑像，穿过武林，塑像后面的武道石碑上刻着"练习武术、塑造品格""练功习武、保家卫国""勤学苦练、提高本领""快乐学习、健康成长""谦忍"等标语口号。进入武园，众多《水浒传》的人物被塑成雕像置于其中，但凡经过此地就容易让人联想到梁山好汉的忠义志士。忠义广场则是为纪念先祖林盛联和林扬满的历史功绩而建立的，在广场中央建有"忠义传家"的牌楼，以及刻着祖训"崇孝道、睦宗族、重教养、齐家政、正礼节、务读书、明德行、谨言语、慎交游、处世事"的碑刻。

> 林盛联，号朴翁，为九牧银同六林第十世，林村分派马巷程道公第五代裔孙。一生共育六子，"两文、两武、两商"，在其悉心教导下，遵循祖训、勤劳致富、胸怀家国，成为文、武和商界的英才。"两文"为长子林士愿，乡饮宾，三子林添筹，贡生，马巷硕儒。"两武"为四子林国明、五子林光元，

均武举出身，报效祖国、子孙事业昌达。"两商"为次子林士群，继承父亲衣钵为一方巨商，身为乡绅，长期为地方调处民事矛盾成绩显著，获省台赠立"三里耆英"匾，六子林芳德，诚信经营，富甲一方，在军、政、商界影响较大，行慈善公益无数，尤其从上弘扬朱熹、林希元理学思想，在林村建祖庙、兴文化，造福百姓乡邻，获赠儒林郎，捐职州司马。林盛联以六子成才、忠义显赫，获儒林郎。

林扬满，民国时期林村宋江阵领队，九牧银同六林第十八世，林村分派马巷程道公裔孙。因秉承家训家风，关心乡亲疾苦，热心服务社会，以敦睦宗亲，急公好义之品行而广受林村宗亲尊敬。他一生热爱武术及宋江阵文化事业，崇尚忠义精神，以武交友，仗义疏财，带领林村宋江阵外出巡演，使林村宋江阵的影响力不断提升，其非凡的气度一直被林村后人传颂。

(二) 筹建宋江阵民俗文化广场

如前所述，林村宋江阵传承多年，但因历史原因在 20 世纪中期被迫中断，21 世纪初在老宋江阵队员的帮助下恢复了一批阵法。与台湾台东大学吴教授交流后，研究会了解到漳州、泉州以及林村以外的厦门地区的宋江阵都有各自的优势，深刻地认识到取长补短才更有利于林村宋江阵的传承与创新。于是，2010 年 10 月 1 日，研究会成员和吴教授一起拜访了漳州市角美镇沙坂村耀德堂宋江八卦阵传人陈海老先生。据陈老先生介绍，沙坂村的龙海宋江九州八卦阵最初是由一位安溪江湖武师传至龙海市角美镇沙坂村的，距今已有 200 多年历史，2008 年 11 月被列为漳州第三批非物质文化遗产。宋江九州八卦阵分为 3 种阵法，即 24 人组成的小八卦阵、48 人组成的中八卦阵和 108 人组成的大八卦阵。在摆阵前先进行空手拳表演，每名武士都亮出自己拿手的一种拳术，拳术多达 36 种。空手拳过后是器械对练、过生死门、打连环，盾牌、劈刀、雨伞、双剑、大锤、大叉、关刀等武器，两两捉对厮杀，最后才是摆八卦阵。摆阵时，旗手先出旗，48 名武士，8 人举盾牌，40 人持棍，随着旗手导引，按方位、随阵法而行。"二龙出水阵""金龙咬尾阵""一字长蛇阵""田螺阵"，最后布成主阵，气势恢宏。在了解到宋江九州八卦阵的历史后，研究会希望邀请耀德堂陈海先生到林村教授此阵法。2011 年 4 月，研究会两次赴漳州沙坂进行走访，其间漳州沙坂宋江阵也到林村进行交流。最终，在研究会的不懈努力下，陈海先生最终同意担任林村宋江阵的指导老师，并于 2011 年 5 月 1 日正式到林村教授宋江八卦阵阵法。随着研究会与外界的交流越来越多，林村宋江阵队伍也不断壮大，现有场地已经不能满足训练、表演以及交流的需要，宋江阵民俗文化广场的修建事宜因此被提上日程。

早在 2006 年，市政府就曾将林村列为"厦门市旧村改造和新村建设"的首批重点试点对象。2009 年 12 月 24 日，厦门市委常委、宣传部洪部长带领市、区相关领导到林村调研宋江阵文化项目时也曾做出指示，要将林村打造成岛内外生态、文化、文明第一村和岛内外最美的文化建设示范村。为有效贯彻人文发展理念，翔安区委宣传部明确提出在林村建设民俗文化广场的意见，该项目正式列入厦门市委宣传部"十二五"文化发展规划，同时被纳入翔安区文化建设的重要项目。经与吴教授交流，研究会决定参考台湾宋江阵依托宫庙的特点，结合大陆具体情况，运用中国传统的双名制①艺术，兴建集闽台宋江阵博物馆、民俗文化广场、观景台于一体的宋江阵民俗文化广场。

然而，让研究会始料不及的是，在项目推进过程中，因宋江阵民俗文化广场的选址问题与个别村民无法达成一致，项目迟迟

---

① 高丙中教授于 2006 年在《社会学研究》第 1 期发表了《一座博物馆：庙宇建筑的民族志——论成为政治艺术的双名制》一文，其中提到范庄的民间传统信仰组织采用双重命名的方式合法地兴建一座新的庙宇，并在这个庙宇的两边分别悬挂着"河北省范庄龙牌会"和"中国赵州龙文化博物馆"两块招牌。本文中"双名制"的表述正是受此启发，闽台宋江阵博物馆是闽台两岸宋江阵的文化空间，但这个文化空间供奉着戏祖田都元帅，每次宋江阵展演之前，所有的宋江阵成员都要先拜田都元帅，求其保佑演出顺利。因此，这一文化空间实际上承担了庙宇的功能。

不能动工。按照设计规划，宋江阵民俗文化广场包括三个部分，占地面积比较大，需要与多户村民协商土地置换问题。在置换土地的过程中，大多数村民从村落环境改善、公共服务优化方面考虑后表示支持兴建民俗文化广场并愿意置换土地，如"建好后能有更大的地方锻炼身体，不用那么多人挤到小半个篮球场跳广场舞，那还是愿意换的了"（林丽丽，村民），"那平时宋江阵训练就有地方了，表演也不用挤到那个主干道上了，换就换吧，也算为村里做点好事了"（林化深，村民），"别的村都还没有呢，这要建成了肯定是内厝最大的了，到时候别的村还得过来看呢，换块地也不是什么难事，村里环境一下就改善了，老人、小孩也都更有地方去了"（晓娟，村民）。但是，也有个别村民好说歹说都不愿置换土地。"有一户村民，他家的祖坟正好位于博物馆的位置，这肯定是要迁走的，但他说祖坟不能动，经济补偿、给祖坟找个好地方安置等各种办法都想尽了，谈了一年多就是没结果，后来跟他说我梦到他家先祖了，先祖愿意搬到别的地方住，我们应该遵从先祖的意愿。这样，他才同意把祖坟迁走。"（林菽，宋武会会长）最终，在当地政府的支持和林菽的资助下，宋江阵民俗文化广场于 2013 年 1 月正式动工。

研究会构建的宋江阵公共文化空间并不仅限于武林、武道、武园、忠义广场以及建设中的宋江阵民俗文化广场，事实上，宋江阵文化精神的传承已经融入村落的每寸空间与每个角落。林村入口的主干道两旁，宋江阵旗帜迎风飘扬，传承宋江阵忠孝文化精神的口号标语及宣传画等在祖厝外墙上随处可见。在"美丽厦门·共同缔造"行动中，为重塑村落崇文尚武的传统，村民林根南自愿捐出古厝用于建设尚武堂，林更生捐出古厝用于建设社区书院。2015 年 8 月，位于林村六林路中部的书院尚武堂正式建成，尚武堂不仅是村民强身健体的场所，而且是青少年道德素质培养的教育基地。林村书院作为厦门首个文武兼修的社区书院，"每周一课"在帮助村民了解到村落历史的同时增进了村民对村落的认同感和归属感。

就林村而言，研究会通过创办"老人之家"、发起宋江阵进校园活动以及构建村落公共文化空间等村落公益实践，从思想深处对村民进行道德内化的引导（欧阳爱权，2015），进而实现村民个体道德的构建。当然，林村的道德内化过程并非自然完成。于未成年人而言，道德内化更多体现在对宋江阵阵法的模仿学习的过程中，林村小学学生正是通过学习宋江阵阵法来培养个体团结协作和吃苦耐劳的精神；于成年人而言，道德内化是个体对社会道德观念的能动性选择或创造性接纳的过程，村民长期生活在村落公共文化空间之中，通过参与宋江阵文化实践活动，将宋江阵文化道德观念内化并根植于个体心中，并以此为自身的价值准则和行为规范。

由此可见，林村个体道德内化的过程受两种力量的驱动。一是外在动力。首先，研究会通过创立"老人之家"、发起宋江阵进校园活动、兴建宋江阵民俗文化广场等文化实践活动，在传承宋江阵文化精神的同时为村落营造了一种道德学习的氛围。其次，研究会长期致力于村落公益事业契合新时代社会发展的要求，赢得了地方政府的信任，得到了地方政府的支持，并逐渐形成一种相互合作的关系。因此，当村落举办各种宋江阵文化表演或公益活动时，地方政府愿意参与其中。地方政府的参与既是对研究会投身各项公益实践活动的肯定，又是对林村传承宋江阵文化精神的道德观念的认同。地方政府对研究会以及宋江阵文化道德精神的肯定和认同作为一种外部力量，增强了村民对宋江阵文化蕴含的道德观念的认识，亦调动了村民构建个体道德的主动性。二是内生动力。这种动力主要表现为道德主体自我实现的道德需要意识。研究会创办"老人之家"，起初只是本着尽孝心、负责任的原则，希望为老人提供一日三餐和丰富精神生活的公共文化空间，村民们看到老人们在"老人之家"用餐后精神状态比以前更好后，他们的思想认识和自我意识发生转变，开始自觉自愿向"老人之家"免费提供祖屋，逢年过节为老人们送去慰问品以及提供一些日常帮助。可见，个体在社会化过程中接受了部分道德规训且逐步形成自我意识之后，就会越来越少地受到外界的消极影响，个体道德的社会化逐渐转化为一个主动的过程（南婷，1993）。

　　无论是为村落构建"孝"的公共文化空间，还是为学生构建宋江阵文化学习空间，抑或是为村民构建作为休闲场所的物理公共空间和精神生活空间，宋江阵文化精神一直贯穿其中并持续发挥道德引导作用。村民通过习练宋江阵，观看宋江阵表演，参观博物馆中所供奉的神、记载的人、展现的事、陈列的物等，对宋江阵文化精神及其蕴含的道德价值观念产生了深刻的认识，因而激发出村民完善自我和发展自我的道德需要及利他的精神需求，并反过来强化村民对宋江阵文化道德价值观念的认同。在个体道德需要的驱动下，研究会发起的"尊老育人"文化实践活动为个体化的村民提供了道德实践的平台，村民在实践活动过程中传承宋江阵忠孝文化精神，将宋江阵文化提倡的敢担责、愿奉献的道德精神内化为个体道德，在道德内化过程中，村民的参与意识、公共精神、责任感和集体感都有了明显增强，由此实现了个体道德的构建。

第三节　同质性社会资本的积累

　　20世纪80年代初，社会资本概念席卷学界，在引起众多学者关注的同时被运用到社会学、政治学等领域中。Bourdieu（1986）认为，社会资本是个体加入相互承认的具有一定制度化的关系所组成的持久网络中，从而积累起来的实际或潜在资源的总和。林南（2005）指出，社会资本根植于社会网络中，个体努力在行动中获取和使用嵌入在社会网络中的资源以获得回报。可见，社会资本的形成要素离不开资源、社会结构和个人行动。科尔曼（1999）从社会组织理论的视角出发，认为社会资本与社会组织、社会关系及有效规范等社会结构要素紧密相关，能为结构内部的个体行动提供便利，不依赖于个人，也与物质生产过程无关。不难发现，科尔曼更关注社会结构对社会资本的影响，并将社会资本与集体行动联系起来（李宇征，2017）。继科尔曼之后，帕特南（2001）通过对意大利20个大区的调研发现，经济发展程度并不能很好地解释各大区之间制度绩效的差异，而真正与之成正比的是公民参与公共生活的程度。由此认为，社会资本是指包含信任、规范以及网络的社会组织的特征，信任是核心，规范和网络能够促进信任的产生，长期合作能够提高社会效率，社会资本具有自我增强性和可累积性，因而其存量也会不断增加。社会资本概念的宏观视角为研究提供了新的论证。有学者认为，社会参与网络可被视为社会资本的载体，信任和互惠规范是社会资本的支撑与产出，并从这一视角来分析社会资本构成要素之间的相互影响（肖星，2010）。福山（2001）则从文化角度来思考社会资本，认为"没有任何东西比信任具有更重大的实用价值"。

根据社会资本的不同性质，有学者将其划分为同质性社会资本与异质性社会资本。同质性社会资本主要提供心理和情感性资源，其关系网络的构成以熟人为主体，通过家族、姻亲、宗族等乡土社会关系形成一个富有先赋性、封闭性和内聚性的紧密互助的社会关系网络，如亲族型社会资本、乡土型社会资本、情感型社会资本等（田敏，2016）。异质性社会资本是个体在行动中通过后天努力不断构建的关系网络，其本质上是自致力的，如基于同事、朋友关系等建立的关系网络及其带来的潜在的社会资源（张洪霞，2013）。中国人的关系是建立在人情、面子、口碑等基础之上的，人际关系的远近和亲疏之分深受儒家伦理思想的影响，人们的行动事实发生在相互关系确定之后，这与西方的社会资本理论所讨论的关系，即在社会网络中如何通过互惠和信任来建立关系网络，存在较大的差异（翟学伟，2007b）。因此，在中国由传统社会向现代社会转变的过程中，用西方社会资本理论来解释传统型关系，实现传统型关系向现代型社会资本的转变是值得进一步探讨的问题（翟学伟，2009）。

不可否认，随着20世纪90年代初社会经济体制的转变以及现代化进程的不断加快，农村宗族的伦理关系以及依此而建的礼治秩序似乎消失殆尽。原来的熟人社会似乎变成了陌生人社会。在传统社会中，遇到村庄水利、道路等问题时宗族往往能发挥作用，农忙时节帮工、农闲时节串门、邻里亲缘的互帮互助以及日常生活的往来使村落社会关系网络非常紧密。但是，在农村社会迈向现代化的过程中，传统社会中紧密的社会关系网络出现了断裂的迹象，表现为农民的个体意识不断增强，相互合作的能力下降，村民自治意识弱化，对他人和社会的责任感缺乏，村落公共文化生活缺失，村落公共空间匮乏等，这导致农民被物质欲望裹挟，并对个体的世界观、价值观以及人生观产生消极影响，农村普遍出现了精神上的不安和文化上的焦虑（石勇，2005）。传统文化在现代社会中失去了原有的地位，农民的精神生活被现代电子产品吞噬，麻将或六合彩成为业余的唯一消遣，村落文化发展的失衡使社会秩序严重失范。在由总体性社会向个体性社会转变的过程中，村民更加注重个体利益，部分村民的社会正义感、义务感、责任感淡薄，对老人缺乏应有的关心和照顾，对村落公共事务更加漠不关心（马照南，2000）。

从现代化角度来看，中国是一个后发现代发展国家，在资源不足的情况下，这些现象无疑会导致村庄走向解体且文化产生裂变。不同于欧美等现代化国家，中国人口众多，即使城镇化程度再高，也会有相当一部分人留在农村生活，因此，推动乡村建设与乡村的可持续发展是构建和谐农村社会的重要前提。一方水土养育一方人，离乡的人心里总是有一抹乡愁让人难以忘怀，乡愁表达了人们对家乡的思念。这种思念既是个体对地方独具特色的生活的记忆，也表达了个体对地方文化的一种深厚情感，因为个体的道德化和社会化过程与地方文化息息相关，地方文化所蕴含的道德价值规范了个体行为，培养了个体德行，是构建个人精神世界和村落精神家园的基础。因此，在改善农村物质条件的同时需要注重乡村文化建设，发掘传统地方文化的独特价值。随着地方文化内涵的不断丰富，以创新地方传统文化为基础，构建可参与的公共文化生活，有利于推动和实现乡村社会的有序发展。具体而言，构建以乡村文化为基础的可参与的公共文化生活，需要培养村民可参与的公共文化生活的组织与动员机制，通过可参与的公共文化生活，将孤立无助的"原子"组织起来形成村落内部新的社会互动网络（谭同学，2006）。从某种意义上而言，林村正是以传统体育文化为载体，通过民间体育组织创办"老人之家"、推广宋江阵进校园活动以及构建村落公共文化空间等一系列文化实践，动员村民参与宋江阵文化传承这一公共活动；通过参与文化实践互动过程重建村落内部个体之间的社会关系网络，进而为村落积累更多的同质性社会资本。

一 同质性社会网络的形成

社会资本、社会网络、社会资源是相互关联的三个概念。从微观视角来看，社会资本是指个体加入相互默认或承认的具有一定制度化的关系所组成的持久网络中而积累起来的实际或潜在资源的总和（Bourdieu，1986）。从宏观视角来看，社会资本不仅包括社会网络，还包括一系列规范和组织。社会网络是指特定个体之间的独特联系，在同一社会网络中个体之间互相认同，且因共同的目标和期望而保持一定的互动。社会资源是嵌入在社会网络中的可获取的资源，社会资本是从社会网络中动员的社会资源（林南，2005）。社会网络通过向网络成员提供信息和建议，对个体的决定与选择以及社会地位的获得产生重要的影响，个体也通过各种社会网络关系的联结与群体产生亲密感和归属感（孙立平，2012）。

要分析林村社会网络和社会资本的形成过程，不能简单地以"局外人"的立场来理解村落中个体的行动意义和精神世界，而是要回到中国文明的传统中来。有学者将传统文化区分为物质文化、制度文化和精神文化三个部分。其中，社会发展对物质文化的影响最大，对精神文化的影响最小，对制度文化的影响则介于两者之间。个体从小受地方传统文化潜移默化的影响，其行动的逻辑及背后的意义与地方传统文化的精神内涵紧密相关，要深入了解地方传统文化蕴含的丰富精神内涵，必先对中国文明中那些"活着"的文化传统有清晰的认识（周飞舟，2018）。

中国传统社会的文化结构，既具有历史的特性，又具有文化的特征。文化的本质是人化，有人就形成了历史并产生了文化。中国传统文化经历了萌芽阶段之后于春秋战国时期形成文化雏形，这一时期出现了儒、墨、道、法等百家争鸣的学术盛况，这为中国文化基本格局的形成奠定了基础。在魏晋时期，以传统儒学的宗法伦理思想为核心的文化占据着社会的主导地位。北宋时期，诸子兼收并蓄，将以伦理为重的中国文化传统与宇宙生成论、认识论相结合，创立了理学这一新的儒学形态（程京武，2011）。儒学的主要功能是以中国宗法家族伦理为核心，参与礼乐制度建立和社会道德建设，通过创建价值系统和评价标准来维系社会的精神生活（张践，2005）。

"教以人伦：父子有亲，群臣有义，夫妇有别，长幼有序，朋友有信。"（《孟子·滕文公章句上》）在中国传统社会中，父子、君臣、夫妇、长幼、朋友之间的关系称为"伦"，而两两之间的相处之道称为"常"。儒家认为，只有通过调节五伦关系，确立各种关系的道德规范和行为准则，实现人与人之间的和睦相处，才能维护社会的安定。具体而言，可从以下五个方面来理解儒家提倡的伦常关系。一是父子观。父子关系是宗法制度下人伦关系的根源和基础。首先，儒家从血缘关系提倡"父子有亲"，父亲对子女的爱与子女对父亲的爱同样是出自天性。其次，儒家强调对子女要"严慈相济"，既要注重个体德行的培养，又要注重个体生存技能的教授，两者缺一不可。此外，儒家还强调子女对父母要孝顺，因而有"百善孝为先""罪莫大于不孝"（《孝经》）的说法。二是君臣观。孔子生活在礼崩乐坏的时代，社会动荡不安的根源在于君臣之间丧失了人伦道德的约束，儒家十分重视君臣关系，于是提倡君仁臣忠、君惠臣忠、君义臣行等基于君君臣臣的双向规范来界定"君臣有义"的内涵。三是夫妻观。夫妻关系是五伦中最基本、最重要的关系，儒家认为妻尊夫是礼法，夫尊妻是道德自觉。四是兄弟观。兄弟是平辈关系，但儒家认为长幼有序，由此提出事兄以悌，将"兄友弟恭"作为兄弟关系的行为规范。五是朋友观。"独学而无友，则孤陋而寡闻"（《礼记·学记》），朋友间的交流有利于增长见识，充实自我。"信"是儒家用来调节朋友关系的重要道德规范，"德不孤，必有邻"，诚信是为人处世的根本，要从心理上真诚地信任别人，以实际行动取信于人，诚信之人才能在社会上安身立命（程昌明，2001）。

家庭本位是中国传统社会的基础。《中庸》有曰："仁者，人也，亲亲为大；义者，宜也，尊贤为大。亲亲之杀，尊贤之等，礼所生也。"早在春秋时期，孔子就提出了"仁、义、礼"；至战国时期，孟子对此有进一步认识，遂将"智"纳入其中，构成四德，即"仁、义、礼、智"；进入汉代，董仲舒意识到"信"是社会有序发展的重要基石，于是在《天人三策》中提到"夫仁、义、礼、智、信五常之道，王者所当修饬也"，其中"仁""义"是五常之本（周飞舟，2018）。可见，基于家庭和个人关系的伦理，随着个体差序格局的扩展延伸至各种社会关系网络当中，"伦常"道德秩序成为中国"关系"社会的基础（费孝通，1999）。

仁者爱人。在儒家思想中，"仁"被认为是人的核心道德品质，儒家的理想是从恭、宽、信、敏、惠等方面内化个体道德并建立起亲和的人际关系，进而以"礼"来维系想象中的"盗窃乱贼而不作，故外户而不闭"（《礼记·礼运》）的大同社会。"礼，履也。所以事鬼神致福也。"（《说文解字》）可见，"礼"指的是一种宗教祭祀仪式，后被引申为调节人们日常行为的道德规范，这既是儒家思想提倡的立人之本，也是立国之本。

林村社会关系网络的重建是以家庭本位为基础的，同时儒家传统文化的核心思想贯穿其中。前有所述，研究会成立后将宋江阵文化精神凝练为"尊老育人、敦亲睦邻、解危救急、保乡卫民"，其中"尊老育人"排在第一位，与儒家父子关系位于"五伦"之首一样，可见家庭关系在传统社会中占据重要地位。

首先，研究会通过创办"老人之家"构建村落内部社会网络。村民们常说，"'老人之家'算是替我们尽孝了，我们出门干活不用担心什么，也没那么多后顾之忧，有什么事情他们（老人们）会相互帮忙照顾的"，"自从去了'老人之家'，奶奶都不怎么在家里待了，还没到饭点，就急急出门了，吃完饭也要聊好久天才回来，她喜欢在'老人之家'跟姐妹们一起，老人也有童心啊，就像我们也喜欢跟自己闺蜜待在一起，会非常开心"（晓娟，村民，2020 年 1 月 20 日）。黄小美也说："我跟老人们一年 365 天几乎天天在一起，比跟家人在一起的时间都多，他们有些事家里人不清楚的，我都知道，他们还要来问我，家里有时候有点什么矛盾，还要我替他们说和一下，他们也都蛮听我的啦。"（黄小美，"老人之家"法人代表）"老人之家"成立后，研究会真心实意的付出逐渐赢得了部分村民的认可。

"人人都会老"是自然界的规律，认识到这一点，村民们开始感慨，"等自己 70（岁）了，也到'老人之家'去，就不用给子女添麻烦，那多好啊，所以现在我们对老人好点，他们（子女）以后也会对我们好的"（聪敏，村民）。通过"老人之家"构建的社会关系网络最初只是以老人为中心，但当老人回到自己家时，他们的言行便会对子女和邻居产生积极影响。老人通过亲身体验进行道德传播，促使子女及邻居的思想意识发生转变，由此动员更多的村民加入"老人之家"的公益行动中。因"老人之家"构建的社会关系网络辐射到子女、邻居甚至更多的个体，个体参与村落公益活动越频繁，社会关系网络就变得越紧密，参与村落公益活动的个体也随之不断增加。

其次，研究会发起宋江阵进校园活动构建参与网络。从表面看，发起宋江阵进校园活动的主要目的是对学生的个体人格进行塑造，实际上，宋江阵进校园也构建起一个以宋江阵群体为核心的家校式社会关系网络。通过参与宋江阵的习练、表演，学生的身体素质、心理素质、道德素质等各方面都得以提升，学生能够取得进步，学校和家庭都会为此感到骄傲和自豪，学校也会对参加宋江阵习练和表演且平时学习成绩好的学生进行表彰，并作为榜样进行宣传。如果平时各方面比较弱的学生通过学习宋江阵之后能够发生巨大的转变，那么会在一时之间成为佳话。

> 以前家长不太同意学生练宋江阵，怕影响学习，有些参加的都退出了。后来看其他小孩练得那么好，各方面进步很大，学习也没耽误，又问我能不能回来接着练。（林音福，林村小学宋江阵教练）

类似形式的道德实践容易对其他家长产生影响，使以学校领导、宋江阵教练、宋江阵队员与家长以及研究会共同构建的社会关系网络得以形成并逐渐扩大，更多的学生和家长加入习练宋江阵的社会关系网络中来。

林菽与村民偶然的交谈让其产生了带领研究会创办"老人之家"以及发起宋江阵进校园的想法。这些想法看似偶然，实际上与其多年来对村落社会混乱无序充满忧心有密切关联，他一直都希望通过村落文化公益实践来传承宋江阵文化的"孝"精神。"孝"始于尊祖敬尊之义，直至孔子将"孝"与"仁"相连，"仁"有爱人之意，与侍奉父母的"孝"具有内在的逻辑一致性，"仁"是思想上的"孝"，"孝"是行动上的"仁"（翟学伟，2019）。可见，由"仁"到"孝"是一个从思想落实到行动的过程，"孝"的行动具有很强的教化功能，感召并影响更多的个体行动起来并参与"孝"的实践，个体道德化和社会化也在"孝"的行动中得以实现。林菽对宋江阵文化蕴含的"孝"的精神内涵有深刻的认知，对社会环境的认知以及对他人人生实践的感悟，让其形成了一种生存性智慧。有学者认为，生存性智慧是当地人在生活实践中因应对各种生活困境而形成的智慧，它是中国传统文化当中的一种哈耶克意义上的"默会知识"。哈耶克认为，知识既包括科学知识，也包括特定时空情境下的经验习得，后者能够为人们在特定情境下提供指引，但这种知识不是来源于自身的理性，而是与传统文化中的地方性知识密切相关（邓正来，2010）。

二 "报"的互惠机制

"报"在中国社会是一个常见且重要的概念，从现有研究来看，关于"报"的研究通常被归为社会交换和社会资源两种理论范畴。就本土研究而言，"报"的研究作为中国人关系研究的一个组成部分，同人情、面子等一起构成了对关系运作或行为方式的混合性理解。对"报"展开研究，是为更好地了解中国社会人与人之间的交换方式，进一步理解中国人的互惠模式及其运作。中国社会中的"报"既包括物质方面，也包括非物质方面，或者是从物质方面转变为非物质方面。与"报"搭配在一起的词通常是

"报恩"，从"报"的非物质方面着手，更有利于理解"报"的本质。"报"是一种封闭性的可循环的交换方式，"报"的行为之所以发生，是因为施报人与施报对象都是非常明确的。研究会创办"老人之家"为70岁以上老人免费提供一日三餐，为老人的子女解决了后顾之忧，因此老人的子女与研究会就成为"报"与"被报"的对象。老人的子女就会想着为研究会做一些事情，而最直接的"报"就是以物质化的形式给"老人之家"捐赠一些日常的生活用品。

> "老人之家"帮忙照顾了老人，我们也不知道怎么回报，平时反正过节什么的我们也会送点米啊、油啊之类的过去，但这个只是一点点意思了，反正只要研究会号召我们给村里做什么，我们肯定都会去帮忙的。（林田水，村民）

"报"与"被报"的对象通过礼尚往来建立起一种潜在的互惠关系，促使这一封闭交换系统在更加稳固的同时延伸出一种依赖性关系，这种依赖性关系是双方在交换过程中通过不停地"欠人情"实现的。由于交换双方都有意强化彼此关系，每次交换都无意一次性结清，也无法结清，只有继续制造对方的亏欠。"老人之家"与老人子女之间的非物质性的报偿就与此类似，老人在"老人之家"用餐多年，一日三餐吃多少天都可以计算出来，但是老人的快乐无法用金钱来衡量。

研究会将"学做人，习武阵，逗阵行"作为动员学生参与宋江阵习练的口号标语，通过习练宋江阵，学生健全了人格，提升了道德修养，这些品质是他们未来取得更大成就的资本。在中国传统的家庭教育中，"知恩图报""懂得感恩"是人之为人的基本道德素质，因此，受人恩惠后"还报"这一行动就是对自身行为最合理的解释，在社会互动过程中建立的以报恩为导向的社会关系由此成为个体行动逻辑的起点，同时为个体建立更加多元的社会关系奠定了基础。自古以来，父母都给予了自己的子女最大的关爱，同时他们期望子女长大后能够尽"孝"。"孝"的层次有多种，侍奉父母、考取功名或是光宗耀祖，都是"孝"的方式，只不过层次不同罢了（翟学伟，2019）。在家长看来，研究会为学生提供了学习宋江阵的机会，也就是子女成长中的贵人，可能改变子女的一生。家长希望子女能够有所成就，自然将研究会看作子女成长过程中的贵人，于是对研究会怀有感恩之心，并希望给予其回报。当然，这种回报不会以物质的形式直接给予研究会，或者通过响应研究会的号召参与村落的公益活动，而是通过给"老人之家"捐赠物资的形式进行回报，或是在之后村落举办公共活动的时候贡献一己之力。

如前所述，中国人"报"的思想和行为通常与"报恩"联系在一起，如恩惠、恩情、恩赐等，说的是一个人因得到了好处而产生的感激之情。于是，"恩"通常用来表示得到了一种关键性的帮助、支援或支持。如"老人之家"黄小美所说，"我大女儿5岁的时候就跟着林会长学武术套路，长大一点能拿动兵器了就学宋江阵，我小女儿跟她姐姐一样从小开始练，让她们通过习武学会吃苦、学习做人，平时也让姐妹俩到'老人之家'来帮忙打扫卫生，让她们学会孝敬老人，学会感恩"。黄小美从小跟外公外婆一起生活，有空的时候带小孩一起陪伴外公外婆，在做好自身本职工作的同时尽心做好公益事业，当好"老人之家"的"班主任"，她十年如一日关爱老人的行为被当地多家媒体报道，还被评为2021年爱心厦门十大"最美爱心人物"。黄小美说道："生命有限，服务无限，这种爱需要传递到每个家、每个人，传递到社会，这项公益事业尽管没有任何报酬，但这是我乐意做的事，也是我坚持下去的理由"。

从黄小美身上不难发现，不管是她的女儿因习练宋江阵从研究会得到了帮助而心存感激，还是她自己因为尽心照顾老人通过"老人之家"这个平台获得了荣誉，这之间的"报"仍然是属于非物质性的，也是无法厘清的。在中国人的传统观念当中，恩惠的本质在于衷心帮助他人，他人因获得帮助而感恩于心，并希望以某种方式来回报对方，但回报的具体价值是难以衡量的。对于给予恩惠的一方而言，他们更希望受惠者能够理解自己的付出是真心实意的，而不只是就事论事的帮忙。中国社会关系中的恩情报答是基于情理的，这与西方思想观念中的理性价值计算完全不同，情理社会中的人情往来是以非对等性存在的，相互之间的交换关系不会一次性就结束，而是希望建立第一次交换关系后一直保持并循环下去（翟学伟，2004）。实际上，"老人之家"与老人子女之间的交换关系以及黄小美与"老人之家"的交换关系恰恰就是建立在情理之上的。其报答的方式不是一次性的交换，而是建立在人与人、人与组织之间的人情或互助关系之上（翟学伟，2007a）。

三　基于"面子"与"人情"的信任

存在于传统宗族社会中的情感型信任关系是一种以人情、面子为基础的人际关系结构，这种信任是对彼此关系的一种情感性认同（李莉，2016）。村落社会中的人情交往方式，为个人的能力、人品和人缘的形成奠定了良好的基础。这里的"人情"主要是指"日常性人情"，如村落内部个体之间的社会交往和互动，因而人情的归还不受时间、地点等形式的限制。在熟人社会中，"讲人情"的关键在于如何"做人"，以人情互动为基础的具体实践通常遵循"报"的逻辑，"报"是一个持续的双向互动过程，在此过程中个体相互之间的人情交往有盈有亏，因而很难算清（翟学伟，2007a）。除"做人"以外，"面子"是熟人社会中的另一种社会交往实践。自己争来的"面子"不算数，因为彼此互动没有获得大众的认可，只有他人给的"面子"才是真正的"面子"，说明彼此互动获得了大众的认可。在熟人社会中，能力、人缘、人品被认为是"面子"的三个基本要素。会说话、能办事，同时掌握着稀缺资源，说明个人能力强；公正公道、讲原则意味着人品好；会与人打交道说明人缘好。仅仅有能力并不一定有"面子"，有人品缺乏能力和人缘，也不能赢得真正的"面子"（翟学伟，2002）。从个人角度来看，在长期参与村落社会生活的过程中，愿意助人，乐于奉献，个人的能力、人品和人缘自然会朝着好的方向发展，从而收获真正的"面子"。"面子"的获得源于长期的人情互动，而"面子"的生成过程实际上是个体自我实现的过程（丁华，2002）。

为复兴和传承宋江阵文化，林菽及其带领的研究会自 2009 年开展了一系列公益实践活动，最初组建宋江阵队伍时主要依赖的还是村落精英林音福的"面子"，他在旧村改造时为村民出过头，不仅保护了村民的利益，还化解了村民与政府之间的矛盾。通过这件事，村民发现林音福既会说话又能办事，为人正直，还很讲原则，平时人缘也不错。所以，在林音福的动员下，村民哪怕是再不愿意，也还是会给他"面子"。可见，林音福的"面子"是具备人缘、人品、能力三要素的。正因如此，他后来成为林村首支宋江阵的主力，并被研究会委以重任，到林村小学担任宋江阵教练。与林音福相比，林菽最初带领研究会创办"老人之家"的时候，村民们却不给他这个"面子"。按理来说，2006 年旧村改造时林菽个人捐资为村里修建水泥主干道，现在又免费为 70 岁以上老人提供一日三餐，村民应该会立即支持他。然而，村民有各自的考虑。

林菽在林村出生长大，后来外出求学，返乡创业之后积累了大量的财富。在外闯荡多年回归村落的林菽美其名曰为村里做好事，但到底是出于私心还是公心，村民心里没有底。直到研究会一直坚守阵地，半年、一年的时间过去后"老人之家"还在运行，去"老人之家"用餐的老人越来越多，而且老人们过得开心快乐，村民才打消了顾虑，研究会也逐渐赢得村民的信赖和认可。有学者认为，当人们把自身对某一事物的感知转化成话语传播出去时，很容易影响他人对这一事物的观察和感受，由此对某一事物及其相关人员的评价流传开来，这种评价通常被称为"口碑"（杨善华、孙飞宇，2015）。口碑的重要功能在于，通过进入村落记忆变成观念层面的"印象"。良好口碑的获得与"面子"一样，需要通过对方多方面的综合评价，好的口碑同样能够争得"面子"。实际上，研究会创办"老人之家"能够获得村民们的认可，得益于"老人之家"老人们的口耳相传。

林村是位于闽南地区的单姓宗族村落，费孝通先生将水面波纹产生的涟漪强弱看成是一种差序格局，以此形象地说明以血缘、亲缘与地缘关系为基础的宗族构成传统社会的熟人关系。在熟人社会中，人们遵循地方文化的伦理道德和风俗习惯，并将其作为个人日常生活的道德准则和行为规范。文化人类学家认为，个体自出生起便要适应其所属特定环境中的文化模式，并将这一文化模式作为塑造个体的经验和行为。在地方文化的长期熏陶下，地方的习俗、信仰、规范等都会融入个体的日常生活行为当中（本尼迪克特，1988）。因此，个体由出生到成人直至去世的整个过程都不是孤立存在的，只要身处某一社群中，必将受到所属地方文化习俗和准则的影响。

改革开放前，农村宗族组织因国家全方位的集中管控而被迫解散，但是制度层面宗族组织的解体并不代表宗族组织真正意义上的消失，宗族意识和宗族文化并没有彻底消除，只不过由显性状态转为隐性状态（麻国庆，2000）。改革开放后实行的家庭联产承包责任制，使农民获得了土地支配权和劳动自主权。单家独户的人力资源限制和集体强制力量的消解，为邻里乡亲提供了协作的机会。在宗族聚居较多的南方农村，邻里成员都是宗族成员，因而农民在生产和日常生活中经常向本族成员求助，族人的互助需求为宗族的复兴和发展提供了舞台（谢建社，2005）。但是，随着农村社会的发展变迁，集体化时期的公共产品供给制度已经失效（孙秀林，2011），直到 20 世纪 80 年代初，随着宗族的复兴，宗族组织的功能得以恢复并扮演着公共服务供给的角色（张军、何寒熙，1996）。可见，这一时期的宗族组织处于从传统宗族向现代宗族转型的过渡阶段（钱杭、谢维扬，1995），宗族组织的职能也随着现代社会的发展而做出相应的调整和改变（麻国庆，2000）。

林村也经历了宗族复兴的过程，新兴的宗族组织在传统宗族的基础上根据现代社会发展需要而不断创新，本质上是一种能够与现代化持续发展相一致的制度形态（王倩楠、何雪松，2020）。林文极老人原是林村老人协会的一员并担任一定的职务，再加上退休教师的身份，林文极老人在村民眼中就是"民间权威"。但是，随着乡村制度的改革，老人协会被取消，而新成立的宗亲会又要求 60 岁以下的林姓村民才能加入，林文极老人当时的年龄已经超过 60 岁，不能加入宗亲会，心理上肯定是有落差的，更重要的是觉得没有"面子"。另外，他认为自己以前在村里是有"脸面"的人，现在好像突然没有了用武之地。事实上，"老人之家"开办后林文极老人本来只是抱着试试看的心态来用餐，但研究会知道他是村里的"文化人"，于是邀请他加入"老人之家"，负责记录开支、捐赠等工作。尽管林文极老人在"老人之家"所做的工作都属于公益性质的服务，但他对此非常负责，因为这让他觉着自己仍然被社会需要，他重新找到了自我价值，也找回了"面子"。林文极老人一直以来都被视为"民间权威"，研究会真心为村里老人谋福利的事情他都看在眼里，因此他传播的舆论容易让村民们相信、接受并认可。

由上可知，研究会自成立以来对林村宋江阵文化的传承以及村落社会治理发挥了重要作用。一是在为村落构建起老人日常公共生活空间的同时，为村民提供孝亲道德实践的平台；二是发起宋江阵文化进校园活动，组建林村小学少年宋江阵队伍，提高学生的综合素质；三是构建以宋江阵文化为核心的物理空间、精神空间、社会空间等多元公共文化空间，在为村民提供宜居生活环境的同时营造良好的精神生活氛围。2013 年 5 月，研究会荣获翔安区民政局颁发的 3A 等级证书和牌匾。① 对于研究会而言，来自政府部门的认可不仅仅是一种荣誉，更多的是为研究会争得了"面子"。

从林菽走上复兴宋江阵文化之路到研究会引领乡村建设，林村在发展过程中实施的系列公益活动，主要依靠自上而下的政府支持和自下而上的民间组织参与。21 世纪以来，我国政府职能由"社会管理"向"社会治理"转变，构建政府主导下多主体共同参与社会

---

① 《社会组织评估管理办法》将社会组织的等级评定设置为 5 个级别，民政部对合法登记注册的社会团体等做出客观和全面的评估之后进行等级评定，获得 3A 以上评估等级的社会组织可优先接受政府职能转移，获得政府购买服务和政府奖励。

治理的多元共治格局是推进国家治理能力现代化的重要举措，其中，创新基层社会治理是推进国家治理现代化的重要环节。优秀传统文化是现代农村社会治理的基础，充分认识传统文化的魅力及其在基层社会中的地位，对基层社会治理具有重要意义。因此，既要推动优秀传统文化的传承与创新，又要重视家庭建设在传承发展优秀传统文化中发挥的积极作用，更要注重优秀传统文化对核心价值观的精神滋养。① 近年来，国家高度重视优秀传统文化的传承与发展，在当地政府的支持下，研究会通过村落具体的道德实践复兴和传承传统文化，并动员村民参与道德实践活动，使村民个人的道德素养得到提升，村落社会风气得到改善，研究会因此也赢得了当地政府的信任，与当地政府之间的良性互动为林村建设提供了更多的机会，而研究会为村落建设付出的努力也得到了村民进一步的认可。

通过一段时间的运行之后，到"老人之家"用餐的老人逐渐增多，老人们脸上洋溢着幸福和快乐，这让研究会深刻意识到，传承宋江阵忠孝文化精神，坚定正确的道德观念是一定行得通的，虽然一开始不被村民们理解和认可，但是他们始终坚信做对村落有意义的事情迟早会得到大家的认同。"老人之家"的创办让村民们了解到研究会办事的能力、做事的原则，并形成了良好的口碑，也争得了"面子"。之后研究会发起宋江阵进校园活动以及构建村落公共文化空间等一系列引领乡村建设的实践，不仅改善了林村的村容村貌，而且促使村民在公共精神和责任意识等方面得到了提升，乡村精神文明建设取得了一定的成效。研究会秉承的"尊老育人、敦亲睦邻、解危救急、保乡卫民"十六字方针也通过研究会发起的系列乡村公益实践得到了落实，长期的村落社会互动使原本"原子化"的村民积极参与村落公共文化生活，并产生了从思想到行动的转变，村民与村民之间以及村民与组织之间的信

---

① 魏礼群：《实现从社会管理向社会治理的新飞跃——习近平总书记关于社会治理重要论述的思想内涵》，http://theory. people. com. cn/n1/2019/0318/c40531-30980546. html，最后访问日期：2024年1月9日。

任关系得到强化，村落内部社会关系网络变得更加稳固，同质性社会资本存量不断增加。在物理意义上，村落公共空间的修缮与重建能够改善村落的生态环境，而在精神意义上，个体与家庭、个体与组织之间能够建立起联系并形成更加紧密的村落共同体（张诚、刘祖云，2018）。人的情感是情感共同体的核心，研究会构建的众多宋江阵公共文化空间成为村民情感互动和交流的场所，村民的情感在这种互动中不断增进。在研究会的动员下，个体、家庭与村落的社会纽带逐渐搭建起来，并初步构建起村落内部的情感共同体（刘祖云、李祥，2019）。

第四章　民间体育组织参与异质性社会动员

第一节　从研究会到宋武会

一　以武术为基础的宋江阵

"套宋江"是宋江阵在民间社会的另一称谓。"套"在当地语境中有模仿之义，即以《水浒传》中的人物形象来梳妆打扮进行宋江阵展演，因宋江阵在发展过程中逐步融入了戏剧表演的形式，所以其展演过程不仅仅是双方的武术对打，而是如戏剧表演般形成了一套程式，同时在展演过程中保留了地方民俗活动中娱神的风俗习惯。宋江阵展演通常包括三个步骤：首先是在头旗带领下走场打圈拜祖师田都元帅，这一仪式被称为"发彩"；其次是按照单人徒手及器械操练、双人兵器对练以及多人对打的全阵团体操练三个阶段依次进行；最后以拜旗结束。一场完整的宋江阵表演大概需要持续两个小时（张银行、郭志禹，2011）。

宋江阵的表演形式依据人数及阵式的变换而变化，取《水浒传》三十六天罡、七十二地煞之意，因而以 36 阵或 72 阵居多，隆重的庆典也会有上百人参与其中。《水浒传》中的人物个个深怀绝技，双斧、丈二、齐眉棍、月牙铲、跶刀、藤牌短刀等各种兵器是表演中必不可少的道具。比如，"宋江"的扮演者所持的是头旗，手持双斧者是"黑旋风李逵"，他因武艺高强而跟随在头旗的两侧，起到保护头旗的作用。由于行阵变化多端，使用的兵器种类繁多，展演的内容十分丰富，包括单人表演、对打演练以及整体阵式操练等环节，其中各阵操演方法因传承师傅不同而存在差异，但不同的阵式都有固定的名称（蔡莉、兰自力，2007）。随着布城、行礼、开场、摆阵的进行，一场充满故事情节的武剧展演即将拉开序幕。

单人操练、双人操练以及全阵操练是宋江阵展演过程中最精彩的部分。单人操练主要看表演者的基本动作和招式是否熟练流畅，这通常能反映出个人的武艺水平。双人操练是将单人兵器的操练化为随机应变的迷你阵式，双人操练虽然以套招的方式点到为止，但是表演者必须具备较好的武术基本功，才能将对打操练看起来像是真正的过招，而不是套招。宋江阵全阵操练中常见在跳跃行进中同时舞动兵器的动作，这与福建地处沿海且多丘陵有关，演练时跃上、跃下的动作被称为插角。插角动作越熟练，越有助于双人操练与全阵操练（蔡莉、兰自力，2007）。从宋江阵展演的整个过程来看，无论是个人操练、双人操练还是全阵操练，都需要表演者个人熟练掌握基本动作和招式，而这些基础动作和招式的熟练掌握和灵活运用需要建立在习练武术所必须具备的体能、技能和心理等素质的基本功基础之上，只有基本功扎实，才能更好地完成单人操练、双人操练和全阵操练。

二 武术与宋江阵共同传承

前有所述，2009 年林村开启复兴宋江阵文化之路，并先后成立了成年宋江阵和少年宋江阵队伍。最初为组建宋江阵队伍，林萩邀请林村老宋江阵队员亲自操演并教授宋江阵阵法，但受历史原因影响，大陆宋江阵文化中断多年，自此之后老宋江阵队员再没有习练过宋江阵，也再没有参与过任何宋江阵的交流活动，因此只能凭记忆恢复一些原来的阵法。同宗同源的宋江阵在大陆停滞多年，但在台湾保存完整并且发展势头良好，深受民众喜爱和欢迎。台湾的宋江阵表演极具观赏性，每个队员的武术基本功底都比较扎实，阵式变化多样，表演行云流水、气势如虹，让观众看后不禁拍手叫绝。与台湾宋江阵队伍的交流让研究会意识到武术基本功的重要性，因此，在宋江阵进校园活动中，教练既教阵法操演，也注重武术基本功的练习。

　　为进一步加强学生的武术基本功，研究会会长林菽与台湾台东大学吴教授一同拜访泉州少林寺并查阅了五祖拳谱。据《太祖拳谱》记载："自古以来，拳术有五祖，一太祖，二达摩，三行者，四罗汉，五白鹤。"五祖拳是中国传统拳术中的南拳之一，发源于福建泉州，广泛流传于闽南地区和东南亚一带。福建泉州晋江人蔡玉明年轻时精通在闽南一带盛行已久的太祖拳、罗汉拳、达尊拳、猴拳和鹤拳五种流派的拳法，他将五种流派的拳法和阳师北派功夫融合，创立了新的拳种"五祖鹤阳拳"。沿用"五祖"之名，意在说明新创拳种是原来五种流派拳法的创新。五祖拳属于典型的外家功力型拳术，威猛激烈，以柔济刚，包含内家拳的很多技法和内功修炼法。该拳套路多达200余套，空拳、长短兵自成系统，小套仅有十数步，大套多达150多技手。无论大小套，五行蕴中，左右相维，攻守相续，内外兼修，步稳身正，出拳时欲发先收，常用摇身抖膀的方法加快拳速，亦有发声，以声助力。该拳的特点是脚马夹束稳固，前轻后重，进如脱兔，退如蹲虎；技手简约严谨，一阴一阳，攻守分明，沉肩拾肘，身法自然；下盘坚牢，落地生根，脚法缠绊细腻，起踢直起直落，低而沉重；行气发力，丹田为灶，起于腰胯，节节相催，内气和技法都讲究吞吐沉浮。

　　现流传于民间的五祖拳谱中，多数套路名称后面还注明套路来源，如"二十拳"又名"日习拳"，就是太祖拳法，"打角"是罗汉拳法，"千字打"是鹤拳法，"三角摇"是达尊拳，"头扎"是猴拳法，"朕头"是太祖拳法，"连环八卦"是和阳法、"地煞"是凤阳拳法等。蔡玉明创"三战"套路为拳母，以"七个战"的套路为步法练习套路，分别是三战、天地人战、平马战、祖战、五虎战、大套三战及玄女战，并整编了"三十六天罡，七十二地煞"的完整体系，共编成了72个拳械套路。五祖拳套路内容十分丰富，各套路拳法既能徒手单练又能徒手对练，具有攻防技击意义的操练方式，也能按照拳种风格使弄川耙、钗、月牙枪铲、方天画戟、齐眉棍、丈二棍、朴刀、宫刀、开山大斧、柳叶刀、剑、双铜、双铁鞭、三节棍、柳公拐等长短兵器，以及锄头、雨伞、板凳、扁担等民间常用的器具。根据拳谱内各个拳路的风格，习武者可根据自己的体能操练不同的套路，其中棍术最为著名（晋江市文化体育新闻出版局，2017）。2008 年 6 月，五祖拳被列入第二批国家级非物质文化遗产名录。

三 武术协会成立

一直以来，研究会都在为更好地传承宋江阵文化而努力奔走。如果说当初成立研究会是为了复兴、传承宋江阵文化，那么成立武术协会是为了"弘扬传统武术、进一步传承宋江阵文化"。21 世纪初，随着联合国教科文组织承认世界文化的多样性，并出台相应的保护非物质文化遗产的重要文件，我国民间文化开始受到重视。被国家认定为省级非物质文化遗产的宋江阵，本质上是一种地方性知识，它的产生与当地社会历史进程紧密相关，与人们的生存和生活实践息息相关，历经数百年的传承与发展，成为地方独具特色的宝贵财富（平锋，2010）。人类是追求意义的动物，文化就是人类所编织的这些"意义之网"。可见，研究文化并不是如试验性科学般寻求规律，而是通过阐释来探求文化的意义。学者们从地方文化的角度出发，从不同的维度关注地方性知识在当代的实践：一是价值观、非正式制度、文化认同等精神内涵的维度；二是公共空间、建筑、服饰等物质形态的维度；三是民俗活动、传统工艺、民间艺术等非物质形态的维度（廖春花，2017）。众多的地方性文化实践通过发掘不同民族和地区的文化特色，如传统工艺、环境保护理念等，为地方生态环境的改善、地方经济的发展以及地方认同感的提升提供一些具体的经验，并从具体的经验中提炼出地方文化在现代社会治理中的功能和价值。

世界文化具有多样性，地方文化也是世界文化的重要组成部分，全球化的盛行给地方文化的传承和发展带来了巨大的压力，但保护文化多样性是世界文化繁荣发展的前提。2003 年 10 月，联合国教科文组织通过的《保护非物质文化遗产公约》提出，非物质文化遗产是来自民间社会的文化集合，人们以不同类型的民族传统习俗，民族的音乐、舞蹈、口头文学等艺术方式将文化的准则和价值进行模仿并传播开来。保护非物质文化遗产是人类普遍的意愿，个体和群体在发掘、保护、传承、发展以及创新非物质文化遗产方面发挥着重要作用，非物质文化遗产传承的方式因传承内容不同而存在一定的差异。

非物质文化遗产的传承包括群体传承、个体传承（传承人传承）两种形式。群体传承指的是为群体所创造和拥有，必须由群体来传承的群体记忆，如民俗节庆、民间信仰、人生礼俗等大型民俗活动。个体传承（传承人传承）是指通过以师带徒或父传子等方式，把群体所创造和拥有的某种特定的知识、技能或技巧通过口传身授的方式传给后人的个体记忆，包括工艺技巧、民间表演、民间知识等方面的内容。作为省级非物质文化遗产的宋江阵，本质上是以武术表演为基础的民俗体育活动。一方面，宋江阵作为一项民俗活动，需要集体成员的共同传承；另一方面，宋江阵以武术为基础，需要传承人通过口传身授传给后人。因此，从传承人员的构成角度看，宋江阵文化的传承应该既包括群体传承，也包括个体传承（传承人传承）。

非物质文化遗产的传承方式既可以从传承人员的构成来区分，也可以从传承实现的方式来思考，如传承的方式可以是自然性传承，也可以是社会性传承。自然性传承是指传承过程不受任何外界社会力量的影响，完全属于个体行为。民间非物质文化遗产大多是靠个体与个体之间的自然传承来实现的，如口传文艺、手工技艺、民俗技能等，自然性传承几乎不需借助外力，但如果传承个体受到不可控因素的影响，那么这种传承方式也容易陷入失传的困境。与自然性传承不同，社会性传承是指在社会组织及团体等各类社会力量支持下进行的传承活动。依靠社会力量来维护社会性传承活动所需的特定文化环境，尤其是将非物质文化遗产的传承融入各类教育活动当中，使其成为青少年等社会群体德、智、体、美、劳全面发展的重要手段，不失为推动社会性传承的可持续发展的良好选择（徐凤，2014）。

多年来，联合国教科文组织一直致力于文化多样性的保护工作，并制定和出台了有关非物质文化遗产保护的重要文件。在此背景下，2005 年，国务院发布了《关于加强我国非物质文化遗产保护工作的意见》（以下简称《意见》）。《意见》强调，非物质文化遗产是我国各族人民生产和生活智慧的结晶，是历代传承下来的具有重要价值的文化资源，要建立以政府主导和社会各界力量积极参与的有效传承机制，在自然性传承的同时，努力推动传承人或传承团体进行社会性传承活动，为非物质文化遗产的可持续发展提供更广阔的平台。随着我国政府职能的转变，民间组织的发展获得了更大的生存空间，政府与民间组织之间的合作进一步加强。民间组织是多元社会治理中的"一元"，政府对民间组织的支持以及相互之间的合作有利于民间组织发挥动员和治理作用，而社会网络构建则是民间组织参与社会动员获取社会资本的重要基础。

研究会深刻意识到，只有学好传统武术，打好武术基础，加强武术门派之间以及各宋江阵团体之间的交流，参与武术比赛、宋江阵展演以及"非遗"传承等民间活动，才能更好地传承宋江阵。因此，成立武术组织，构建以武术为平台的资源网络，激发中青年武术爱好者共同推动武术事业振兴发展，鼓励更多年轻学子学习传统武术，进而扩大宋江阵传承队伍，培养宋江阵传承的优秀后备力量，同时搭建起与各地民间传统武术门派以及台湾地区宋江阵团体之间交流、学习及展示的平台，将有利于实现"弘扬传统武术、传承宋江阵文化"的双重目标。研究会的想法与当地政府着力打造"文化翔安"的想法不谋而合，因而获得了当地政府部门的大力支持。2011 年 11 月 20 日，厦门市翔安区武术协会（以下简称"武协"）作为首个区级武术协会正式成立，林菽担任会长。翔安区林副区长、区文体局李副局长、宣传部林副部长等出席了此次会议，厦门武术界同行到场祝贺并赠送牌匾、锦旗。自此，在林菽的带领下，研究会与武协（以下简称"宋武会"）共同致力于"弘扬传统武术、传承宋江阵文化"的社会事业。

第二节 异质性社会动员与组织间道德构建

一 构建异质性社会中间团体

涂尔干在《社会分工论》一书中指出，在迅速而激烈的现代社会变革过程中，传统生活方式、道德、宗教信仰瓦解，与此同时，明确的新的价值观并没有形成，从而导致社会失范，而社会失范的根源在于个人与社会之间缺乏联系。个人欲望急剧滋长且不为社会所约束，使个人与社会之间的关系更加脆弱。现代社会的有机团结建立在社会分工的基础之上，但是社会分工并不必然形成有机团结，个体异质性的不断增强，高度分工的个人与群体缺乏合作等，都可能威胁到个体与个体、个体与群体以及群体与群体之间的关系（宋林飞，1999）。面对社会失范的可能威胁，涂尔干提出"道德化""组织化"以及创建社会中间团体的解决方案。涂尔干认为，国家要实现有序发展，就必须在政府和个人之间构建一个次级群体，通过次级群体把个体吸收到群体中，并规范和约束个体的社会行为（涂尔干，2000），而社会中间团体可被看作包括次级群体在内的一种总体性社会组织。

1909 年，美国社会学家库利（Cooley）在《社会组织》一书中将社会划分为初级群体和次级群体两种类型。初级群体是指人们通过家庭、邻里等直接的社会联系形成的群体，成员之间直接互动的频率较高，次级群体则是人们通过政党、社团或组织等间接的社会联系结成的群体，成员直接交往的机会较少（韦克难等，2006）。因此，次级群体中的个人与群体、群体与群体的关系不受血缘、地缘以及人际关系限制（李盛平，1989）。涂尔干曾在《社会分工论》一书中提到"职业群体"和"法人团体"，这些群体的建立不仅拓宽了人们的社会网络，丰富了人们的精神生活，而且将个体与社会安全紧密地联系在一起。在次级群体中，各类团体的构成并不是个体的简单叠加，而是成员相互依存的共同体，"职业群体"和"法人团体"的组织性取决于成员角色、组织规范以及成员间的相互关系。通常而言，组织成员在一定的行为准则下进行各种形式的交流与互动，并从中获得个体的归属感和安全感，以实现组织目标（潘莉莉等，2018）。从本质上而言，"职业群体""法人团体"均是与"次级群体"意义一致的介于国家与个人之间的异质性社会组织，社会中间团体则可被看作由多个"次级群体"组合而成的，且相互之间能够进行横向合作的介于国家与个人之间的社会组织群体，"团体"文化通过共享的图景、价值观和意义来建立和发展。

中国传统社会以自己特有的社、会、族的方式凝聚着地方的人气，这样一种熟人社会的乡土团结即是滕尼斯意义上的共同体。但是现代因素的介入对传统社会造成了冲击，并催生出一种超出血缘和地缘限制的新群体结合形态，而这一新群体结合形态也实现了从地方性的"社与会"向民族国家的"社会"的转变。随着由社会分工导致的异质性的增强，迈向现代化的农村如果仅仅继续维持如传统社会般的机械团结将不能适应现代村落发展的需要，也不利于宋江阵文化的传承与发展。随着现代社会转型的不断深入，国家政府职能由"全能型"向"有限型"转变，以政府为主导，社会力量共同参与的社会治理模式使民间组织作为社会治理的多元主体之一能够在社会建设中发挥重要作用，但多数情况下，仅凭单个组织无法有效解决民间组织自身能力不足的问题，而民间组织通过异质性社会动员实现与其他民间组织之间的横向合作则为此提供了可行的解决方案。

在武协成立之前，研究会主要在林村内部进行同质性社会动员。在当地政府部门的支持以及民间精英的动员下，研究会复兴作为地方性知识的宋江阵文化，并组建了林村成年宋江阵和少年宋江阵队伍。在此期间，林村宋江阵走出村落与台湾宋江阵进行交流并参与外出展演等活动，这些交流和展演活动不仅很好地宣传了宋江阵，提升了宋江阵文化的知名度，为宋江阵的传承与发展奠定了基础，而且为两岸宋江阵的共同传承打响了"第一炮"。宋江阵文化传承初期，研究会希望通过复兴宋江阵文化引领乡村精神文明建设。在当地政府以及村"两委"的支持下，研究会通过系列村落公益实践进行同质性社会动员，村落内部社会关系网络初步形成，村落内部的同质性社会动员取得了初步成效。随着武协的成立，宋武会开始将事业重心转向村落外部，通过进一步加强与异质性团体和组织的沟通、学习、交流与合作构建更加广泛的社会网络体系，获取更丰富的信息资源，进而更好地弘扬传统武术、传承宋江阵文化。研究会与武协既分工又合作，以鼓励、参与、组织、说教、感召、示范、引导、宣传等方式通过宋江阵及武术传承实践进行异质性社会动员，与异质性团体和组织共同朝着"弘扬传统武术、传承宋江阵文化"的目标前进。

（一）围绕宋江阵开展的系列活动

1. 了解宋江阵文化历史

2012 年 6 月，研究会到翔安区新店阵湖头村拜访湖头宋江阵老队员的后代，听取郭炉老人介绍先辈组织宋江阵的历史。据说，其祖父年轻时组建的宋江阵至今约有 130 年历史，父辈郭刺等人把宋江阵文化传播到洪塘阵郭山。2013 年 3 月，研究会拜访翔安区档案局张局长，了解宋江阵的起源、传承与发展，力图挖掘更多宋江阵史料。同年 7 月，研究会前往厦门新店镇拜访东界村宋江阵传人许小二的儿子许先正老先生，听其介绍翔安沿海地区武阵头发展渊源，为翔安宋江阵历史的研究提供了宝贵的参考资料。

2. 拜访闽南地区优秀的宋江阵传承队伍

为学习漳州沙坂村宋江九州八卦阵，2011 年 4 月，研究会会长一行"三顾茅庐"，邀请耀德堂武师专程至林村教授宋江八卦阵阵法。为扩大宋江阵传承队伍，研究会拜访翔安新店茂林村自幼传承宋江阵阵法且酷爱习武的蔡家兴拳师。2012 年初，在宋武会的支持和鼓励下，蔡教练组建起茂林宋江阵。2013 年 4 月，研究会再次走访茂林宋江阵。同年 9 月，研究会会长应邀赴同安区祥平街道西湖村参加"宋江阵西湖培训基地"授牌典礼并发表讲话。2014 年 3 月，研究会走访同安汀溪镇造水村宋江阵、同安祥平街道西湖塘宋江阵、集美后溪霞城宋江阵、同安区洪塘镇郭山村宋江阵和南安水头朴里舞狮队。

3. 与台湾地区宋江阵团体进行交流

2013 年 3 月 29 日至 4 月 7 日，研究会再次与高雄内门宋江阵开展交流活动。其间，研究会不仅与高雄内门成年宋江阵进行了深入的交流，还与印尼龙狮总会进行了武术探讨。另外，翔安少年宋江阵还与内门国小宋江阵进行了交流。

4. 推广宋江阵进入全区中小学校

为传承传统文化，宋武会推行政社企村联合组建的模式，除林村小学外，五祖拳和宋江阵已经推广至马巷巷东中学等 12 所学校。为了让更多学生参与传承传统文化的活动，2013 年，研究会举办了首届暑期少年宋江阵传统武术培训班。2014 年 3 月，研究会一行走访翔安新店镇东园社区推进宋江阵重建工作，并成功招收 36 名小学员，为区教育局推行青少年素质教育找到了落脚点。同年 4 月，研究会从翔安区内厝中心小学、林村小学、窗东小学、茂林小学四所学校的三至六年级学生中选拔出 37 名女生组成大陆首支女子宋江阵。

（二）围绕武术开展的系列活动

1. 拜访民间拳师

为提升武术技能水平，武协特意邀请咏春白鹤拳师到现场进行指导。为加强与武术同行的交流，武协到海沧东孚镇、同安龙虎宫等五祖拳传播点访问交流，开展与各区之间的联谊活动，走访同安五祖拳协会，观摩内部武术评选活动。

2. 设立五祖拳训练馆点

习练五祖拳讲究"修身修性谦为本，学法学艺一气成"，武协将五祖拳作为宋江阵传承的武术基础，共设内厝后许小学、文教、新店、大嶝、新圩五个支部，各支部设立后许小学、官塘小学、鲁藜小学、巷东中学、内厝中心小学、彭厝小学等训练馆点。武协组织各支部武术运动员 96 人参加武术水平测评，每人表演一个套路，从中选拔出优秀运动员组建翔安区武术运动队。为增强训练效果，武协还向林村小学、后许小学等颁发"训练基地"牌匾，并对先进训练馆点予以表彰，林村小学、马巷后许支点均被授牌

"五祖鹤阳拳培训基地"。

3. 参与同行交流活动

2012 年 8 月，武协应邀参加同安天地缘武术健身俱乐部成立暨揭牌仪式，宾主双方对弘扬传统武术进行了友好交流。2012 年 9 月，武协内部巡检，现场指导工作。同年 11 月，厦门市体育局颜副局长莅临武协指导，观看武术队员演练，亲自示范武术动作。2013 年 6 月，武协应邀参加同安丙洲五祖拳培训基地揭牌仪式，并赠送墨宝《大展宏图》表示祝贺。2014 年 2 月 19 日（农历正月二十），武协应同安梵天寺邀请参加大型庙会演出活动。

（三）宋武会组织队员参加各级各类武术比赛活动

2012 年 4 月，宋武会组织内部会操评选的优秀队员参加第三届中国台湾妈祖杯国际武术大赛，队员们在武术动作中融入了翔安地方特色，将日常生活中用到的农具、传统兵器等编排成一些新的套路，大赛组委会授予武协"两岸民间大使"称号，许军场教练获"最佳武术教练奖"，队员获武术大赛团体总冠军以及个人全能冠军、亚军。同年 6 月，武协组团赴漳州参加第四届海峡论坛海峡两岸武林大赛，武协参赛团共 70 人报名，是参赛人数最多的团体。此次参赛最大的特点是新增内厝中心小学、内厝许厝小学、内厝镇茂前村、赵岗村和新店镇茂林村五个点的武术选手，这批运动员在本次大赛中得到了很好的锻炼，也是武协重要的后备力量。同年 7 月，武协参加在莆田举行的 2012 年福建省青少年武术套路锦标赛，其中 5 名运动员并入厦门煜和武术馆参赛，最终获得男子少年甲组双器械比赛第 2 名，为个人申请国家二级运动员创造了必备条件。8 月，武协组织参加在南安市举办的第二届郑成功传统武术大赛，武协 14 名运动员参加少年组、青年组等不同组别 29 个项目的比赛。

2013 年 4 月，研究会选派蔡家兴等 3 人参加在香港举办的"祝福杯"第十一届香港国际武术节。同年 5 月，武协选派 22 名运动员参加 2013 年第三届台湾"海峡杯"全球华人武术大赛。同年 7 月，武协成员代表振声武馆参加在龙岩举行的福建省青少年武术锦标赛，并斩获少年男子传统短兵器第三名。同年 8 月，武协组织 7 人参加"嘉庚杯"2013 厦门（集美）首届国际武术文化旅游博览会。武协还组织 7 人参加翔安区第三届体育运动会武术比赛，队员包揽了冠军、亚军奖项。同年 9 月，武协组织队员参加福建省邵武市"海峡两岸·三丰故里"传统武术大赛，荣获 10 金、6 银、3 铜及男子青年 C 组个人全能王中王第一名的好成绩，赛后本次大赛总裁判长林建华先生与武协队员交流合影留念。同年 11 月，武协组织 23 名运动员参加在福清举行的南少林华夏武术大赛。

（四）宋武会与异质性武术组织共同组建武术团体参加武术比赛

2012 年 9 月，万杰隆杯厦门国际武术大赛在厦门海沧区体育中心举行，此次大赛由福建省体育局、厦门市体育局、厦门海沧区人民政府主办，福建省社会体育指导中心、福建省武术协会、厦门市体育总会承办，厦门市武术协会、厦门万杰隆集团有限公司协办。武协与厦门思明、海沧东孚及同安三地共 175 人以"厦门群英武术代表队"名义参加了此次比赛，其中包括宋武会 77 名运动员，他们是代表队的主力。同年 11 月，武协组织与海沧东孚及同安等地的运动精英继续以"厦门群英武术代表队"名义参加在泉州举行的南少林华夏武术大赛。2013 年 8 月，武协组织 29 名队员联谊厦门群英武术代表队参加 2013 年第二届"融信杯"厦门国际武术大赛，帮助厦门群英武术代表队再次获得"武术套路团体总冠军"，并包揽武术套路全能王中王第一名和第二名，组委会颁发了奖金、奖牌、奖杯、牌匾。

（五）宋武会举办 2013 首届厦门翔安武术精英电视赛

自首届厦门翔安武术精英电视赛筹备以来，武协走访全省 7 个地市、联络境内 8 个省份，耐心讲解"搏击演练"这一新的比赛项目。此次比赛在省市体育部门、区政府、武术同行和各地运动员的支持下，吸引了境内外 67 支队伍、274 名武术精英前来参赛，电视台及各新闻媒体对此次大赛进行了追踪报道，并以"'武林盟主'问鼎翔安""看少林功夫 PK 咏春拳""'动真格'武林高手巅峰对决""'武林大会'决出六大高手""两岸武林高手在厦过招"等为题进行了大篇幅报道。此次比赛中的搏击演练项目与之前的武术套路表演等不同，双方是实战比赛，因而更具观赏性，这彻底打破了传统武术比赛以套路表演为主的"只练不打"的刻板印象。此次比赛邀请了武术专家进行现场点评，此举在武术界引起了强烈反响并吸引了社会各界关注，赛事的成功举办得到省市体育部门和翔安区政府部门的充分肯定，也获得了武术同行的一致认可。此次比赛继承和弘扬了中华武术精神，推动了传统武术文化的创新，为海内外武术高手和武术爱好者提供了一个交流和展示中华武艺的平台。宋武会以传承传统文化为使命，促进了地方社会的文化繁荣，扩大了地方社会的影响力，同时以共通的武术文化为桥梁推动了两岸民间武术事业的发展。

　　地处闽西的连城县是全国著名的武术之乡，当地武术协会带队参加了首届厦门翔安武术精英电视赛，并对搏击演练项目的创新理念和形式非常认可。2014 年 2 月，由连城县文体广电新闻出版局和连城县体育总会主办、连城县武术协会协办的连城拳演武大会在连城县体育馆隆重举行，武协林会长受邀作为嘉宾观摩比赛。厦门翔安武术精英电视赛是刚举办的武术赛事，为提高赛事水平，宋武会走访福建、浙江、山东、广东、江西、香港和台湾等地的武术同行，共同总结首届比赛的经验和不足，并对搏击挑战项目的可行性做进一步论证。2014 年 12 月，第二届厦门翔安武术精英电视赛在厦门安防学院如期举行，由 44 个拳种流派组建的来自境内外 12 个省份和地区的 73 支队伍共 293 人参加了此次比赛。

　　自武协成立以来，宋武会抱着"以武会友、以武结友"的心态拜访宋江阵传承人、民间武术家，同时与当地教育局合作，将宋江阵推广至全区的中小学校，选取部分学校作为武术训练的馆点，邀请民间优秀拳师为学员传授武术基本功。研究会通过布点教学，从中挑选优秀队员参加武术比赛、组建女子宋江阵队伍。另外，宋武会组织队员与其他武馆等武术组织开展合作，通过合作，队员不仅获得了个人单项比赛的优异成绩，也为团体争得了荣誉。由上可见，宋武会大致经历了从武术精英和宋江阵传承人动员到单个武术组织和宋江阵团体再到多个宋江阵团体和武术组织的动员过程，宋武会通过异质性社会动员构建起社会中间团体，进而举办厦门翔安武术电视精英赛，为个体和组织搭建起一个武术交流和学习的崭新平台。

二　与异质性组织构建道德共同体

所谓共同体，是指一群人在以亲密情感与共同信仰为基础的共同生活中形成的休戚与共的关系。滕尼斯以家庭、邻里、友谊、信仰等为基础，将其区分为血缘共同体、地缘共同体、宗教的精神共同体、道德的精神共同体等。随着传统社会向现代社会转型，个体主义思想和自由之风的盛行使传统社会的共同体解体，建立一种基于共同的文化、信仰、理想的道德共同体成为人们的精神向往和追求。在这样一个由个体或组织所结成的崭新的共同体中，人们拥有共同的道德志向，遵循共同的价值准则，人们彼此之间互相尊重并互相信任（王小锡，2016）。在高度分化的社会中，社会分工导致次级群体的产生，并对道德产生了切实且深刻的影响，因而组织实体或次级群体必须具备自身的道德准则。社会分工必然带来合作并形成新的集体意识，社会中的各种组织之间因而存在合作的可能性。涂尔干以雇主联合会和工人联合会为例进行了大致的说明，虽然两者之间是相互独立的组织，但在保持各自原有特性不变的情况下，或许有一种适当的公共制度能将彼此联系在一起（高丙中，2006）。

拥有共同目标和共有价值观念是构建道德共同体的前提和基础。武术组织以弘扬传统武术为己任，宋江阵团体将传承宋江阵文化作为自身的发展目标，"弘扬传统武术、传承宋江阵文化"则是宋武会的双重使命。换句话说，如果宋武会的目标能够实现，那么其他武术组织和宋江阵团体的目标也能够实现，因此，异质性武术组织和宋江阵团体的目标是被包含在宋武会的目标之内的。然而，共同目标的实现并非一蹴而就，它需要建立在实际的可操作的基础之上。宋武会会长林荿自幼学习传统武术，多年的习武经历促使他对传统武术到底能不能打、传统武术应该如何发展等问题进行了深入思考。通过走访浙江、江西、重庆、四川、山东、福建以及香港、台湾等地不同流派的民间武术家，林荿发现，大家都希望搭建起一个能够让各武术流派共同交流、展示、切磋武艺的平台。通过相互交流，合作举办能够满足各武术组织需求的民间比赛成为宋武会与异质性武术组织的共同追求。

在弘扬传统武术的同时，宋武会一直致力于宋江阵的传承和发展，在与闽南地区以及台湾地区宋江阵进行交流后，宋武会将宋江阵推广至校园，同时邀请八卦阵传承人，五祖拳、白鹤拳等民间拳师传授武艺，研究会自成立以来，已先后组建了成年宋江阵、少年宋江阵以及女子宋江阵三支队伍。随着宋江阵的影响力逐步扩大，宋江阵团队之间的交流越来越多，为两岸宋江阵队伍搭建起共同交流的平台成为各宋江阵团体的共同愿望。布坎南认为，道德共同体伴随着人类社会产生，是人与人之间的一种社会聚合要素，任何人都会在某种程度上因共同的目标而认同某个共同体，人们的行为也受到共同体共同目标的约束，而维系道德共同体的纽带是人们的认同感、忠诚感和归属感（尹长海，2015）。宋武会与各异质性组织和团体形成社会中间团体，并基于共同目标构建起道德共同体。然而，道德共同体要长期和谐稳定地存在下去，则依赖于各异质性组织和团体对共同体的持久认同，而这种持久认同不仅需要以共同目标为基础，而且需要建立在共有价值观念之上。

宋江阵在福建闽南以及台湾地区盛行已久，尽管关于宋江阵起源的具体说法不一，但两岸宋江阵同宗同源是毋庸置疑的。《水浒传》中梁山好汉惩凶除恶、劫富济贫的英雄事迹一直以来被百姓口耳相传，其中"替天行道、忠义双全"的口号更是为百姓所认同。"忠""义"是儒家伦理的重要范畴。狭义的"忠"是指对君王的忠诚，广义的"忠"则是指对自己、对他人和对社会的责任和奉献；"义"是指"合理""正义"。《水浒传》中宋江的形象最能体现忠义精神，其因孝顺讲义气被称为"孝义黑三郎"，因慷慨大方、为人仗义被称为"及时雨"，因对朝廷忠诚被称为"呼保义"。《水浒传》中的"义"多侧重于"义气"，这种"义气"最为百姓所欣赏，是梁山豪杰团结一致的道德基础。宋江阵文化传承的即是《水浒传》中所提倡的儒家忠孝仁义之精神。中国传统武术与传统民间文化都属于中华民族的优秀传统文化，如"武以德立""武以德先"等尚武崇德的优良传统一直流传至今。中国传统武德主要有"尊师重道，孝悌正义""戒骄奢淫逸"等。此外，不同门派也有自己的门规，如"少林十不传""心意六合拳四不传"等。

> 武德守则：热爱人民、精忠报国；弘扬武术，以德为先；崇尚科学，求实创新；强身健体，文武兼备；遵纪守法，伸张正义；维护公德，尊师爱生；爱岗敬业，勤学苦练；团结友爱，谦虚谨慎；诚实守信，知行统一；仪表端庄，礼貌待人。
>
> 少林十不传：人品不端者不传，不忠不孝者不传，人无恒心者不传，文武不就者不传，借此求财者不传，俗气入骨者不传，市井刁滑者不传，骨柔质钝者不传，拳脚把式花架者不传，不知珍重者不传。
>
> 心意六合拳四不传：一是忤逆不孝者不传，二是贪财好色者不传，三是逞能欺人者不传，四是酒色之徒不传。（栗小莹，2013）

可见，宋武会与异质性武术组织和宋江阵团体的价值观念是一致的，都建立在儒家伦常基础之上。儒家认为，传道、授业、解惑是一种社会责任，启迪心智、塑造理想人格是一种历史使命，"修身、齐家、治国、平天下"则是中国古代仁人志士的道德追求。"仁"既是儒家思想的基本价值理念和中国文化的核心价值观念，也是源于本心的道德修养的最高境界。在孔子看来，"仁"是人之所以为人的根本，它通过启发人性的自觉实现自我在社会中的价值和意义。儒家重视道德修养，但个体的自我实现和完善只是其中的一部分。除此之外，个体还需要投身社会，由己出发，推己及人，从而实现理想的人格塑造。修身，即个体道德的修养，通过"修身""齐家"达至"治国""平天下"，这一道德实践过程既包括个体道德的构建，也包括社会道德的构建。"己、家、国、天下"是一个以"己"为圆心且半径不断扩大的同心圆，把个体道德的构建放到社会、国家乃至更广阔的空间当中，个体在复杂的社会互动与交往中塑造自我并实现个体道德的社会化，当个体道德与组织、国家的道德相一致时，理想人格的塑造才得以实现。儒家提倡"推己及人"，如果只是空谈他人，而不从自我做起，缺乏自我道德的实践，那么无法实现个体的道德修养，无法塑造理想的人格，也就不能成为他人行动的规范和准则。可见，在"修身、齐家、治国、平天下"的道德实践过程中，成己与成人、为己与为人是一个有机的统一体（李梁等，2017）。

倘若"仁"是儒家思想对道德理想的最高追求，"义"这一范畴则是对"仁"的具体实践，"仁义"二字通常被放在一起使用，"仁"是儒家最高的理想准则，"义"则是实现仁的具体路径。孔子最早以"义"来考察人的品格，被称为君子之人应以礼的方式，以谦虚的言语、诚信的态度说话处事。孟子继承孔子的仁学思想，由仁而义，仁义并举，更突出了义的地位。孟子强调"义"对于行为的正当性，"义"是君臣和普通个人立身处世的基本准则，是国家和社会秩序的道德基础。孔子注重"仁"，孟子侧重"义"，于是提出"居仁由义"的仁义观，意思是"内怀不仁爱之心，行事遵循义理"。可见，孟子所强调的"义"为"仁"建立了一种规范。孟子以"仁义"并称，构建了"亲亲而仁民，仁民而爱物"的社会秩序，其中既体现了内涵，又确立了边界，遵循爱有差等的原则，从"亲亲"到"仁民"，从"仁民"到"爱物"，超越了以家庭为本位的、以血缘关系为基础的传统思想，"仁"的内涵在多个层面得到了延伸和扩展。

围绕"义"与"仁"的关系，儒家又引申出"义"与"利"的关系。孔子坚持义利兼顾，孟子则提出"去利怀义"，以鱼和熊掌比喻利与义，在利与义不能兼得时，选择义而抛弃利。孟子认为，"义"，既不为苟得，也不惧患难，是"大丈夫"具备的顶天立地的品格，因而主张并提倡"义"的修行。荀子认为，"仁，爱也，故亲；义，理也，故行；礼，节也，故成"。由此看来，仁、义、礼三者是相通的，由仁到礼的过程是从抽象理念过渡到具体实践的过程，义架起了从仁到礼的桥梁。荀子主张"以义制利""先义而后利"，董仲舒将先秦儒家的义利观发扬光大，在继承孟子"仁心义路"和荀子"礼义并重"思想的基础上，提出"正其义不谋其利，明其道不计其功"的思想，强调以"为天下兴利"为要（周德丰、李承福，2017），将价值共识与正义原则作为整个社会发展的价值导向（孙熙国，2016）。

第三节　异质性社会资本的积累

现代社会的流动性与异质性增加，使熟人社会逐渐向陌生人社会转变。现代社会的多元化扩展了人们的交往空间，当个体的交往需求在以亲缘和血缘为基础的同质性村落社会中得不到满足时，人们将通过业缘、趣缘关系寻求更多的社会资源，异质性社会资本在这一过程中不断涌现、积累，并充分发挥其在获取信息、资源等方面的重要作用（曹海林，2003）。与同质性社会资本不同，异质性社会资本建立在业缘、趣缘等关系基础之上，包含大量的新的信息资源，具有后赋性、开放性和创新性等特征（刘洪银等，2014）。根据交往对象由亲到疏的异质性程度，与异质性强的团体交流越多，其社交半径就越大，越能够从拥有差异化资源的组织内部获得更多的信息。因此，越是异质性关系网络，越能够从中获得更多的异质性社会资本（郑素侠，2011）。帕特南（2001）认为，信任、规范和网络是构成社会资本的三个基本要素，三者之间的互动形成良性循环，有利于组织之间保持长期高质量的合作，由于社会资本具有自我增强性和可积累性的特征，社会资本的存量也会增加。社会资本的存量是影响民间组织运作及其绩效的重要因素，人们自愿发起成立的民间组织由于不具备政府组织的强制力，因而需要借助嵌入在社会结构之中的社会关系网络发挥作用，民间组织通过动员社会网络中的社会资源来积累社会资本并维护自身的可持续发展。

林村于 2009 年开始复兴宋江阵文化，建队初期，林村老宋江阵队员为新组建的队伍传授武术套路及宋江阵阵法，在短时间内能够满足新队员的学习需求。然而，老宋江阵队员年事已高且多年未参与宋江阵的表演，对当前宋江阵文化发展的内容和模式等缺乏了解，导致林村宋江阵文化在恢复过程中出现文化碎片化及文化滞后等问题，建立在血缘与亲缘基础上的同质性社会资本限制了非物质文化遗产的创新，不能满足人们日益增长的文化需求。于是，在"弘扬传统武术、传承宋江阵文化"目标的指导下，宋武会实施"走出去"战略，以林村为中心，逐步扩大交往半径，与镇、区、市、省以及境外的宋江阵团体和武术组织开展交流合作。在扩大自身影响力、提升翔安宋江阵知名度的同时，宋武会与地方中小学校、幼儿园、高等院校、闽南民俗文化团体、新闻媒体机构等更多的异质性团体建立起联系。

一　异质性参与网络构建

（一）构建区（镇）级参与网络

宋武会坚持传承传统文化的初心，承担实现传统体育文化教育功能的使命。在区教育局和文体局等部门的合力支持下，武协在全区共设五个武术训练支部，各支部设立训练馆点，并先后在内厝镇林村小学、鲁黎小学、中心小学、内厝巷东中学、马巷镇后许小学、新店镇彭厝小学、大嶝镇双沪小学、新圩（镇）中学、新圩阵诗坂小学、内厝林村、赵岗村、新垵村等设立了 14 个训练点。随着宋江阵和传统武术传承基地数量的不断增加，对宋江阵的教练师资需求相应增大，为保障各训练点的师资水平，武协积极吸纳优秀武术人才，同时支持其开办武馆，为发掘、培养武术苗子做出贡献。此外，武协还广纳贤才，不仅邀请外地优秀拳师短期任教，而且吸纳外地年轻武术精英落户翔安，共同传承武术事业。由于宋江阵是以武为基础的表演形式，只有个人武术基本功扎实，单人操练、双人操练和全阵操练的水平才会相应提升，宋江阵表演才会更具观赏性。因此，宋武会严抓各训练点的武术基本功训练。在各校武术教练的精心指导下，经过一段时间的训练，宋武会以检验各支部训练成果为名，举行会操测试学员水平，并从中择优组建翔安区武术运动队。

自翔安区武术运动队组建之后，宋武会经常组织队员参加官方或民间举办的区、市、省级各类比赛和表演活动。每次出战，宋武会都严阵以待。在一次又一次的登台展示、比赛和展演过程中，队员们逐渐收获了自信，也收获了荣誉和奖励。一直以来，宋武会都以传承武术和宋江阵为己任，学生通过习练宋江阵和传统武术以及参加各类武术比赛，增强了身体素质，锻炼了意志品质，培养了责任感和集体感，同时为个人、家庭、学校争得了荣誉。培养重责任、有担当、讲奉献的年轻一代是宋武会推广武术和宋江阵进校园的初衷，学校和社区的武术队员在取得优异成绩的同时提升了个人修养、道德品质。正是看到了这些积极的转变，区教育局、文体局等部门对宋武会的支持力度也不断加大，有些学校更是将宋江阵和传统武术文化融入体育课和大课间操等活动中，家长们看到孩子的成长倍感欣慰，也更愿意支持孩子参加武术和宋江阵训练。从表面上来看，宋江阵和武术进校园是宋武会组织的以学生为主体的传承实践，但实际上，这些活动的顺利开展离不开当地政府部门、地方武馆、学校、家长、村"两委"以及村民等构建的社会参与网络的支持。

（二）构建省市级参与网络

宋江阵是流传于闽南地区的民俗活动，因此在闽南民间社会仍有一些优秀的宋江阵和狮阵队伍在不断传承和发展，特别是有些队伍的传承人武艺非凡。宋武会在传承宋江阵的过程中陆续拜访了闽南地区泉州、漳州、厦门一带有名的宋江阵和狮阵等。例如，泉州南安水头阵朴里村舞狮队擅长操演"青狮白眉"刣狮阵，狮阵表演以"青龙化蝴蝶"开场，随后上演场面宏大的"十八般武器"单练，紧接着是对打"武戏"，最后压轴的是"刣狮"，整场表演一气呵成。2008 年，具有 200 多年历史的刣狮阵被列入泉州市非物质文化遗产保护名录。2020 年，以卢厝狮阵为代表的泉州刣狮被列入国家级非物质文化遗产代表性项目名录。卢厝狮阵又称"刣狮""弄狮""舞狮"等，在"刣狮"过程中也表演各种武术套路及对打，同时演变出"迭圈""双打""群打""穿针""环螺圈""长蛇"等阵法。狮阵表演一般由 36 人、72 人或更多人员组成，主要包括绕阵串阵、武术演练和斗狮盘打三个部分。首先进行阵法演练，然后进行拳术及各种兵器演练，最后进行集体藤牌刀、棍阵等队列变换的集体循环对练。卢厝狮阵保存了少林五祖拳的精华，武术套路攻防兼备，"双脚当剪刀""槌路高手""踏绳上船""一招制胜"等都是卢厝村民讲述的关于当地武林高手的传奇故事。现今当地仍有 70 岁以上的老拳师坚持义务传授狮阵。

此外，宋武会还与泉州石狮沙美狮阵、南安水头江琦狮阵、漳州角美耀德堂宋江九州八卦阵、漳州六石武术馆八卦阵、漳州双发登龙堂宋江阵①、厦门思明区何厝宋江阵②、厦门集美工业学校宋江阵、厦门泥金乐安宋江阵、同安西湖塘宋江阵、同安郭山宋江阵、同安汀溪镇造水村宋江阵等队伍进行了深入交流，从中汲取精华，学为我用，共同探讨单人操练、双人操练、全阵操练等专业技巧，也共同探讨传统武术、宋江阵及狮阵的传承发展。同时，宋武会参加了同安西湖塘宋江阵培训基地授牌典礼、同安五祖鹤阳拳丙洲培训基地成立、同安区少林五祖鹤阳拳研究会洪塘头社区培训基地成立等活动，大家相互支持、共同提升。正是基于共同的理想和目标，宋武会与不同的狮阵、宋江阵队伍之间构建起参与网络。

宋江阵是闽南地区流行的传统民俗文化，大陆宋江阵基本在闽南一带传承发展。相比之下，我国习武者众多且门派林立，宋

① 该武馆传承福建省八大拳种之一的赵太祖拳，该拳种已被列入福建省第四批非物质文化遗产名录。

② 省级非物质文化遗产项目厦金宋江阵传习点。

武会为弘扬传统武术，提升队员的胆识和水平，增强队员的信心，多次组织队员参与省、市级各类武术比赛。由于参赛次数频繁，宋武会与共同参赛的各市区代表队成员、社会武馆成员、学校武术队、武术裁判、武术爱好者等建立起良好的关系，私下切磋武艺，分享参赛经验。由于经常一起参加比赛，各武术团队基本相互了解对方的实力和水平，宋武会成员在各种比赛中实力不俗，这让曾经一起交流五祖拳的厦门思明、海沧东孚及同安三地的武术组织团体较为佩服。经商议，宋武会与厦门、海沧、同安三地的武术组织共同成立了厦门群英武术代表队，以此名义参加了两届厦门国际武术大赛，并在两次比赛中都取得了优异的成绩。庆功宴上，宋武会会长林菽发表感言："成绩仅仅代表了我们队伍在赛场的一部分表现，我们真正的实力在于实实在在和奋斗不息的群英精神。"除了与省内武术团体和组织建立联系之外，宋武会还走访了山东、四川、江西、广东、浙江等多个省份，与不同门派的传统武术名家就传统武术是否能打、如何传承等问题进行了深入而广泛的交流和探讨。宋武会与省内外武术组织团体的交流构建起以武术传承为目标的社会参与网络，为宋武会主办 2013 首届厦门翔安武术精英电视赛奠定了基础。更为重要的是，在各武术组织成员的集思广益下，宋武会推出的"搏击演练"项目成为武术比赛中的创新点，赢得了相关政府部门、社会媒体、观众以及同行在内的一致好评。

（三）构建境内外参与网络

闽南民间文化宋江阵因历史原因曾一度中断，直至 21 世纪初才开始复兴。相较而言，由大陆传入台湾的宋江阵文化保存得更为完整，并随着当地社会的发展不断传承与创新。海峡两岸同宗同源，近年来多次互访开展宋江阵交流活动，相互之间因多次合作而建立起深厚的友谊。2010 年 4 月，研究会在台湾高雄内门顺贤宫宋江阵相关负责人的邀请下开启了两岸宋江阵的首次交流，此次交流让台湾民众感受到大陆宋江阵的魅力，同时让大陆宋江阵队伍看到了自身的差距。台湾高雄内门顺贤宫宋江阵自 1995 年正式成立以来长期开馆，每周固定时间练阵，武术功底非常扎实，传统阵法也保存得相当完整，是内门宋江阵的强劲阵头之一，也是内门区第一个无开馆亦无谢馆仪式的宋江阵团体。除传承宋江阵传统阵法外，台湾高雄内门顺贤宫宋江阵还不断创新，将更多精彩元素运用到阵法表演当中。在庙会的宋江阵展演中，一般最精彩的部分是对打环节，台湾高雄内门顺贤宫宋江阵在传统对打套招功夫的基础上对肢体动作表演进行丰富和改良，使之更具观赏性。

2011年3月，研究会再次受邀参加由台湾高雄内门紫竹寺和当地政府共同举办的"高雄内门宋江阵"活动，并派出翔安少年宋江阵参加了此次文武阵头大会演活动。翔安少年宋江阵的"原味"表演惊艳了当地民众，赢得了满堂喝彩，表演结束后，少年宋江阵还与内门国小宋江阵进行了互动交流。高雄内门小学是台湾地区首个组建宋江阵并传承百年的传统艺术名校，当地老中青三代阵头的重要角色基本都来源于此。内门小学对文化薪传特别重视，不仅成立了宋江阵社团，还成立了跳鼓阵、舞狮队，内门各种重要的庙会场合经常能够看到该校学生的身影。内门小学不仅是第一个成立宋江阵队伍的小学，也是民俗技艺比赛的常胜军，更是培养内门民俗艺阵明星的摇篮。宋武会与内门小学交流后更加坚定了"传承传统文化必须从娃娃抓起"的决心，对翔安少年宋江阵的未来发展寄予了更大的期望，同时对大陆宋江阵文化传承与发展更加充满了信心。

2013年3月，为进一步加强并推进两岸宋江阵文化交流，研究会再次受邀参加台湾高雄内门宋江阵嘉年华活动。台湾高雄内门顺贤宫宋江阵与翔安区宋江阵举行对接仪式，既体现了两岸有着不可分割的共同历史文化渊源，也体现了两岸共同传承宋江阵文化的信念。高雄市市长陈菊在开幕式上隆重地介绍了翔安交流团并共同合影留念，高雄市政府还为研究会颁发了"两岸宋江阵文化交流突出贡献奖"。高雄内门宋江阵嘉年华活动规模宏大且影响力大，每年都能吸引近20万人前往观看，这反映了当地社会各界对宋江阵这一传统艺术文化的高度关注与认同。高雄内门宋江阵在台湾具有良好的群众基础，对两岸民间文化交流发挥着越来越重要的作用。高雄内门顺贤宫林武彦总干事对翔安区内厝宋江阵多年以来的热心支持与友好互动表示感谢，对翔安宋江阵表演水平的不断提升感到欣喜。同时，他特别强调两岸宋江阵文化的历史渊源，指出两岸宋江阵交流彰显的是"天下华族一家亲，两岸乡亲兄弟情"，两岸宋江阵队伍将继续保持联系，相互学习、相互促进，共同传承。

宋江阵文化从小学到大学、从草根自发到教育部门的推动，已经成为台湾文化的标签。多年来，宋武会一直朝着这个方向努力。宋江阵的传承需要在幼儿园、小学时期打好武术基础，在传统宋江阵的基础上加以创新，赋予阵头更多的美学因素，让宋江阵更具社会吸引力和影响力。《业翔民安》杂志曾以"跨越海峡联结乡情，牵动两岸宋江风雨——翔安宋江阵赴台湾高雄参加内门顺贤宫嘉年华交流表演"为题，对翔安宋江阵再度赴台交流进行了报道，通过传承宋江阵搭建起两岸文化交流的平台，促进两岸文化共同发展，进一步加深两岸乡亲的兄弟情感是宋江阵传承的重要价值所在。2013 年 4 月，高雄内门顺贤宫林武彦总干事来访，双方一致希望继续通过加强两岸宋江阵的交流互访，促进两岸传统文化的传承与发展。在台湾台东大学吴教授的引荐下，宋武会有机会与台湾更多的宋江阵队伍进行交流，并作为两岸宋江阵交流的重要桥梁帮助两岸构建起共同传承宋江阵文化的社会参与网络。

二 组织间互惠关系形成

1915 年，奥地利人类学家图恩瓦提出"互惠人类学"概念，意在强调不同人群、社会之间的往来互动与交互作用。这一概念随后被用于解释库拉贸易社会之间往来的关系，强调不同社会之间基于相互需求的强制性关系的建立，而这种相互需求被看作一种"诱饵"（Polanyi，1957）。地方社会通过礼物交换的形式将不同的个体联系起来形成一定的社会关系网络，其内在的相互性便是一种互惠关系（Malinowski，1934）。继马林诺夫斯基之后，马塞尔·莫斯就礼物交换继续探讨受赠者必须回礼背后的逻辑（莫斯，2002）。他认为，迫使人们对所受馈赠做出回报的是"豪"（hau），他将"豪"看作"礼物之灵"，接受礼物的人们只有通过回礼才能使"豪"回"家"。通常，一个完整的礼物交换过程大致包括给予、接受和回报的义务。礼物交换在理论上属于自愿行为，但是在实践过程中它是义不容辞的行为，如果一方送出礼，可以是物质的，也可以是非物质的，另一方有义务回赠礼物作为报答，但是回赠行为往往是在一段时间以后（埃里克森，2018）。在此交换过程中，礼物作为中介使双方之间建立起互惠关系。但也有学者认为，在某一特定社会关系中，礼物具有不可让渡性的特征，只有相互交换不可让渡的物品才能被称为礼物（格雷戈里，2001）。

人类互惠的逻辑既是一种文化逻辑，也是一种文化表达（赵旭东，2008）。对于人类社会而言，互惠可被视为个体对相互关系的认可，一旦一方不认可，或双方认可缺失，互惠关系也就瞬间消失，互惠缺失导致社会互动减少，因而互惠也被看成是一种"互惠的义务"，如同礼物交换过程中的给予看似是双方的自愿行为，而背后隐藏的是交换这一事实本身需要尽到的义务（Mauss，1970）。文化无时无刻不在一代又一代的人与人之间进行传承，文化在传承中与人共同构成了人文世界。费孝通、方李莉（2002）认为，"人本来是自然世界的一部分，在出生之后需要学习前人的思维方式和认识事物的方式，因而每个人几乎都生活在人文世界当中"。《易经》的《贲卦·象辞》中提到"观乎天文，以察时变，观乎人文，以化成天下"。从"化"至"化成"的实现过程中，文化通过多种方式影响某一个体、某一群体、某一地域，以生成一个人文世界。从宋武会传承武术和宋江阵的实践来看，互惠关系的形成是其实现"化成"目标的重要途径。宋武会通过"走出去"战略，将宋江阵和武术文化推广至林村以外的中小学校乃至大学，通过传统文化的熏陶和浸润，培养重修养、有担当、讲奉献的德、智、体、美、劳全面发展的年轻一代。在宋武会与当地教育部门的合作下，传统文化不断进入当地多所中小学校，由此，宋武会与学校、教练、学生之间产生了相互性需求并相互依赖，进而形成互惠关系。

在传统文化进校园的过程中，宋武会选派宋江阵、武术教练到各校点和训练点进行义务教学，平时也会组织武协成员检查各教学点的教学情况，同时对优秀的教练和学员进行表彰。通过日常训练检验，宋武会从中挑选出优秀学员组成武术代表队参加各类武术比赛和表演，代表队成员都能获得展示、交流、比赛、表演的机会，部分成员还能收获奖牌、奖杯、奖状，甚至还有奖金等物质奖励。对于学生而言，奖励既是对自己努力学习的最好证明，也是一种肯定和鼓励。对于学校而言，学生获奖是对学校坚持推广传统文化的认可，不仅能够为学生树立起积极的榜样，让更多的人加入传统文化传承活动中，而且能够激励学校继续传承传统文化。

在宋武会看来，参与传统文化传承实践的学员都能受到传统文化的熏陶，并内化于学生个体的思想与行动之中，学生个体道德水平的提升也可被看作非物质性的回报。实际上，虽然宋武会与当地教育部门之间是合作关系，但其更多的还是得益于教育部门的支持，相互之间也存在一定的互惠关系，教育部门可被看作给予方，宋武会可被看作接受方。从宋武会与学校、教练、学生的互惠关系来看，宋武会、教练是互惠关系中的给予方，学校和学生是接受方。然而，无论是对于当地教育部门、宋武会还是学校来说，这种物质回报都需要通过学生取得的进步和获得的成绩来实现。尽管"以文化人"的回报周期比较长，但无论是非物质性回报还是物质回报，最终都会转化成宋武会传承传统文化的动力。正是在这种长期的文化传承过程中，不同部门之间的沟通交流和不断往来强化了互惠关系，而这些互惠关系的形成有利于宋武会将宋江阵文化推广至更多的学校，并促进传统文化传承形成良性循环。

人类社会是由互惠关系联结而成的，随着互惠关系的增强，彼此之间的联系也会得到强化。在由相互需要向相互认可的关系转化过程中，随着互动越来越频繁，双方的共同体意识得以增强和发展。相互需要是互惠关系建立的前提，相互认可是互惠关系实现的基础，而共同认可的互惠价值则能够不断强化双方的共同体意识（赵旭东，2018）。宋武会与不同的武术组织和宋江阵团体构建起异质性社会参与网络，并通过赠送礼物等方式促使互惠关系进一步加深。在与闽南和台湾地区宋江阵交流的过程中，宋武会通过寻求差异性来增进与不同组织和团体之间的感情，与其他优秀的宋江阵队伍讨教阵法、研究套路，学习对方传统文化传承的模式等。

台湾内门宋江阵曾三次邀请宋武会参加当地宋江阵嘉年华活动，宋武会分别派出成年宋江阵、少年宋江阵、女子宋江阵三支队伍与之进行交流。于宋武会而言，被对方邀请参加宋江阵展演既是学习的机会，也是一种义务，只有双方相互支持，关系才能长久。为了见证、回忆每次交流活动，宋武会与台湾内门宋江阵都会在展演过后举行互赠礼物仪式并合影留念。宋武会向台湾内门宋江阵赠送的礼物包括《继承传统文化、弘扬武术精神》的墨宝、当地的漆器、《文化翔安》杂志等，对方通常也以墨宝《同宗文化、共同传承》等实物进行回赠。宋武会在与厦门、漳州、泉州一带的宋江阵进行交流时会以赠送墨宝的方式来增进感情，如西湖塘宋江阵培训基地落成，宋武会赠送墨宝《弘扬武学、传承国粹》。此外，拍照的意义还被更多人认同和理解，他们通过合影记录下真实的生活并将难忘的瞬间保存下来，而这一张张照片既能成为彼此感情和友谊的见证，也能进一步强化双方的共同体意识。

宋武会与异质性武术组织、宋江阵团体的互惠关系的形成是基于"弘扬传统武术、传承宋江阵文化"的共同目标。基于共同目标和共同价值观念的自愿交流和沟通，有利于增进与异质性组织和团体之间的感情。当然，宋武会与异质性组织和团体互惠关系的进一步加深既得益于自身的主动性，也离不开当地政府部门的大力支持。宋武会通过异质性社会动员构建起异质性社会参与网络，不仅与台湾宋江阵进行多次交流，还举办了两届厦门翔安武术精英电视赛。宋武会通过异质性社会动员进行的文化传承实践不仅提高了宋江阵的知名度，也扩大了当地社会对外的影响力。由此可见，传承传统文化带来的积极影响是宋武会与当地政府互惠关系不断深入的关键所在。

三 组织间信任关系的建立

关于信任问题的研究，西方社会学家大多从关系与制度两个方面进行区分（胡荣、林本，2013），如根据信任关系的形成基础不同，可将社会信任分为因人际关系而建立的保障性信任与因对外在社会制度的信任而产生的对人的信任（Yamagishi，1998）。不过，社会信任也可沿着从人格化到抽象这一路径进行思考（Misztal，1996）。信任关系可以重建，并且不同的信任关系还能够相互促进（什托姆普卡，2005）。人们对制度的信任源于对所建立的关系的信任，因而制度被嵌入社会关系网络之中（Wong，1991），行动者嵌入人际关系网络中才是社会信任产生的基础（Buskens，1998），社会网络形成的互惠关系蕴含的义务能够有效制约个人或组织行为，因而通过互惠关系可以建立社会信任（杨中芳、彭泗清，1995）。帕森斯与希尔斯以双方是否依赖彼此之间的特殊关系为依据，将互惠关系建立的信任区分为特殊主义信任与普遍主义信任。特殊主义信任指凭借与行为者的特殊关系而认可对方的价值，普遍主义信任则指独立于行为者与行为对象身份上的特殊关系。在韦伯看来，普遍信任的建立以共同的信仰为基础，而特殊信任则是建立在以血缘为基础的家庭、邻里等直接的、可依赖性的关系之上，他认为中国人的信任行为就属于特殊信任关系。福山与韦伯持同样观点，认为中国人的信任本质上是基于家庭本位的信任关系，因此难以超越血缘关系而融入陌生的社会关系之中。

从现代社会发展的角度来看，中国正在由传统社会向现代社会转变，异质性群体社会信任的产生并不依赖于行动者与行为对象身份上的特殊关系，而是依赖于异质性组织和团体构建的参与网络以及网络组织间形成的互惠关系。

信任是社会资本的核心，公民通过参与网络形成普遍的互惠规范能够促进社会信任，进而建立持续的关系并为后续合作奠定基础。在其他因素相同的情况下，参与网络的个体相互之间互动越多，就越能够建立信任关系，合作的可能性也就越大（帕特南，2001）。随着合作机会的增加、参与个体的增多，社会参与网络也就更加密集。

自 20 世纪 90 年代以来，民间组织得到了蓬勃发展，志愿团体、社区组织和民间互助组织等社会自治力量不断壮大，民间组织在现代社会发展过程中逐步发挥着更大的作用。这一时期治理理论的兴起以及各国政府对社会事务各方面发展的态度和看法等吸引了众多学者对国家治理问题的关注。其中，奥斯特罗姆学派提出了多中心治理，该理论是针对单一治理提出的。单一治理是指政府作为唯一的主体对社会事务进行排他性治理，多中心则意味着政府在社会公共事务的治理过程中并非唯一主体，而是扮演主导角色，非政府组织、各类机构团体以及包括公民在内的多元主体共同参与行使主体性权利。党的十八大以来，我国政府职能发生转变，政府不再是唯一主体，我国鼓励社会组织等民间社会力量参与国家公共事务。加强政府与社会组织的合作关系，构建政府主导下多元主体参与的共建共治共享的社会治理格局是新时期的重要目标和任务。

社会信任产生于互动过程之中并作用于交往行为。从主体间关系的角度来看，参与交往活动的主体包括任何个体、群体或组织，因此，社会信任分为人际信任、个人与组织间的信任以及组织间的信任等（白春阳，2009）。一个组织是否值得个人或组织信任，取决于该组织自身所具备的品质。其中，组织的道德与能力是其是否值得被信任的两个关键要素，也是信任关系能否产生的根本与前提。关于组织道德的信任，实际上与民间组织自身所具备的组织性、公益性、志愿性、自治性等道德属性有关，以实现集体利益、服务社会为宗旨的民间组织正是具备以上道德属性才赢得其他社会组织的信任，并成为政府组织可信赖的合作伙伴。除此之外，民间组织具备实现自我目标的能力也是其获取信任的因素。民间组织实现自我目标的能力包括动员人力、物力和财力等要素的能力，协调要素资源实现组织目标的能力，争取外界支持的能力，以及凭借自身诚信赢得社会信任的能力。民间组织自身具备的能力可被看作帕特南意义上的社会资本，随着民间组织能力的提高，社会资本也会不断积累（王思斌，2003）。宋武会在加强内部个体与组织之间信任的同时，通过异质性社会动员构建异质性参与网络，以及与网络内部组织和团体间形成相互依赖关系，建立起自身与异质性社会团体和组织之间的社会信任。

（一）每年举办宋武会会员代表大会

宋武会会员来自翔安区各镇、村、武馆以及中职院校等，会员代表大会为宋武会与各组织成员之间提供了沟通交流的机会。宋武会主动了解会员的困难与需求，认真听取会员对宋江阵进校园、暑期公益培训、周末精英培训等相关工作的意见，并依据相关意见和建议适时做出调整和改进。会员代表大会的召开既体现了组织对个体与各组织的尊重与责任，也反映了组织对自身工作不足的自查与反思。组织对会员与各组织的重视有助于拉近双方的距离，个人与组织间的信任关系由此产生。

（二）每年召开宋武会常务理事联席扩大会议与年终总结会议

宋武会首先向各组织及会员汇报年度各项工作，其次对下一年工作提出新的要求和展望，最后对相关人员在过去一年中的优秀表现进行表彰。例如，一家三代传承武术和宋江阵的家庭被评为"尚武世家"，一家三个小孩全都习练武术和宋江阵的家庭被评为"尚武家庭"，支持配合小孩学习武术和宋江阵的家长被评为"优秀家长"，热爱武术和宋江阵的学员被评为"优秀学员"，为传承武术和宋江阵付出大量时间和精力的教练以及宋江阵队员被授予"先进工作者""优秀工作者""武术/宋江阵贡献奖""宋江阵阵头奖"等称号。一方面，宋武会开展年会对相关人员进行表彰，既是肯定对方为传承传统文化所做的努力，也是为了激励更多的个人、家庭参与传承传统文化事业；另一方面，表彰仪式的举行既体现了宋武会传承传统文化的认真态度，也体现了组织对成员奉献的感恩与关怀。各种会议的召开既为组织与成员之间搭建了沟通交流的平台，也为宋武会树立起良好的公众形象，使组织公信力在不断提升的同时，稳固了组织与个人、组织与组织之间的信任关系。

（三）主动与异质性宋江阵团体和武术组织进行沟通交流

宋武会自成立以来主动拜访厦门、漳州以及泉州一带的宋江阵队伍，与各地不同门派的民间武术家进行交流。通过积极沟通，宋武会了解到对方对传统武术和宋江阵持有的态度，因而对传承宋江阵和武术文化有了新的思考。厦门翔安武术精英电视赛的成功举办得益于宋武会前期组织武术队员参与各类比赛以及拜访各地武术名家构建的异质性社会网络。赛事的目的、规则、内容等是建立在相互沟通交流基础之上的，符合异质性组织的目标和需求，因而进一步增强了宋武会与其他异质性组织与团体之间的信任关系。从组织内部个体与个体、个体与组织之间信任关系的建立到组织与组织之间信任关系建立的过程，实质上也是宋武会积累同质性社会资本和生产异质性社会资本的过程。宋武会与越来越多的异质性组织或个人建立起信任关系后，原子化个体逐步减少，取而代之的是社会有机化的实现。

（四）与政府部门建立信任关系

吉登斯（2001）认为，随着传统社会向现代社会转型，积极或主动的信任将更符合现代化的发展趋势，需要积极主动地争取并进行积极主动的维系。宋武会积极主动的沟通交流方式让其与异质性横向组织之间建立起稳固的社会信任关系，同样，积极主动的信任关系在宋武会与政府部门的密切友好合作中也被很好地建立起来。地方政府乘着中国民族民间文化保护工程启动与社会主义新农村建设推行的东风，将林村宋江阵打造成区级、市级、省级乃至全国的文化品牌，在推动两岸宋江阵文化传承的同时，使地方的知名度和影响力不断提升和扩大。"弘扬传统武术、传承宋江阵文化"既是宋武会的目标和使命，也是当地政府部门加强基层文化建设的重要内容。政府与宋武会拥有共同目标是双方建立信任关系的基础。

在此过程中，宋武会主动就宋江阵、武术进校园等多方面的问题与当地政府展开积极的交流，政府部门为当地传统文化复兴、传承与发展积极地献策献计，宋武会也认真听取政府的意见和建议。当地政府部门对宋武会在热心传统文化、心系公益事业、参与社会治理、关爱下一代发展等方面做出的贡献表示赞赏和认同，并经常主动关心宋武会的工作进展，询问工作过程中是否有困难需要协助解决等。双方建立在忠诚基础上的合作不仅有利于化解内部矛盾，而且能节约社会治理成本。在"公开、公正、公益"和"双赢、多赢"的原则之下，宋武会与当地政府之间通过积极的互动和沟通，达成了良好的合作共识，建立起密切的合作关系，并在相互信任的基础上继续推动宋江阵和武术文化的传承与发展。

帕特南的社会资本理论从宏观视角出发，包含了组织所具有的信任、网络、规范等一系列特征。从表面上看，这一概念较为简单，但其实质内涵丰富，尤其是网络、规范与信任三者互构形成的良性循环对社会的均衡发展具有重要意义。帕特南意义上的社会资本能够促使同质性与异质性个体与群体间建立更加紧密的关系，随着社会资本总体存量的不断增加，更多个体与群体相互建立起联系，社会也就能够实现更均衡的发展（李莉，2016）。正如托克维尔（2012）所言："如果人们真正参与公共事务，便会发现自己内心很渴望加入群体当中，如果希望他人能够帮助自己，那就先去帮助别人。此时的人们更希望自治，自治意味着个体相互之间需要建立信任关系，相互之间拥有共同的目标和共同的利益，也正因为这样，才能推动进一步的共同协作。"

第五章　民间体育组织参与
复合社会动员

第一节　公共空间"共同缔造"

一　"共同缔造"理念的提出

2013 年，党的十八届三中全会召开，会议提出了完善和发展中国特色社会主义制度，不断推进国家治理体系和治理能力现代化的目标要求。1978 年，我国实行改革开放，全球化和现代化的盛行给世界各国的发展带来了巨大的冲击，实现工业现代化、农业现代化、国防现代化、科技现代化的"四化"建设是这一时期社会发展的总体目标。进入 21 世纪，我国由传统社会向现代社会转型，工业、农业、国防、科技等方面基本实现了现代化，同时在政治、经济、文化与社会发展方面取得了举世瞩目的成就。党的十八大以来，我国进入社会转型深化期，社会治理成为当前社会发展的主要任务，因此，在原来"四化"建设的基础上，党中央提出了第五个现代化，即"国家治理体系和治理能力现代化"。从历史唯物主义视角来看，社会结构形态包括经济基础和上层建筑两个方面。经济基础是一定社会发展阶段的生产力所决定的生产关系的总和；上层建筑则是建立在经济基础之上的意识形态及其相应的制度等。改革开放初期，我国处在社会主义初级阶段，社会的主要矛盾是人民日益增长的物质文化需求同落后的社会生产之间的矛盾。因此，四个现代化建设是基于当时的社会生产力发展水平提出的，目的在于着重发展工业、农业，加强国防基础设施建设，提高人民物质生活水平。

21 世纪以来，中国特色社会主义进入一个新的历史阶段。党的十九大报告指出，社会主义初级阶段的主要矛盾已经发生转变，我国当前社会的主要矛盾是人民日益增长的美好生活需要和不平衡不充分的发展之间的矛盾。我国在经历 40 多年的改革开放之后社会生产力水平得到了提高，人民物质生活得到了极大的改善，人民对生活的追求已经不满足于物质层面，拥有美好的精神生活成为人们新的追求。在此社会发展背景下，党中央提出实现国家治理体系和治理能力现代化的目标要求。国家治理体系和治理能力是国家制度及其执行能力的集中体现，两者是相辅相成的有机整体。其中，国家治理体系是一个国家制度的总体框架，内涵十分丰富，涵盖了物质文明、精神文明、生态文明等各个方面的内容。一个好的国家治理体系的设定有助于国家治理能力的提升；反过来，良好的国家治理能够充分发挥国家治理体系的效能。总体来看，国家治理体系和治理能力现代化的最大公约数就是国家治理现代化，如何实现国家治理现代化成为当下社会各界关注的焦点。

2013 年，党的十八届三中全会正式提出"社会治理"这一命题。随着政府职能由社会管理向社会治理转变，社会组织的作用日益凸显。会议强调，大力激发社会组织活力，创新社会治理体制，改进社会治理方式，推进社会治理改革。这些重大举措的提出既体现了国家治理方式的转变，也突出了政府简政放权的理念，同时赋予社会组织更广阔的发展空间。不同于社会管理的单一性，社会治理是一种全新的政府执政方式，不仅治理主体多元化、治理方式灵活化、治理手段综合化，而且社会关系更加平等化。关于社会治理概念的内涵，学者们从各自角度提出了不同的解读。有学者从社会治理的功能与作用方面进行定义（卢汉龙，2006），有学者将社会治理看成是一种结构体系（朱久伟、王安，2012），也有学者将社会治理看成是一种过程或活动（周林生，2015），还有学者将社会治理看成是实现公共利益最大化的过程（郑永廷、田雪梅，2017）。以上关于社会治理概念的内涵尽管在表述和侧重点方面存在一定的差异，但都体现了多元、协同的突出特征。社会治理主体的多元化是指社会治理不仅仅依靠政府的力量，而是强调政府、社会、群众等多元主体的共同参与。

2013 年，党的十八届三中全会召开并通过了《中共中央关于全面深化改革若干重大问题的决定》，这一举措和要求为进一步推进社会治理指明了方向。深化行政体制改革要正确处理政府和社会的关系，尽快形成社会组织体制，厘清社会组织的责任和权力，依照法律规定提升自治能力，从而为社会治理和社会建设做出贡献。社会组织作为社会治理的重要主体之一，需要在政府主导下与政府和其他社会组织建立合作关系，因此，多元共治是正确处理政府与社会关系的关键所在。大多数学者认为，社会治理是政府主导下多方共同参与治理的过程，既包括政府自上而下的行政力量，也包括横向的双向互动与平等协作。社会治理的根本目的在于培养公民的参与意识和公共精神，公民如果能够主动积极参与社会公共事务，则意味着权力回归到社会当中（付耀华，2016）。近年来，我国各类民间组织的数量迅速增长，随着国家简政放权，社会治理主体实现了由一元到多元、由单一控制到双重互动的转变（王彩波、陈霞，2015）。多元主体共同参与社会公共事务的目的是实现社会的有效治理并最终走向善治，其中，多元主体不仅局限于政府，还包括其他社会组织和公民个体，治理主体由单一向多元的转变以及多元共治的格局构建，使治理主体与客体之间形成了一种主体间性的交互关系，并构成了多元主体双向互动关系意义上的自主性网络（魏治勋，2014）。

党的十八大报告曾明确指出，有效推进社会治理，需要激发社会组织活力，并建立完备的社会组织体制，建立以政府为主导的可持续的基本公共服务体系，形成权责分明且依法自治的现代社会组织体制，为农村社会治理建立良性运行体系（曾文，2017）。当前农村社会正处在社会主义新农村建设的关键时期，不断创新与农村社会相适应的社会治理模式，引导多方面社会力量共同参与农村社会管理工作，提高农村社会治理效能，有利于现代农村以良好势头向前发展。农村社会治理的主要任务是地方政府、村民自治组织、农村社会组织、村民等治理主体相互合作，共同化解基层社会主要矛盾，维护基层社会的安定有序（张红霞，2016）。实质上，这一多元共治的过程也是治理主体实现农村公共利益的善治过程（胡晓亚，2015）。

进入中国特色社会主义的新阶段，党中央将以政治、经济、文化、社会和生态文明为核心的"五位一体"战略布局作为新时期国家发展建设的总体目标。在"五位一体"战略思想的指导下，地方纷纷制定相应政策以指导当地的工作实践，如厦门市为推进社会治理现代化发展，详细制定了中长期发展战略规划的草案。《美丽厦门战略规划》提出了厦门市"两个百年"发展目标：一是到 2021 年建党 100 周年时，将厦门建成美丽中国的典范城市；二是到 2049 年新中国成立 100 周年时，在全国率先成为集中展示国家富强、民族振兴、人民幸福的"中国梦"的样板城市。"美丽厦门"不是一句简单的口号，其内涵与新时期国家战略发展相一致，既涵盖了政治、经济、文化、社会、生态文明五个方面的内容，也突出了厦门的时代之美、发展之美、环境之美、人文之美和社会之美。

为建设美丽厦门，相关政府部门发起了以"美丽厦门·共同缔造"为主题的专项行动。"共同缔造"既是一种理念，也是一种方法，同时是"美丽厦门"建设的重要法宝。该行动以共同精神为根本，以社会各界共同参与为目标，以奖励优秀为动力，将国家战略部署与地方群众愿望相结合，激发广大民众深度参与厦门建设的主动性和积极性。很显然，政府主导下全社会力量共同参与的"共同缔造"行动深得民心，美丽厦门建设也取得了显著的效果。更为重要的是，"共同缔造"行动通过地方的具体实践推进国家治理体系和治理能力现代化，实现了社会治理方式的创新。"美丽厦门·共同缔造"行动通过变"你和我"为"我们"来实现社会融合，通过变"要我参与"为"我要参与"来激发个体的能动性，通过变"靠政府"为"靠大家"来实现治理主体的多元化。

为进一步贯彻落实《美丽厦门战略规划》，推进美丽厦门建设，厦门市各区专门成立了共同缔造办。2014年初，翔安区在实施"美丽厦门·共同缔造"行动时推出了"以奖代补"政策。当地区委和区政府从实际出发，梳理出全区第一批共同缔造"以奖代补"试点项目12类，主要涉及总投资在200万元以内的公路养护、水利建设、文明生态建设、农村生活垃圾统一转运、农村亮灯工程、党建"富民强村"、村民活动中心建设、标准化卫生所建设、社区文体多功能广场建设、村文化室服务提升、群众文体品牌等与村民生活息息相关的项目。翔安区从区范围内确定了林村、澳头、琼头、锄山等12个美丽乡村作为翔安区美丽乡村第一批示范村参与"美丽厦门·共同缔造"项目建设。为进一步推进美丽乡村建设，翔安区本着"决策共谋、发展共建、建设共管、效果共评、成果共享"的"五共"要求，发动有意愿、有能力实施的村落及有关民间基层组织选择和申报项目。投入近1亿元的首批项目既涵盖了"共同缔造"12类项目，还包括备受瞩目的美丽乡村建设。

美丽乡村建设是继社会主义新农村建设之后国家关于农村发展的又一重大决策。浙江省安吉县于2008年正式提出"中国美丽乡村"计划，随后广东、海南等地也先后开始启动美丽乡村建设，美丽乡村建设一时之间成为中国农村发展的风向标。为推动现代农村的可持续发展，2013年2月22日，农业部办公厅发布了《关于开展"美丽乡村"创建活动的意见》，由此，美丽乡村建设拉开了序幕。随着我国城乡一体化不断发展，未来城镇化可能达到70%以上，但仍将有4亿至5亿人口生活在农村，因此，有必要推进农村的可持续发展，改善农村的生产生活条件，完善农村公共服务体系，加强乡风文明建设、注重基层组织建设等，在社会主义新农村建设的基础上进一步拓展和丰富美丽乡村建设的内涵。

2014年以来，在"共同缔造"的理念下，林村以"清风、和谐、宜居、文化、创业"五大特色勾勒乡村建设的蓝图，并形成了非遗、耕读、尚武、孝亲、闽南民俗等传统"五韵文化"品牌。在创新社会治理的过程中，由于自然环境和人文环境都得到极大的改善，林村成为省、市级美丽乡村建设的典范。在推进"美丽厦门·共同缔造"行动的过程中，翔安区内厝镇再推创新举措，通过村居共建合作搭建共同缔造协作平台，以共同缔造典范村"1"带动其他典型培育村"N"的建设，即以村居结对共建模式"1+N"，实现大村拉小村和强村带弱村的发展思路，推广"清风林村""富美琼坑"等典范村的经典做法，整合各典型模范村的资源，由点到线，由线到面，推动美丽乡村实现区域化和规模化的联动发展。翔安区通过创新"资源共享、组织共建、活动共联、项目共推、品牌共创"的"五共"协作新格局，依托林村书院创办"清风讲坛"，邀请相关学者等分享社区治理经验，提高基层治理能力，打造村居协商共治的新高度。"美丽厦门·共同缔造"行动是推进美丽厦门建设和国家治理现代化的重要举措和途径。"共同缔造"理念突出"共同"的价值核心，强调各界社会力量作为治理主体共同参与社会治理，共同参与社会建设，共同享受社会发展的成果。"共同缔造"理念的提出既有助于政府与社会组织之间建立友好的合作关系，也有助于人群关系的建立和社会有机化的形成。

二 宋江阵民俗文化广场落成

林村宋江阵民俗文化广场作为厦门市、区级重点打造的文化项目，一直以来备受当地各级政府部门的关注。在宋江阵民俗文化广场建设过程中，市、区政府相关部门[①]曾多次到林村开展调研指导工作。2013 年 7 月，翔安区政协邵副主席在调研时提出："要将宋江阵打造成为培养青少年素质和爱国教育的重要传统文化，为青少年的全面发展做出努力，为地方社会文明的进步做出贡献。"同年 10 月，原厦门市刘副市长携福建省老区发展促进会领导莅临翔安参观指导宋江阵民俗文化广场建设项目时指出："农村发展需要有民族责任感的人才，在这方面林村可以发挥表率作用，宋江阵民俗文化广场为当地居民提供良好的活动场所，闽台宋江阵博物馆要建成两岸宋江阵文化交流基地和青少年爱国主义教育

---

① 下述政府部门人员讲话均来自 2013~2015 年研究会编写的《翔安宋江阵》。

基地。"2014 年 4 月，翔安区委何副书记关心文化广场施工进度时提出："希望镇、企、会、村要同心协力，共同推进文化广场项目工作，让好项目服务社会，惠及当地村民。"同年 5 月，翔安区陈区长与内厝镇党委沈书记、苏镇长在文化广场工地调研时表态："研究会用心发展社会事业，区政府一定给予大力支持。"同年 10 月，原厦门市体育局颜局长莅临翔安宋江阵民俗文化广场时指出："作为国内首个宋江阵民俗文化广场，翔安宋江阵文化研究会要依托本地宋江阵文化历史资源，借助国内仅有的宋江阵文化平台，更好地开展宋江阵文化研究、传承和发展活动，让宋江阵这一非物质文化遗产在新的历史环境中发挥新的作用。"2014 年 10 月，翔安区委陈书记等一行指导社会治理创新工作并指出："宋武会发展社会事业是企业回馈社会、参与社会治理的体现。"同年 12 月，厦门市委洪副书记（原宣传部部长）一行莅临翔安考察工作时提出："希望翔安借助林村宋江阵文化广场这个平台，继续弘扬优秀传统文化，推动两岸文化交流，为构建和谐社会，创造幸福生活，做出积极贡献。"

2015 年初，宋江阵民俗文化广场主体工程（主要包括闽台宋江阵博物馆、演武场、观景台三部分）基本建设完成，宋武会开始全心致力于闽台博物馆内部规划、资料收集与布置等事宜。在宋江阵博物馆的布馆过程中，台湾台东大学宋江阵民俗专家吴教授给予大力支持，同时两岸民俗专家为此提议献策。吴教授谈道："宋江阵是闽南特色文化的代表，在明清时候成形于闽南地区，后来流传到台湾地区，故而在博物馆规划中考虑到将博物馆大体分为闽南馆、台湾馆和两岸交流区等几个部分，将收集到的两岸史料、器械、文物、交流的纪念品进行存放、展示。"闽台宋江阵博物馆展馆位于地下一层，使用面积约 400 平方米，可同时容纳 150 人参观。闽南馆主要对闽南地区宋江阵队伍，如沙板耀德堂宋江阵、笃厚社宋江八卦阵、郭山村宋江阵、同安西湖塘宋江阵、同安造水村宋江阵、五通泥金宋江阵、茂林宋江阵、翔安区赵岗村宋江阵、南安市水头镇朴里村刣狮队、南安市水头江琦狮阵以及翔安区内厝镇林村宋江阵等进行了介绍。台湾馆主要包括学甲中社宋江阵、南势九龙殿宋江阵、保东顶山脚宋江阵、八份姑妈宫宋江阵、檨林村凤安宫宋江阵、顶山代天府宋江阵、关庙五甲宋江阵、关庙坤头宋江阵、苏厝长兴宫宋江阵、喜提万皇宫喜南里宋江阵、西鹿陶洋宋江阵、内门内埔宋江阵、内门夏梅林宋江阵、内门顺贤宫宋江阵、万丹下蚶宋江阵、港下头角宋江阵、台东南清宫宋江阵、高雄内门横山宋江阵、台湾台东大学创意宋江阵。

　　闽台宋江阵博物馆不仅介绍了宋江阵的由来、闽南地区和台湾地区宋江阵队伍及其特点，还陈列着台湾地区宋江阵队伍捐赠的器械、书籍、报刊等，如台湾高雄顺贤宫、台南大学、台东大学捐赠的锣、鼓、木耙、棍、双刀、钩镰刀、关刀、大刀、雨伞、盾牌刀等，顺武堂捐赠的旗、狮子，高雄市政府外事处赠送的美陇雨伞。此外，闽台宋江阵博物馆还展示了两岸宋江阵交流时台湾宋江阵赠送的纪念礼品，如宋江阵公仔、中国台湾民间发行的宋江阵邮票、宋江阵创意脸谱以及关于两岸交流报道的报纸等。这些器械、纪念礼品以及文字记载是两岸宋江阵交流的最好历史见证，参观者能够从中了解宋江阵文化的历史、两岸宋江阵的发展脉络，同时能够深切感受到两岸同宗文化共同传承的深情厚谊。博物馆大厅正中供奉着"戏祖"田都元帅的神龛，每次行阵之前宋江阵各队都要拜叩田都元帅以求平安。博物馆大厅正前方是演武场的舞台，此处连接着两边廊亭，梁山一百单八将中的三十六天罡人物塑像在舞台和廊亭依次排开，每一尊塑像都力求还原《水浒传》中的模样。廊亭外两侧的忠义亭和断金亭左右呼应，与舞台正中央垂直并延伸至观景亭，正中央前侧矗立着林希元的雕像，由廊亭环绕的内侧则是占地 1600 平方米的宋江阵民俗文化广场。广场的左右两侧是风雨连廊，连廊与舞台将文化、人与空间更好地融合在一起。在演武场的正前方是高达 12 米的观景台，蕴含宋江阵文化精神的"忠、孝、仁、义"四个大字醒目地立于观景台正上方。观景台走廊下方拱门前后正中刻着"九州协力如磐固，心若同时谊亦深"，以表达林村"共同缔造"的愿望和决心。

　　自林村宋江阵民俗文化广场竣工以来，前来参观指导的政府部门单位、武术组织、宋江阵团体等各类社会组织络绎不绝。

2015 年 3 月，翔安区关工委领导考察宋江阵民俗文化广场，台湾国术推广中心林会长参观宋江阵民俗文化广场。5 月，厦门市政法委詹书记到宋江阵文化广场调研时提出："要继发扬武术文化，多培养青少年强身健体、吃苦耐劳的精神，将宋江阵打造成两岸宋江阵文化交流基地和青少年教育培训基地。"6 月 13 日，第二届海峡两岸社会治理论坛在厦门开幕，海峡两岸的社区工作者、专家学者和社会组织代表一同参观了林村"老人之家"、闽台宋江阵博物馆，并观看了翔安宋江阵的精彩表演。宋江阵这一闽台共有的民俗文化促进了两岸的文化交流和互访，进一步增进了海峡两岸同根同源的兄弟情谊。6 月 20 日，泉州水头狮阵来访，参观了闽台宋江阵博物馆，共同探讨了有关宋江阵传承与发展的问题，并达成了两地继续加强联络与交流、共谋宋江阵文化复兴的共识。

2015 年 7 月，厦门市人大代表考察团对宋江阵文化广场进行调研指导时谈道："在重视传承传统文化的同时，积极发展社会事业来回馈社会，为推进精神文明建设，构建和谐社会做出贡献。"8 月，厦门市缔造办到宋江阵民俗文化广场视察。9 月，省台办海峡论坛办公室韦副主任一行参观走访了林村和宋江阵民俗文化广场，并对宋武会为两岸文化交流事业做出的贡献表示肯定和赞赏，并希望"将宋江阵民俗文化广场发展成为两岸文化交流和培训教育基地，让非物质文化遗产发扬光大"。区委书记一行莅临宋江阵文化民俗广场调研并指出："宋江阵民俗文化广场作为一个传统文化平台，全力推动两岸文化交流，推动两岸民俗文化共同发展。海峡两岸骨肉亲，一衣带水总是情。未来将更多地推动两岸文化交流与合作，继续为两岸关系和平发展做出不懈的努力。"10 月，中共厦门市委洪副书记（曾任厦门市委宣传部部长）一行再次视察林村和宋江阵民俗文化广场时指出："宋江阵民俗文化广场对外开放是普惠于民的好事，不仅丰富了群众的文体活动，更为弘扬传统优秀文化，促进两岸文化交流，构建和谐社会做出了积极贡献。"中共厦门市委陈常委一行在宋江阵民俗文化广场视察时指出："宋江阵民俗文化广场要借助面向大众开放的平台，更好地开展宋江阵文化的研究、传承活动，让宋江阵这一非遗项目在新时代焕发出新的活力。"

2009 年，市委提议兴建宋江阵民俗文化广场，历经三年进行方案设计与选址，2013 年初正式动工，直至 2015 年初宋江阵民俗文化广场落成，其间得到了当地政府相关部门、民间体育组织、两岸民俗专家、村委以及村民等各方面的大力支持。可以说，宋江阵民俗文化广场既是"美丽厦门·共同缔造"的成果，也是美丽乡村建设的产物。从社会学角度来看，宋江阵民俗文化广场就是村落的公共空间，因为在这个特定且固定的空间内既存在不同形式的社会关系，也包括各种村落内外部的人际交往，并且这些人际交往和社会关系都是属于公共性质的（徐勇等，2002）。有学者认为，社会空间的产生与社会发展及其衍生的社会关系有关，因而空间具有丰富的内涵与意义，由此提出了"空间的生产"这一概念（Lefebvre，1991）。

从国内研究来看，社会学视角下的农村公共空间涵盖了单一公共空间和综合公共空间两类研究，如对庙会、宗祠、水井等单一公共空间进行的微观个案研究，探讨其在人际关系建立、社会秩序维系等方面发挥的作用（胡英泽，2006）。相对而言，农村综合公共空间的研究更加注重多元性，并且大多从整体性视角出发进行探讨。例如，公共空间的构建需要在多方话语下发动民间精英、农村组织等力量共同参与，以村落内部的内生力量与外部行政力量因素共同相互作用实现（王春光，2003）。据此，村落公共空间被划分成行政嵌入与村庄内生两种类型（曹海林，2004）。而公共场所、公共权威、公共活动及公共资源又是公共空间生产与公共生活参与不可或缺的重要因素（董磊明，2010）。然而，政治学学者在探讨公共空间议题时，通常将其与公共领域这一概念并置一处。学者们认为，公共领域不是物理层面的公共空间，而是人们通过话语和行动展示自我的平台，是舆论的生产之地，人们在此进行参与、互动与对话，而这些都是建立在超越个人利益基础之上的（阿伦特，1999）。于是，乡村公共空间被定义为"可以进行公共活动的物理空间和可参与公共生活的精神空间或社会空间"（吴兴智，2008）。

从这一定义出发，学者们开始思考村庄公共空间变化与现代化治理之间的关系，以及作为国家与乡村关系纽带的村落公共空间如何构建村落内部秩序并推动乡村走向善治的问题（王玲，2010）。有学者调研发现，通过民间组织为村落构建物质公共空间，并在此基础上形成可参与、可对话的公共领域有利于农村精神公共空间的培育（吕效华，2010）。还有学者将信仰、风俗及传统文化等与公共空间和公共生活结合起来研究，进而探寻人们参与村落公共生活的社会文化意义与行为逻辑，如宗教对个人道德生活以及农村公共生活的重建意义等（庞娟，2013）。总体而言，农村公共空间是一个物理的、精神的、社会的多元空间体系，只不过受现代化和全球化影响，公共空间和公共生活之于传统社会的意义与现代社会不同，如此才造成了公共空间和公共领域在当下农村社会的缺失。农村公共空间是维系村落社会秩序的重要载体，使构建新兴公共空间和公共领域以弥补日益萎缩的态势成为各界亟待解决的现实问题。由此，通过各方力量广泛参与、互动合作实现农村公共空间的重构，成为美丽乡村建设中扩大农村公共服务供给的重要途径之一。

宋江阵民俗文化广场是林村新的地标性建筑和公共空间已成为公认的事实。有学者认为，借助外部行政力量进行空间生产被称为正式的（或行政嵌入型）公共空间，通过村落内生力量构建的公共空间则被称为非正式的（或内生型）公共空间（曹海林，2005）。依此来看，林村公共空间的形成得益于村落外部行政力量与村落内部民间体育组织力量的结合，但是公共空间所进行的各类活动并非受行政权力的驱使，而是在政府主导下民间体育组织以地方性知识宋江阵为依托开展的民间体育活动。不同于传统村落公共空间只局限于村落内部村民使用的半封闭性质的场所，林村的公共空间完全是对外开放的，并且打破了村落之间的空间界限，成为村落内部与外部社会关系联结的桥梁。

宋江阵民俗文化广场作为村民休闲娱乐的公共场所具有物理空间的意义，作为村民道德教化的场所具有精神空间的意义，作为村落内部与外部交流的场所具有社会空间的意义。宋江阵民俗文化广场作为林村的公共空间，从建设之初到竣工之后一直备受政府部门及社会各界关注，其原因大致可从三个方面探究：第一，从美丽乡村建设来看，宋江阵民俗文化广场的兴建完善了村落的公共服务设施，为村民提供了日常休闲活动的场所，同时改善了当地的自然环境和人文环境；第二，从乡村文化建设来看，宋江阵民俗文化广场的兴建尤其是闽台宋江阵博物馆的落成，能够更好地保护和传承地方优秀传统文化；第三，从基层社会治理来看，宋江阵民俗广场是宋江阵传承基地、青少年素质教育基地、省级对台交流基地，也是村民道德素质提升、村落社会关系纽带重建以及村落社会秩序重构的重要场所。

三 村落间共同举办传统体育文化盛事

2009 年，在政府宣传部门的动员下，林菽凭借对林村宋江阵文化的深厚情感，开启了宋江阵文化复兴之路。研究会通过在村落内部进行同质性社会动员，组织成年人和小学生传承宋江阵文化，为村民构建起可参与的公共文化生活。此外，研究会还成立了"老人之家"，为村落 70 岁以上老人免费提供一日三餐，这使老人的精神需求得到满足，子女们没有了后顾之忧，并能够安心为核心家庭的生计奔波。正是通过具体的道德实践，宋江阵蕴含的忠孝文化精神逐步融入村民的日常生活中，村落个体道德素质得到提升，个体与个体、个体与组织之间的联系更加紧密。

武协成立之后，宋武会开始将宋江阵文化和武术传承推广到林村之外更多的村落、中小学校以及高等院校等，并从这些村落和学校中挑选出优秀的女学员成立继首支成年宋江阵、少年宋江阵之后的首支女子宋江阵，同时从众多习练武术的学员中择优成立了翔安武术运动队，并代表翔安区参加省、市、区等各级各类的武术比赛，获得了诸多荣誉。此外，宋武会自 2009 年以来每年多次主动拜访闽南地区（包括厦门、漳州、泉州）和台湾地区的宋江阵团队以及山东、广东、江西、四川等地的民间传统武术家，在拜访过程中与各宋江阵团体和武术组织进行深入沟通与交流，不仅向当地宋江阵传承人学习宋江阵阵法、向各路拳师请教传统套路，还共同商讨宋江阵文化、武术传承的诸多问题。宋武会与其他宋江阵团体、武术组织认为，宋江阵文化和武术的传承都必须从少儿抓起，传承不能故步自封，搭建起青少年交流、展示和学习的平台至关重要。

基于共同的目标和想法，在与各类宋江阵团体和武术组织进行长期深入交流的基础上，宋武会推出了传统武术实战搏击项目，并就此项目与其他武术组织进行了可行性论证。在得到大家的认可和支持后，宋武会于2013年开始与重庆、江西、闽南及台湾等地的武馆展开合作，共同举办了"武术天下行"活动。该活动以地域划分设立东部、西部、中原和境外四大片区分赛场，各片区分赛场再推送最终晋级的选手参加由宋武会主办的厦门翔安武术精英电视赛。宋武会于2013年和2014年举办了两届厦门翔安武术精英电视赛，取得了圆满成功。走出村落之后，宋武会通过异质性社会动员，与外界宋江阵团体和武术组织之间建立起友好的合作伙伴关系，而这些异质性社会网络的建立为宋武会在村落间举办民间体育赛事奠定了良好的基础。

在宋江阵民俗文化广场建设的过程中，一方面出于传承交流的需要，另一方面因训练场地受限，宋武会开始走出村落，将更多的精力投入与外界组织的互动和交往中。这不仅为宋江阵文化传承获取了更加丰富的信息资源，也为林村积累了大量的异质性社会资本。自宋江阵民俗文化广场落成后，宋武会利用村落公共空间开展宋江阵暑期公益班、周末精英班以及各类民俗文化活动。为响应翔安区委关于"民俗文化事业发展要重视对社区的影响力，提高民众参与度"的号召，由林村村委会及研究会主办、武协承办的"翔安区春节传统民俗文化军民展演"活动于2015年2月21日在林村宋江阵民俗文化广场拉开序幕。此次活动的演出人员包括林村和邻村村民以及部队士兵等，演出节目既有闽南地区独具特色的拍胸舞，也有林村少年宋江阵、成年宋江阵、女子宋江阵，茂林村宋江阵，同安区郭山村宋江阵，赵岗宋江阵等多个艺阵的展演。为进一步加强与外界宋江阵团体和武术组织之间的合作，2015年2月，宋武会拜访了福建国际咏春拳馆馆长，3月拜访了浙江温州太极拳师，4 月拜访了新加坡、马来西亚精武总会秘书长，5 月拜访了厦门海沧武馆、参加了东亚武术交流大会，7 月拜访了三明市清流县武协霍燕山老师，走访漳州耀德堂、泉州武协、晋江鹏峰武馆、连城武协、宁德心武自然门、宁德武协。8 月，研究会一行走访广州，并赴台湾与台东大学民俗专家吴教授一同再次走访高雄内门顺贤宫，与当地宋江阵团体成员进行深入交流，商讨两岸共同举办宋江阵民俗文化节等事宜。9 月，宋武会与厦门群英武术代表团参加第四届厦门国际武术大赛并获得佳绩。12 月，宋武会在安防学院成功举办第三届厦门翔安武术精英电视赛。

值得一提的是，2015 年 10 月 1 日，首届闽台（翔安）宋江阵民俗文化节在林村宋江阵民俗文化广场隆重开幕，这也是自宋江阵民俗文化广场落成以来，两岸宋江阵文化在此举办的首场交流活动。来自厦门、漳州、泉州以及台湾地区的 12 支宋江阵队伍齐聚林村同台斗阵，其中有台湾地区最具代表性的传统阵头台湾高雄内门顺贤宫宋江阵和创意阵头台南大学创意宋江阵，也有闽南本土的翔安宋江阵、茂林宋江阵、赵岗宋江阵、同安宋江阵、南安水头朴里武狮、漳州沙坂耀德堂宋江阵等队伍。此次文化节旨在促进传统文化复兴，进一步推动两岸民间交流，打造地方文化新品牌，提升和扩大当地的知名度和影响力。在为期两天的活动中，林村宋江阵文化广场人潮如织，现场热闹非凡。闽台宋江阵博物馆开馆仪式作为本次活动的重要内容，在此次文化节开幕式隆重举行。宋江阵民俗文化节的策划人之一吴教授代表致辞："闽台宋江阵博物馆是全世界唯一的一个宋江阵博物馆，这让我们很佩服。在博物馆开馆的同时，举办闽台（翔安）宋江阵民俗文化节，也是第一次。本次宋江阵民俗文化节的成功举办，使翔安宋江阵文化品牌更加根深蒂固，实现了两岸宋江阵文化的交流与传播，进一步增进了海峡两岸同根同源的兄弟情谊。希望以后每年都有这样的交流活动，使宋江阵民俗文化节成为翔安特色民俗文化节，也让闽台宋江阵博物馆成为'活'的博物馆，除了研究、收集、展示宋江阵以外，也有训练、表演、传承，通过两岸的共同缔造，共同努力将宋江阵文化发扬光大。"在地方政府部门的支持下以及海内外各界同人和社会各界朋友的帮助下，此次大会圆满成功。

　　为推广宋江阵进幼儿园活动，增强幼儿对宋江阵的兴趣，2016年3月，宋武会前往内厝中心幼儿园开展实地考察。在与园长论证宋江阵进幼儿园的可行性之后，宋武会开始向内厝中心幼儿园老师教授宋江阵的基本套路、器械，同时委派宋江阵教练前往内厝中心幼儿园向小朋友们传授宋江阵文化，包括基本套路、器械学习与阵式演练等基本功。4月，宋武会受邀参加台湾十二大节庆之一的"高雄内门宋江阵嘉年华活动"，大陆首支女子宋江阵作为代表参与了此次交流活动。这是翔安女子宋江阵首次亮相台湾，也是翔安宋江阵第四次受邀赴台访问交流。6月，宋武会一行前往台湾开展"武术天下行"活动，并与台南大学创意宋江阵负责人蔡教授和高雄内门顺贤宫黄主任以及吴教授探讨宋武会组织筹办第二届闽台宋江阵民俗文化节的活动规划。经商讨，将原来的武术精英电视赛与宋江阵展演并入同一个活动当中，"闽台宋江阵民俗文化节"被更名为"武林大会"。

　　2016年10月，备受瞩目的厦门（翔安）武林大会在宋江阵民俗文化广场举行，两岸共14支宋江阵队伍参加了展演。台湾地区的顺武堂武术战阵、台南协福堂武馆宋江阵、漳州习艺堂宋江八卦阵、南安江崎狮阵作为新的宋江阵队伍加入活动中，同时结合舞龙、舞狮、拍胸舞、车鼓弄、腰鼓、广场舞、闽南语歌曲演绎等多种民俗表演形式，堪称一场民俗文化的饕餮盛宴。在众多表演中，首次崭露头角的翔安幼儿、幼师共同表演的宋江阵让人眼前一亮，这支幼儿园宋江阵队伍是宋江阵文化进入校园的优秀成果，增加了宋江阵持续发展的可能性。随着闽台宋江阵民俗文化节的连续举办，参加活动的队伍规模不断扩大，2017年共计19支宋江阵队伍同台竞技，其中台湾地区2支队伍，泉州2支队伍，漳州1支队伍，厦门同安区2支队伍、海沧区1支队伍、翔安区11支队伍。2018年，参加活动的队伍增加到24支，其中增加了厦门集美区1支队伍，翔安区队伍增加至15支，共计1000人参与此次演出活动。

武林大会于每年国庆节期间在林村宋江阵民俗文化广场举行，为海内外更多的传统武术组织、两岸的宋江阵队伍以及闽南民俗文化表演者提供了展示和交流的机会。从组织架构来看，2019 年的武林大会由省、市（区）各级政府部门主导，在现代社会的契约关系规范下由"两会"主办、林村"两委"承办。其中，主办方下设宣传、调度、外务接待和后勤保障等 11 个部门。此外，参与方还包括区（镇）政府部门、高校等科研机构、武术组织及协会、网络传媒公司等作为协办单位的 16 个异质性组织和团体。2020 年，由于疫情原因，台湾地区队伍无法来到林村宋江阵民俗文化广场进行现场交流，六甲国中宋江阵和兰贤陵武馆宋江阵通过线上互动，向林村及线上观众展示了他们的魅力。两岸宋江阵十多年来的真情互动和密切往来，使厦门翔安成为名副其实的对台交流基地。2019 年 12 月，研究会获批成为福建省对台交流基地，并在 2020 年闽台宋江阵民俗文化节开幕式活动上被正式授予"省级对台交流基地"牌匾。值得一提的是，2020 年闽台宋江阵文化节是"省级对台交流基地"获批后宋武会举办的第一届活动，此次活动的举办得到了省闽台文化交流中心的经费支持，而在此之前，举办闽台宋江阵民俗文化节的经费都是由翔安区文体局和林菽个人平均分担。

2006 年，国务院规定每年 6 月的第二个星期六是中国的"文化遗产日"，此举为吸引民众对文化遗产问题的关注，增强民众对文化遗产保护重要性的认识。2021 年恰逢建党百年，厦门市非遗宣传展示暨闽台文化交流展演展示活动启动仪式紧紧围绕主题"人民的非遗，人民共享"向党和人民献礼。宋武会充分发挥宋江阵民俗文化广场省级对台交流基地的作用，以"贺我党百年盛诞，扬民族优秀文化"为题启动 2021 年翔安宋江阵非遗展演，联合"老人之家"、林村小学、振声武术馆一同在林村宋江阵民俗文化广场开展"共享非遗，乐享生活"的表演活动。

第二节　同质性社会资本与异质性
社会资本共构

一　共构"扩大的乡村共同体"

共构（co-construction）是指"一种关于形式、阐释、立场、活动、动作、认同或其他具有文化意义的现实的联合创造，这种创造性的合作活动存在于特定的文化与历史环境下的社会互动的建构与阐释中"（Jacoby & Ochs，1995）。社会网络与社会关系、社会互动等概念经常被放在一起使用，社会网络最早是指一群特定的个人、组织之间的独特关系，处在社会网络中的成员、组织或团体因共同的目标、利益与期望而保持一定的互动，因血缘、地缘等关系而建立起同质性社会网络，因业缘、趣缘等关系而建立起异质性社会网络。在现代社会里，社会资本以一种动态的、复杂的形式与社会网络中的个体、组织等长期互动而得以长期保持并进行自我积累，如果相互之间缺乏频繁的互动，社会资本的维持就失去了存在的土壤。福山（2003）认为，社会资本可以通过地方性知识、宗教文化、路径依赖、困境博弈等方式来产生。社会资本的产生及来源让我们重新审视传统，并提醒我们要尊重传统。地方性知识是在历史演进过程中逐步形成的，既源于日常生活经验，又作用于日常行为生活。地方性知识能够生产社会资本，是由于地方性知识中蕴含的道德价值与规范对人们的行动具有指导和约束作用（燕继荣，2006）。

随着林村宋江阵民俗文化广场的落成，宋武会在2015年国庆节期间成功举办了首届闽台（翔安）宋江阵民俗文化节。为了给海内外更多传统武术组织、两岸宋江阵队伍以及闽南民俗文化表演者提供展示和交流的舞台，宋武会于2016年将闽台宋江阵民俗文化节和厦门翔安武术精英电视赛进行整合，打造了闽南民俗和传统武术共同传承发展的综合性文化交流平台，并将其更名为"厦门翔安武林大会"。从某种意义上说，武林大会既是一种创造性的合作活动，也是宋武会于前期构建的同质性社会网络和异质性社会网络在共同场域下的相互作用。在传承武术和宋江阵文化的过程中，宋武会在学校教育人才培养、两岸民间文化交流以及社会治理等方面做出了贡献，其每年定期主办的武林大会也产生了良好的社会影响。福建省、市（区）级政府部门对宋武会全力复兴民间传统文化给予高度肯定，多家媒体对武林大会活动进行了详细的宣传报道，同时宋武会对非物质文化遗产的保护引起了高校和文化研究机构等相关学者的密切关注。因此，随着武林大会的连续举办，活动规模越来越大，活动内涵越来越丰富，社会参与网络的异质性也不断增强。事实上，任何物质占有的范围越大，它的分化就越迅速且越彻底。物质的各个部分在扩展成不同力量的情况下便会产生异质状态，各个部分处于不同领域的情况下便会产生更强的异质性，社会网络也是如此（涂尔干，2000）。

2019 年武林大会的主题项目大致可以分为三类。第一类是武林大会开幕式、绕境民俗活动和闽台宋江阵民俗文化节。武林大会开幕式主要由林村迎宾队、广场舞队、多支宋江阵队伍、演艺学校及表演团体共同完成；绕境民俗活动是闽南一带流传已久的一种保境安民、祈福驱邪的传统民间仪式，参与展演的宋江阵队伍、武术组织、林村及附近村落的村民、媒体、科研机构等都参与绕境祈福活动；闽台宋江阵民俗文化节主要由来自厦门、漳州、泉州及台湾地区的 19 支宋江阵队伍同台表演，中间穿插来自高校武术团体和民间演艺团队的舞龙、舞狮、拍胸舞等其他民俗表演形式。第二类是武术精英电视赛和以武术传统套路为基础、以搏击演练为提升的青少年比赛，主要由四大片区及当地的武馆学员和武术裁判队伍共同参与完成。第三类是书画展和研讨会。主题书画展活动多次邀请市楹联书画协会参与，而参加首届闽台（翔安）宋江阵文化交流研讨会的人员则是来自省台办、市非遗中心、闽台两地宋江阵传承人、教练、武术组织以及高校和机构的专家和学者。

布迪厄认为，共同的场域能够形塑共同的习惯，不同组织、团体在林村这一共同场域内互动、交流，相互之间逐步走向和谐共融。绕境作为闽南及台湾地区独具特色的一项保境安民、同心祈福的民俗活动，是在共同的地域和历史作用下逐渐形成的一种具有地方特色的行为方式和价值理念的文化传统。这种文化传统蕴含的地方性知识对生活在这一历史社会环境中的个体具有潜移默化的影响，既内化于人们的思想意识当中，又外化于人们的行动当中，在长期的社会实践中发挥着调节人际关系、增强社会集体意识、增强群体凝聚力的作用。民间社会将绕境视为神明定期巡视地方社会的举动，并认为此举能够安定人心、驱逐邪煞。近年来，随着闽南宋江阵民俗文化节的深入开展，绕境活动在林村得以再次发扬光大，其传统性和阵头礼仪文化得到进一步恢复。由于两岸文化同宗同源，所有宋江阵队伍都参与了绕境活动。一开始由两岸宋江阵队伍在前面开路，到闽台宋江阵博物馆及姑妈婆宫前行拜旗礼，神驾押后，林村和邻村的民众每人手持三根香火跟随队伍有序前进。信众迎请神明前往庙宇都会"进香"，这一仪式被看作信众与神明之间沟通的方式，借此机会增进神明与神明之间以及神明与个体之间的交流，整个绕境活动过程中鞭炮声不断，一路浩浩荡荡。涂尔干（1999）在《宗教生活的基本形式》一书中指出，宗教是一整套的信仰体系，通过仪式活动来共同营造"集体欢腾"，人们通过集体化、仪式化的活动来体验兴奋、狂热，在产生精神共鸣的同时获得一种共同体的感觉。

绕境活动是武林大会的众多项目之一，另外还有节目丰富的开幕式演出、宋江阵展演、青少年武术比赛等。参加武林大会的人员除正式演出和比赛人员以及政府机构、媒体机构、科研团体、书画协会外，还有作为主办方的宋武会组织团体，作为承办方的林村，以及由邻村村民组成的志愿者团队等。

> 每到国庆的时候，宋武会、我们村委、村民，加上来这里参加宋江阵表演的、参加武术比赛的，还有政府、媒体、艺术团体、科研机构等，一起来办这个武林大会，这么多届就是靠大家齐心协力，活动才可以更好地办下去。（林荣华，

村书记，2019 年 9 月 30 日）

这是林会长连续第三年邀请我给武林大会排开幕式的舞台剧，学生也正好借这个表演机会锻炼一下。（郝导，厦门演艺学院，2019 年 10 月 4 日）

本来我们已经谢馆了，但为了这次活动，我们又重新开馆，大家练得很辛苦，希望能够呈现一个好的表演。（蔡教练，中国台湾八份开基姑妈宫宋江阵教练）

这个活动是我们村举办的最大的活动了，每年都会有很多村民参与进来，迎宾队的、跳广场舞的、宋江阵表演的，还有些是协助大会做好治安、卫生等方面后勤服务工作的。武林大会办到第五届了，村民参与的主动性和积极性都提高了不少。（林良清，林村村主任，2019 年 10 月 1 日）

林村的武林大会可被看作同质性个体与组织、异质性个体与组织、组织与组织共构的一个互动场域。在此互动场域中，每个互动时刻都是一个独特的空间，所有的参与者都在当下与丰富的信息流进行互动并快速做出回应，而这一时刻也是个体与组织、组织与组织在时空维度的对话与互动的结果（Jacoby & Ochs，1995）。通过同质性社会资本与异质性社会资本的共构，个体的创造力与组织重塑个体社会规范的能力得到提高，同质性组织与异质性组织共同参与构建的网络越密集，人们越有可能因共同的利益而开展合作。由此可见，通过同质性社会网络与异质性社会网络共构，武林大会构建起一种"扩大的乡村共同体"。

二 共构基于情感的互惠规范

社会学家 Gounlder（1960）在《美国社会学评论》上发表论文并详细阐释了人类在社会交往中的互惠原则，认为"互惠是建立给予帮助和回报义务的道德规范，当一方为他人提供了帮助时，他人有义务进行回报并做出回报行为，双方通过积极情感和行为进行互动都能获益"（涂乙冬，2015）。社会交换理论认为，互惠性是人类社会交换的核心，人类的任何社会活动都可以归结为一种建立在个体或群体合理化选择基础上的互利互惠的社会交换，交换主体期望从中获得报酬或回报，这种报酬或回报既包括物质方面的，也包括精神、情感等心理方面的，人们相互作用的过程也是一个情感交换的过程，如同物质利益交换一样，人与人之间的情感交换也非常必要。人是社会性的，金钱和物质是其生活的必需品，除此之外，还有情感、认同、遵从等精神方面的东西可以进行交换（特纳，2001）。情感是个人拥有的特殊性资源，之所以被认为是一种社会资本，是因为它本身被嵌入社会结构内部并存在于人际关系当中。通常情况下，人们在最初的互动中只会交换普通社会资源，只有在持续的交往过程中建立密切联系后才会交换特殊社会资源，特殊社会资源的交换意味着彼此之间建立了较为稳固的信任关系。由此可见，有别于以物质利益的外在报酬为目标的经济交换，情感交换的目的在于获取包括心理上的满足、欢愉或荣耀等内在的社会报酬，而外在报酬只能被看作获得对方内在吸引力的一种方式（布劳，1988）。有学者把金钱、社会赞同、尊敬和依从等进行价值排序，发现最能体现社会报酬价值的是尊敬和依从，金钱的认可度最低（贾春增，2000）。

同样，情感沟通性理论也认为，人们之间的情感交往更多的是追求意义，而不只是以利益为目的（郭景萍，2008）。人类生存的本质在于意义的寻求，这种意义是建立在文化的情感价值系统之上的，可被看作获得生命秩序感、有效感等的一种心理过程（Park，2010）。仁慈、宽容、信任、爱、正义、奉献等颂扬之词是人的意义感的体现。人们活在当下，却又心系未来，同时对生命存在的价值与意义等问题进行深刻的反思。人的心理世界分为两个系统：一是以效率为原则的理性工具心理系统，二是以提高精神生活质量为目标的情感价值心理系统。尽管两个系统的内在性质不同，但是情感价值心理系统具有统合功能，其中信仰的统合能力尤为突出（景怀斌，2005）。由此可见，人类意义的寻求在根本上是以文化的情感价值心理系统为基础的。终极观是文化系统核心性的理念，精神生活、社会道德、法律秩序等均建立在此理念的基础之上，社会的良性运转和有序发展需要以共同的价值观念和思维方式为前提，由此才能实现社会和国家的有效治理（景怀斌，2021）。

从历届武林大会来看，参加武林大会武术比赛并获得名次的优秀选手能够获得奖牌、奖杯、证书和一定数量的奖金，其他参与宋江阵展演的队伍以及开幕式表演的其他团体则只获得武林大会颁发的礼物留作纪念。而没有参与宋江阵展演或武术比赛的团队，如异质性社会网络中的受邀嘉宾、政府机构、媒体机构、科研机构、志愿者团队等，以及同质性社会网络中的主办方和承办方成员以及林村每家每户都会收到一份武林大会赠送的印有宋江阵字样以及宋江阵双斧图案的纪念帽和纪念T恤衫。尽管只有少数人能够获得金钱奖励，但对于个人而言，金钱或许并不是其最看重的，奖牌、奖杯等能够被陈列出来的精神奖励或许更能留住参赛的回忆，激发参赛的斗志，同时成为一种永恒的留念。而对于大多数人而言，在武林大会举办期间，无论是村民、志愿者还是工作人员等都穿着同款纪念T恤衫、戴着同款纪念帽，从外在来看已经无法区分你我，宋江阵文化将人们联系在一起。由此，在同一场域下，"宋江阵人"成为同质性群体与异质性群体共有的身份。identity既可译作"身份"，也包含了"一致性"的意思。身份是指个人在情感和价值意义上将自己看成是某一群体的成员，身份认同则强调的是同一文化群体的成员通过言语、行动和情感等表现出自身对该群体价值观念和行为模式的认可（阮桂君，2017）。武林大会将人们聚集在同一场域当中，人们出于对宋江阵文化的认同而构建起一种基于情感的超越"利益共同体"之上的"扩大的乡村共同体"（刘祖云、李祥，2019）。

重新发现情感的力量以及情感对社会团结的意义是情感共同体形成的前提。情感在身心的共同作用下得以产生（崔露什，2015），人们之间的情感交往更多的是基于意义的寻求，涂尔干在提到"个体情感"和"集体情感"时，强调集体情感有利于社会团结的形成，通过不断重复的仪式活动可以将集体情感转化为集体意识，从而建立起规模更大的更广泛的社会团结（宋红娟，2015）。有学者对情感作用的范围进行了探讨，并将其区分为"公共情感"与"非公共情感"，同时依据公共情感对社会影响的好与坏，提出了"好情感"与"坏情感"两种情感方式，认为"好情感"能够激发个体内心向上的能量。

情感共同体的构建，一是缘于异质性社会网络与同质性社会网络的"共同在场"。事实上，这种"共同在场"并不只是一年一度的形式，情感的聚合是基于平时感情的积累。从异质性纵向社会网络来看，政府部门一直以来都高度重视林村的发展，宋江阵民俗文化广场从谋划建设到落成凝聚了政府部门、宋武会以及村民的智慧和力量。从社会主义新农村建设到推进美丽乡村建设再到乡村振兴战略的实施，国家对"三农"问题的关切与日俱增，并始终将乡风文明建设作为农村文化建设和增强农村软实力极其重要的组成部分。在乡村振兴过程中，作为省级对台交流基地、青少年素质教育基地的村落公共空间成为情感互动的场所，对乡村治理以及社会治理起到了重要且积极的作用。正是基于对宋江阵文化价值观念的认同，政府、组织（宋武会）、个体（村民）在不断的互动过程中建立起深厚的情感，这种情感随着武林大会的持续举办而日益加深。从异质性横向网络来看，宋武会在每年武林大会举办前都要先与境内外众多的武术组织合作举办"武术天下行"活动，再从中择优参加在林村举办的武术大赛。此外，宋武会与闽南以及台湾地区宋江阵队伍之间的交流也非常频繁。一直以来，宋武会都秉承着公益精神进行武术和宋江阵的传承，而同样坚持义务培养武术人才的还有泉州石狮卢厝狮阵的老拳师们。"共同在场"让基于相同意义寻求的宋武会与卢厝狮阵队伍之间能够快速建立感情。

> 我们村也新建了一座武术馆，很大的，村里老一辈的拳师70多岁了还在义务教小孩练武术。我们去哪里表演也都是义务的，如果是商演性质的我们就不来了，宋武会的活动我

们来参加，也是因为兄弟情谊。（卢加好，卢厝狮阵队员）

二是缘于异质性社会网络与同质性社会网络之间形成的共同体意识。"一个共同体应是彼此间相互强化并充满感情的关系网络。"（刘善仕，1998）在"扩大的乡村共同体"中，共同体意识是成员可共享的情感纽带，但归根到底这种共同体意识的产生需要建立在双方的"共同感"之上（杜特，2005）。改革开放以来，宋江阵文化如其他民间文化一样曾昙花一现，直到21世纪初才得以真正复兴。随着村落精英扛起宋江阵复兴的大旗，宋江阵文化重新回归村民的视野，宋江阵文化精神的价值理念和文化内涵随着宋武会举办的各种活动逐渐融入村民的思想和行动中，带有仪式性的武林大会的举办让内部同质性社会网络与异质性社会网络逐渐产生了共同感。"仪式是在特定时空环境下按照地方文化传统将具有象征意义的一系列行为进行集中的安排。"（特纳，2009）仪式本身所具有的可参与性、可重复性及表演性能够让双方融入其中并产生一种"共同体感"。

进入现代社会，人们在基本需求得到满足的情况下，更容易将基于文化情感的意义寻求作为人生的目标。"个体的自我认知受情感影响，在互动过程中体现出明显的情感色调，情绪反应随互动程度的加深而变化"，这种新的情绪反应即表现为一种情感的共鸣。"探寻当地文化背后的意义并非一种主观意义上的行动，真正的动力是将个体与地方文化联系在一起的这种共同性。"（伽达默尔，2007）以"弘扬传统文化、传承宋江阵文化"为使命的武林大会如今已经成为林村乃至翔安区重要的文化名片，乡村共同体的"情感共鸣"正是来源于地方文化的延续与再造。异质性组织和团体基于对优秀传统文化的道德价值的情感认知，在参与林村举办的宋江阵文化活动过程中逐渐建立起对宋江阵文化价值观念的认同，对宋武会传承宋江阵文化进行乡村建设和社会治理的认同，上述认同为同质性社会网络与异质性社会网络构建共同体意识奠定了重要基础。同质性社会网络与异质性社会网络形成的共同体意识推动外源性力量和内生性力量在乡村公共空间中交汇和激荡，并共同朝着乡村建设和社会治理的目标前进。

三　共构"开放"的信任关系

社会秩序是社会稳定和发展不可或缺的基本条件，信任作为一种社会关系，有利于维持社会秩序（刘进、翟学伟，2007）。对于信任的理解，各个国家与地区因文化差异而存在很大的差别。韦伯（2004）认为，"与清教伦理不同，中国儒家思想的伦理观念对个人与团体关系的发展具有重要且积极的影响"。帕森斯从中西方社会的文化传统差异来解释特殊性信任与普遍性信任适用的范围，认为以儒家思想为核心的中国社会建立的信任被称为特殊性信任关系（何兆武、柳卸林，2001）。费孝通（2011）对以普遍性和特殊性区分的信任理论作了进一步延伸，差序格局以"己"为中心的水波纹规则体现出中国社会结构的基本特性，合作双方通过差序格局中水波纹的位置来确定相互之间的信任程度，随着水波纹向外扩散，双方的信任度将逐步降低。在从传统社会向现代社会发展的过程中，传统村落原有的生活方式、思维方式和价值观念等受到巨大的冲击，市场化经济影响下人们的物质生活水平在不断提升，个体思想和观念也更加开放，如社会交换、契约关系等西方社会思想观念开始影响人们的思想和行为。契约是双方或多方协议认可并承诺遵守的规则，信任则被认为是对他人期望的信心，强调在心理或社会互动层面建立社会关系（卢曼，2005），而对他人的信念或技术知识的信念是人们对他人或系统抱有持久的信心的根本原因（吉登斯，2000）。

2014 年，宋武会面向林村小学以外的在校中小学生举办了首届宋江阵传统武术暑期班公益活动，活动至今已连续举办 8 届。暑期公益班培训时间为每年的 7~8 月，共计 40 天，培训期间学员的食宿开销、训练的场地、器材均由宋武会免费提供。暑期公益班主要授课的内容为"两拳一阵"，即八极拳、武氏太极拳和宋江阵。2021 年暑期公益班以"学做人、习武术、逗阵行、讲责任"为目标，通过武术、宋江阵、搏击、舞龙、舞狮、彩带龙等身体素质练习，培养青少年吃苦耐劳和团结协作的精神；通过参与村落"老人之家"社会实践，让青少年学会感恩、奉献、孝敬长辈。如果说一年一度的武林大会是为境内外传统武术爱好者以及宋江阵展演者搭建的舞台，那么暑期公益班是专门为青少年素质培养搭建的优质学习平台，让青少年在集体生活环境中锻炼自我、提升自我、完善自我。暑期公益班传承宋江阵和武术文化，不仅有利于青少年身心的全面发展，而且对青少年道德教育具有积极正向的作用。越来越多的家长关注到传统体育文化的教育价值，因此，近年来报名参加暑期公益班的青少年越来越多。2021年报名人数接近400人，宋武会考虑到学习的效果，从中择优录取了270余人。

多年来，宋武会一直秉承公益精神开办暑期公益班。在宋武会的感召下，学生许萱萱的妈妈东春自发组织成立了家长志愿者服务队并担任队长，带领其他家长志愿者为暑期公益班提供细致的服务工作。对于组织并参与家长志愿者服务队，东春认为成立这样的志愿者团队非常有意义。

我家三个孩子：萱萱（二姐）、小航（三弟）、怡儿（大姐）。三姐弟分别从2016年、2018年、2019年开始跟宋武会学习传统武术和宋江阵，不仅武术练得好，文化成绩也很不错。2020年翔安区武术比赛，他们三个分别获得了"两金一银""两金一银""两银一铜"，大姐和二姐还分别获得了个人全能第七名和第八名的好成绩。从2016年二姐开始学习宋江阵到现在，每年武林大会和暑期公益班，我都会和孩子们一起参加活动，担任项目志愿者。孩子练武这些年，我看到林会长、教练，还有很多人都在默默付出，这让我很感动。我就想做一些力所能及的事。在暑期公益班的活动中，我也看到很多家长都很热心地参与服务团队，为孩子们做了很多背后的工作。我们相信做这些工作也能影响到孩子，让孩子们看到团结互助和义工精神。我们这个社会需要更多的人加入志愿服务行列中，让我们的社会变得更好。就像林会长说的："希望通过非遗文化传承，培养出更典型、更广泛的义工

精神。"（东春，学生家长）

一方面，学员积极参与训练；另一方面，学员家长"变身"志愿者给予大力支持。教练对东春一家的优秀表现非常满意。宋武会对每年年终的评优活动有严格要求，教练员必须本着公平公正的态度推荐优秀学员及家长参与评优。功夫不负有心人，在宋武会举办的 2020 年度总结大会上，东春获评"优秀家长"，三个孩子均获评"优秀学员"，五口之家获评"优秀武术之家"称号，可谓实至名归。由此可见，在保证招生人数和教学质量的基础上，暑期公益班能持续开办，一方面得益于当地相关政府部门的大力支持，依托于宋武会的积极组织动员；另一方面有赖于教练、学生、家长以及志愿者等多方积极努力配合。

多年来，宋武会坚持传承武术和宋江阵文化，暑期公益班也以武术、宋江阵为主要授课内容。为了进一步满足群众对优秀传统文化的需求，推动社会教育进步并更好地服务于学校教育和社会治理，2021 年 1 月，宋武会与厦门市龙狮运动协会共商合作事宜，翔安龙狮运动规模化推广培训项目在龙狮运动协会助力下正式拉开序幕，并于宋江阵民俗文化广场举办了首期厦门市翔安区龙狮运动骨干培训班。培训内容包括舞龙、南狮、北狮技术动作与规则等，参与培训的成员包括宋武会全体教练员、翔安区珺龙武术馆代表、林村小学代表共 18 名成员。龙狮文化同样是具有丰富社会功能的非物质文化遗产，将自强、忠义、崇礼的龙狮精神与忠孝仁义的宋江阵文化精神融合发展，有利于促进龙狮文化的弘扬、改革与创新，也有利于翔安文体事业和教育事业的良好发展。

在吉登斯看来，随着社会转型的不断深入，社会信任将以人对系统的信任逐步取代人际信任，积极或主动的信任取代消极或被动的信任，积极或主动的信任强调个体的能动性，因而成为信任产生或建立的一种新的机制。新式的社会团结是以积极信任为基础的一种主动意义上的社群创造，积极或主动的信任必须与外界的需要相适应，因此，积极或主动的信任通常需要与外界搭建共同叙事和情感交流的平台。换言之，"开放"的心态和积极主动的信任是发展关系的基础（董才生，2010）。从宋武会举办暑期公益班及其与厦门市龙狮运动协会的合作来看，通过暑期公益班实践活动，教练与学员、家长以及宋武会之间建立起积极的信任关系。而宋武会与龙狮协会共同搭建传承非物质文化遗产的平台，通过融合促进传统文化的发展，宋武会与厦门市龙狮运动协会同样需要建立积极信任的合作关系。由此可见，宋武会对异质性个体、组织及群体的"开放"，有利于个体与个体、个体与组织以及组织与组织之间建立起更加主动、积极的信任关系。而这种信任关系的生成反过来又能够为宋武会构建更加广泛的异质性社会参与网络，同时为宋武会在村落间举办民间赛事提供了丰富的异质性社会资本。

第三节　村落集体意识重塑

一　村落社会道德的确立

社会道德包括社会道德风俗习惯、观念意识和规范体系以及社会道德实践活动等，是为协调社会发展和运行过程中社会群体以及社会成员之间的各种利益关系而形成的（李春秋，2002）。涂尔干在《社会分工论》一书中提出，人类一直以来始终怀抱这样的梦想：最终所有的人都能够同心协力、同舟共济地生活在一起，实现人类博爱的理想。但这终归是理想，在历史的演进过程中，社会结构不断发生变化，不同的社会结构类型之间在精神和道德层面存在一定的差异，因而两种不同的社会结构要形成能够共存于同一社会中的博爱精神是非常困难的。随着社会的演进，旧的社会结构不断瓦解，与之相适应的道德规范不再具有约束力，而与新的社会结构相匹配的新的社会道德尚未形成。当旧的社会结构失去了发展的现实基础，且个体之间的纽带松弛时，社会必然处于失范状态。因此，只有在内部因素的逼迫和要求下，社会借助自己的力量重新确立一种新的道德，让处于新旧交替中的社会类型不再处于混沌状态，而是过渡到一种新的社会类型，才能化解社会失范的危机（涂尔干，2000）。

涂尔干在《社会分工论》一书中讨论社会秩序问题时多次提到"失范"（anomie）这一概念，失范指因道德缺位而导致社会秩序紊乱，如果能够建立与社会结构相一致的社会道德，失范现象则可以被扼制（渠敬东，2017）。了解涂尔干撰写《社会分工论》一书的社会背景，便可以感受到当时的法国社会因道德缺失而处于失范状态：大革命之后的法国社会，极端个人主义之风盛行，经济快速发展与残酷的竞争导致贫富差距加大，国家政权的更迭使再次革命的呼声一度高涨（渠敬东，2014）。以教会、家庭等为核心的社会组织系统逐渐被以契约规则为基础的新型社会组织系统替代，商人变成了社会的领航者，其行为模式与精神状态影响到周围的群体，随着教会、行会等组织退出历史舞台，市场、商人以及政府成为国家权力的主角（潘建雷、李海荣，2013）。由此可见，当一种新的社会组织系统取代旧的社会组织系统时，必然会有一种新的道德和价值观念与之相伴，原有的社会秩序和道德规范丧失了约束作用，社会的集体意识因此而变得模糊不清（涂尔干，2006a）。19世纪晚期的法国社会处于道德缺失的状态，社会转型尚处于举步维艰的过程之中，新的社会道德基础尚未形成。涂尔干指出，社会与道德具有紧密的联系，生活在社会中的个体并不是天生具备道德的，个体道德与其生活的社会有关，道德产生于群体团结之中，并随之发生变化，一旦社会生活消失，道德生活也就不存在了（涂尔干，2000）。由此，处于转型过程中的法国社会需要清理旧制度的瓦砾，重建新的社会道德。

同样，在中国农村社会由传统迈向现代的过程中，传统社会道德丧失约束功能，新的社会道德尚未建立，因而出现了道德真空状态。在长期的历史发展进程中，以宗族为纽带、传统伦理为秩序的中国传统乡村文化逐步形成了以地方性知识内涵为基本内容的道德文化形态（孙春晨，2018）。但是，自20世纪50年代以来，国家对社会的高度集中管控使农民在意识形态上完全缺乏自主性，在除迷信、破四旧等运动的不断开展下，与民间传统习俗、信仰相关的神堂、庙宇都遭到了严重的破坏。直至 20 世纪 80 年代初期，人民公社制度逐渐退出历史舞台，各种神堂才开始在地方社会复兴起来。涂尔干（2006a）认为，神堂重建"不只是一种历史记忆的重建，更是社会结构的重建"，神堂是中国民间社会的产物，尽管与涂尔干意义上的"社会"不尽相同，但同样是集体意识的表征。在涂尔干看来，宗教就是作为"道德环境"的社会，因此，重建神堂实际上就是重建涂尔干意义上的"道德环境"（王铭铭，2018）。

在列维-施特劳斯看来，"人类学学者从整体性视角对不同地域的风俗、信仰、习惯等进行探究，这些地方性知识都是社会的组成部分，只有关注每一个细微部分，才能够获得系统内在的整体平衡"（Levi-Strauss，2013）。在全球化和现代化的影响下，传统地方文化受到冲击，其中蕴含的道德规范和价值观念也就失去了原来的生存土壤。改革开放和市场经济运行机制的确立，使农民从高度集权的社会体制中脱离出来，农民的自主意识不断增强，并在思想上和行动中凸显出个体化特征（张良，2013）。个体化是指传统道德社会秩序崩塌而新的道德秩序尚未建立，个体在不受任何伦理约束的情况下对自我生活和自我认同进行重塑的过程（贝克、贝克-格恩斯海姆，2011）。在由传统社会向现代社会转变的过程中，集体化时代的"集体意识"不断消退，社会秩序日益混乱，正处在转型期的社会道德和集体意识尚未形成，个体意识却非常明显，社会处于一种混沌状态。

不可否认，20 世纪 80 年代初期民间文化的短暂复兴使地方社会的"道德环境"有所改善，但市场化的兴起妨碍了其进一步发展。直到 21 世纪初中国民族民间文化保护工程启动与社会主义新农村建设推行，传统民间文化才迎来了真正意义上的复兴。

如涂尔干所言，我们要借助自己的力量重新确认一种新的社会道德，重塑集体意识和道德规范，促使个体与个体、个体与组织、组织与组织之间形成有效的联结，从而彻底消除失范现象。涂尔干所说的"自己的力量"在本书中可以理解为来自林村的内源性动力。1969 年，日本学者鹤见和子最早提出了内源式发展理论，并将其定义为"特定社会地域环境下的个体或组织以地方性知识为基础，结合外部的知识、技能等社会条件等进行的自我创造"（鹤见和子，1989）。但有学者认为，在现代化和全球化的影响下，仅仅依靠自身内源性基础的内生发展是很难实现的（Rayture，1998）。文化是民族生存和发展的重要力量，宋江阵蕴含忠孝仁义的文化精神，推崇"重修养、担责任、讲奉献"的价值理念。在政府主导下，林村将宋江阵文化作为内源性基础，通过宋武会进行动员，有利于村落构建起和谐稳定的社会秩序。

中华优秀传统文化是中华民族的"根"与"魂"，大力继承和发扬传统文化中的优良传统，通过创造性转化和创新性发展赋予其新时代的内涵和意义，是创新社会治理的重要举措。文化的传承与发展离不开人和组织，在当地政府部门的支持下，林村依托宋江阵文化成立宋武会，宋武会通过构建公共文化空间、创立"老人之家"、发起宋江阵和武术进校园等系列道德文化实践活动，将宋江阵文化精神融入村民个体的日常生活和村落仪式节庆活动当中。个体参与集体实践活动的过程实际上也是自身社会化的过程。宋武会动员异质性社会组织和团体参与武林大会，村民秉承宋江阵文化精神与异质性个体、组织进行交流与互动。社会道德具有调节社会关系、维系社会秩序良性发展的功能，以公平、正义、和谐为最基本的价值追求，同时是社会共同利益与要求的具体反映。林村将社会主义核心价值观与宋江阵文化精神的十六字方针作为村落社会道德的双重标准，每个社会成员都遵循基于社会共同利益、共同理想的行为准则和价值观念，共同构建安定、有序、和谐的乡村社会。武林大会将同质性社会网络与异质性社会网络聚集到宋江阵民俗文化广场这一共同场域之中，为使活动取得圆满成功，场域中的个体都遵循共同的行为准则和价值观念，同质性网络与异质性网络个体与个体、个体与组织之间建立了相互依赖的关系，村落与村落之间由此构建起有机团结的社会。

二　村落个体道德人格的形成

广义的道德是指一定社会发展中调节人际关系的方式和机制，

而狭义的道德可理解为个体自我完善和自我发展的方式。从广义和狭义两个层面来看，道德可区分为调节人际关系的社会道德和个体自我完善与发展的个体道德。具体而言，个体道德是指个人为实现自我完善与发展的目标，通过教育与实践形成的道德意识、道德品质和指导自身行为选择的内心准则以及个体道德行为实践的总和（温成安等，2000）。从道德的本质来看，社会道德和个体道德是相互影响、相互促进、相互渗透的双向互动过程，两者之间具有同一性，社会道德内化于任何个体道德之中（刘鹏，2012）。涂尔干关于集体意识向个体意识转变的相关论述为"内化"概念的产生提供了理论基础，之后，学者们从伦理学、心理学等不同学科视角对道德内化的含义进行了阐述。

有学者认为，"道德内化是个体通过对社会道德进行主动学习，形成个体道德素质和道德人格的过程"（易小明，2011）。关于"道德内化"这一概念的阐释涉及三个方面。一是道德内化过程中个体的主体性，即主体对社会道德的选择性接纳，同时在此基础上结合时代的发展创造或创新出与当下社会价值相一致的社会道德。二是道德内化过程根据个体的发展和外在道德行为划分为未成年阶段与成年阶段、非自律的道德行为与自律的道德行为两个过程。成年人在道德内化过程必须发挥主体性作用才能实现真正的道德自律。对于未成年人，则更强调社会道德对个体的陶冶和模范意义（彭柏林，2004）。人们普遍认为，未成年人更容易产生非自律道德行为，但实际情况是，成年人出于社会舆论或其他不良后果的压力而表现出的某些道德行为也是非自律的，由非自律到自律的道德行为的转变只有通过长期的道德实践才能实现。三是道德内化的过程存在反复性。这种反复性包含两个方面的含义：一方面指通过不断重复内化一种社会道德规范，使之转化为自身内在的素质；另一方面指已经内化的道德规范在成年之后可能出现发展、停滞或倒退现象。这种反复性的出现与人的属性有关。人具有自然属性和社会属性，自然属性是指个体对物质层面的需求，而社会属性表现为个体对精神层面的追求。在不同人生阶段和不同情境下，个体的需求必然发生变化。由此可见，道德内化过程受到个体内外部因素的影响，个体道德需要通过不断完善才能形成个体道德素质和道德人格。

社会思想或理论的产生通常与某一特定时空环境背景下的时代特征有关。涂尔干认为，身处严重失范的转型社会背景之下，道德是社会稳定和谐的充要条件，通过发挥道德在社会发展中调节人际关系以及改善与发展自我的作用，重建个体道德和社会道德，是摆脱社会失范危机的根本出路。在欧洲的社会发展过程中，道德包含信奉上帝、遵守教规等内容，道德和宗教从来没有分开过。然而，涂尔干把道德看作社会事实并将其与宗教分离开来，同时认为，社会道德教育应该包括纪律规范至上、集体利益为先和意志自主三个方面。其一，从纪律精神来看，涂尔干强调规范的权威性而忽视了个体的自主能动性。其二，从牺牲精神来看，涂尔干认为以集体利益为目的的行动才是合乎道德的行动（Durkheim，1925），换言之，只为集体或社会利益而不为个体利益采取行动。其三，从自律精神来看，涂尔干把道德看作一个规范体系，自律行为即理智地服从和遵守道德规范（张崇脉，2002）。显然，涂尔干对社会道德教育的要求过于强调社会的权威性，而忽视了个体本身的自主性和创造力。尽管如此，社会道德教育思想对当下转型期中国农村社会个体道德素质的培养、道德人格的形成以及现代农村社会治理仍具有积极的意义。

在20世纪90年代初的林村，随着人民公社制度退出历史舞台，村民个体意识日益增强，乡村公共文化的消解以及公共空间的缺失使村落个体原子化的程度不断加深，村落社会陷入了道德危机。林菽这样描述当时的林村："村民完全不受（道德）约束，个人主义思想非常严重，整个村落风气很差。"村民精神生活的贫瘠导致村落社会风气的破败，林菽由此产生了复兴宋江阵文化，并通过宋江阵文化蕴含的道德理念和价值规范来提升村民道德素质、改善村落社会风气的想法。林菽从小习练武术和宋江阵，多年的习武经历让他从幼年到成年时期能够长期受到传统文化的熏陶，长期的道德内化过程对其道德品质和道德人格的形成产生了潜移默化的影响。个体在道德品质、道德行为、道德意志及道德影响力方面的综合素质是道德人格四个不同面向的体现。道德品质是在持续的道德行为中个体表现出来的稳定且持久的心理状态，道德行为是个体根据某种道德标准所做出的自觉自愿的选择。道德品质是在道德行为中培养形成的，道德品质的好与坏不能通过个体偶尔的道德行为下定论，而是要看其一系列的、连贯的、全方位的道德行为。在伦理学中，道德品质指的是个体的德行，道德品质不能脱离道德行为来判断其好与坏（白燕妮，2017）。道德意志是指个体通过自律精神进行道德实践（彭虹斌，2013），个体服从的是自我的意志（康德，2002）。道德人格培养是自律精神发挥作用的结果，道德在本质上以自律为基础（赵志毅，2012）。"个体道德行为的善恶与教育程度无关，关键在于人的自律精神。"（康德，2005）

道德认知、道德情感、道德意志、道德行为四个方面贯穿于个体道德人格形成的整个过程。其中，道德认知是前提，道德情感是动力，道德行为是基础，道德意志是必要条件。道德人格形成的前提是学习相关的道德知识，如对善的知识、道德理论、道德规范与原则等的了解和把握。道德情感是指个体面对社会道德现象的情绪体验，使人在追求崇高的事物与德行时能够做到爱憎分明（龙静云，2009）。道德认知需要在对道德规范的认同和理解的基础上，在实践中形成自律精神，养成道德意识。正如康德所言，"自律性是道德的唯一原则"（康德，2002）。林菽在多年习练武术和宋江阵的过程中，对宋江阵文化蕴含的忠孝仁义精神已经有了透彻的认识和了解，并树立了正确的道德观念和价值准则，对社会不良风气和道德现象充满正义感和责任感。长期的社会道德实践，使其磨炼了坚定的道德意志，养成了自律精神，在长期的道德内化过程中形成了优秀的个人道德品质和道德人格。在林菽看来，林村宋江阵文化传承数百年，先祖们尊老育人、敦亲睦邻等服务社会治理的感人事迹代代流传，在中国民族民间文化保护工程启动与社会主义新农村建设推行的双重契机下，复兴、传承宋江阵文化蕴含的忠孝仁义精神，将有助于增强村民的道德意识，改善村落的社会风气。

　　结合新时代发展要求，宋武会在以社会主义核心价值观为基本遵循的基础上将宋江阵文化精神作为村落新的社会道德规范。在新的社会道德规范下，宋武会成立了林村首支宋江阵队伍，为村民构建起可参与的公共文化生活；创建了"老人之家"，为村民搭建起孝亲文化道德实践的平台；发起了宋江阵进校园活动，提升学生的身体素质和道德品质；兴建了宋江阵民俗文化广场、闽台宋江阵博物馆、忠义广场等，为村民营造良好的道德学习环境和生活氛围。宋武会通过组织发起公益文化实践活动与构建公共文化空间的行动，将宋江阵文化精神融入文化实践公共空间之中，渗透到村民的日常行为生活当中。在宋武会公益精神的感召下，通过"老人之家"孝亲平台参与道德实践的家庭越来越多，自愿参与宋江阵习练的学生越来越多，支持子女参加宋江阵习练的家庭越来越多。通过宋武会构建的闽台宋江阵博物馆以及宋江阵民俗文化广场，村民对以武术为基础的宋江阵起源与发展、宋江阵展演过程、宋江阵文化传承的价值规范和道德精神，尤其是对"尊老育人、敦亲睦邻、解危救急、保乡卫民"十六字方针等有了较为深入的了解。中国儒家通过学、行、思三个方面培养个体道德品质。儒家的"学"即西方哲学中的道德认知，是个体道德品质和道德人格形成的必要条件。"行"是道德行为产生的原因和结果，也就是说，个体通过不断地参与道德教育和实践活动，将道德价值规范内化为个体道德，从而培养出个体的德行。"思"是指个体经常进行反省来提升自身的道德修养。由此可见，无论是从中国哲学还是从西方哲学的视角来看，个体道德品质和道德人格的形成都需要经历长期的道德内化过程，同时需要良好的外部条件和内在动力支撑。

　　个体道德人格形成的外部条件大致包含四个方面。一是被认可的社会道德规范。只有个体认同社会道德以及社会道德反映多数人的共同价值追求，才能让个体发自内心地遵循社会规范，进而努力达到个体与社会的和谐统一。二是道德教育方式的多样性。社会道德向个体道德的转化过程需要通过外在的道德教育来实现，因此，多元化的丰富的道德教育方式有利于道德内化过程的实现。

三是良好的人格示范作用。社会道德的传播者将社会道德内化为自己的行为准则，通过自身道德品行和人格魅力引导他人遵循社会道德。四是良好的道德学习和实践环境。社会要为个体道德的内化积极营造与所倡导的社会道德相协调的道德氛围和道德环境。研究会在进行同质性社会动员的过程中，为村落营造了良好的道德学习环境，搭建了道德学习和实践的平台。随着武协的成立，宋武会在进行异质性社会动员过程中，将武术和宋江阵推广至更多的中小学校，组织学生参加闽南地区和台湾地区的宋江阵交流展演活动以及各级各类武术比赛。在民间体育组织参与复合社会动员过程中，宋武会在林村宋江阵民俗文化广场举办一年一度的武林大会和宋江阵暑期公益班活动。可以看到，宋武会将以社会主义核心价值观为基本遵循的宋江阵文化精神作为村落新的社会道德，以当地人认可的文化来熏陶和培养当地人的精神气质，并通过构建各类道德文化学习和实践平台以及公共文化空间为村落个体提供了多元的道德教育方式和良好的道德环境。林菽正是将这一社会道德不断内化于心，最终形成了优秀的道德品质和道德人格，因而起到了良好的道德人格示范作用。由此可见，宋武会为村民个体道德的内化提供了优质的外在条件。然而，道德品质的形成不仅依赖于良好的外在条件，而且需要内在动力的支持。

具体来看，道德人格形成的内在动力源于三个方面。

一是个体的主体性道德意识。林村小学从宋江阵进校园到现在武术特色教育的开展，从一开始只有 20 多名学生参加训练到现在每个学生都参与其中。"文武双修、德才兼备"作为林村小学的特色办学理念，把以文育人和以武塑人相结合，培养学生能吃苦、讲责任、敢担当的精神。有些学生不仅平时在学校参加武术训练，还会参加暑期公益班、周末精英班以及赛前的集体训练。尽管训练任务比较重，但学生许怡儿表示："课业和练武没有冲突，我会在完成课业的情况下用课余时间练武，增强自己的身体素质。我练武之后身体素质比以前好了很多，就更想练了，之前跑 800 米的时候离满分差一大截，现在练武之后超满分一大截了，练武之后人也更自信，更上进。现在我也更喜欢参加集体训练和交流活动，感觉自己更能承担起责任了。"许小航也认为："虽然在习武过程中会遇到困难，但是我从没想过要放弃。习武这么久我最大的收获就是学会了尊重和团结别人，交到了很多朋友，还会更珍惜粮食。我希望将来可以改正以前的不足，多学点东西，让自己做得更好。"学生家长也表示："孩子们确实很能吃苦，不会比大人差。我经常去接他们，看他们练武术，特别是夏天，每天满头大汗，真的很累，一天要跑好几公里。有些孩子练几天就想退出，但听到教练鼓励，又能坚持下来。现在都是小孩自己想练，到现在都坚持好几年了。"个体的道德动力是心理上主动同化经验的结果，并非从感觉经验中学习而来（Kohlberg，1984）。个体在与社会道德环境的交互过程中积极适应并逐步建立起道德主体意识，由"要我学"变成"我要学"，同时主动将道德意识转化为道德行为与习惯，从而实现更高层次的道德内化过程。

二是个体道德移情能力。人们通常将彼此之间的情感互动称为"移情"。移情方式包括两种：一种是以自己的情感感染对方，另一种是真实体验对方的情绪情感。人们经常会因他人的悲伤而感伤，这是显而易见的事实，人们通过"想象"能够产生这种情感。在移情心理的影响下，他人困境或社会道德缺失等现象容易引起个体的关注并激发个体道德情感，使个体产生对他人积极行动的义务感和责任感。事实上，研究会最初创办"老人之家"正是缘于林菽在村里看到老人坐在家门口独自伤心的场景，由此联想到村里还有其他老人也存在这样的问题，甚至想到老人缺的不是一天三顿饭，而是陪伴。这种想象激发了他的责任感和道德感，于是研究会产生了为村落 70 岁以上老人免费提供一日三餐，同时为老人构建日常精神生活空间的想法。以林菽为核心的宋武会负责"老人之家"的整体运营经费，出资兴建宋江阵民俗文化广场，组建宋江阵队伍，发起宋江阵进校园活动，举办暑期公益班和武林大会等一系列公益活动，都被村民看在眼里、记在心上。比如，"林会长对自己的要求很高，他看到地上有烟头会捡起来，我们刚开始看到的时候会觉得有点奇怪，后来慢慢也受他的影响。"（林晓玲，村民）"我在'老人之家'义务工作十个年头了，我就是作为亲人一样陪伴他们，他们把我当成孙女看待，也特别信任我，就像林会长希望把'老人之家'一直办下去一样，这份工作我也会一直做下去，因为这对我来说是很有意义的一件事情。"（黄小美，"老人之家"法人代表）个体道德移情能力越强，道德敏感性越强。情感互动使个体真实体验对方的情感，同时给予对方理解和帮助，反过来，对方也会给予自己积极正向的评价，这种评价会让个体产生自豪感和满足感。这种良好的感受有利于个体道德行为的延续，进而使其形成优秀的道德品质。

三是个体的道德自律能力。"以前到'老人之家'捐赠和义务帮扶的人大都是村里或附近村的村民。后来村里举办武林大会、宋江阵暑期实践班，小美也经常把老人的日常生活以及'老人之家'的点点滴滴记录在朋友圈里。朋友圈具有很好的传播效应，能够引发人们的关注和想象，同时激发人们更进一步了解'老人之家'的想法。现在越来越多村外的人有更多的机会了解'老人之家'，来捐赠、帮扶以及做义工的人也多了起来。学校的、公司的、银行的、企业的，各行各业的都有，主要还是人们对'老人之家'孝亲公益平台认可，而这归根到底还是在于林会长对宋江阵忠孝精神的传承和对公益事业的奉献和坚持。"（林阿伯，"老人之家"膳食采购员）个体的自律精神需要坚定的道德意志来成就，个体的道德意志包括道德行为动机产生和确定、动机执行两个阶段，只有利己与利他统一道德动机战胜单纯利己的欲望和动机，个体的道德意志才会更强。尽管村民一直认为"老人之家"现在越办越好是因为林会长对林村公益事业的坚持，但是事实上村民林阿伯自"老人之家"建立的第一天开始就义务负责采购和配菜等工作，至今已经工作10年有余。个体不具备道德认识就不可能有相应的美德，认识是行为的前提，个体的需要才是行为的动力。道德信仰是个体对某一道德内涵及其目标的信服和崇拜（李德顺，1995），即对自己所信仰的道德规范和美德的深切肯定，在面对困难和他人不认可时仍然坚持自己的选择，进而在不断的社会道德实践中将对道德的认识上升至信仰的过程。由此可见，高层次的善的道德动机坚定了个体的道德信仰，培养了个体坚强的道德意志和自律的道德精神，并在道德内化过程中形成了个体的道德品质和道德人格。

三　村落个体公共精神的成长

在中国传统社会中，以血缘宗族为特质的家族伦理塑造出家庭本位的生活制度，人们以"己"为中心，只注重核心家庭利益而不顾社会利益的心理是一种扩大的自私心理（林语堂，2012）。中国传统社会"以己为中心"的家庭本位思想引发了人们对公共精神的思考，"公德缺失是社会的突出问题，群体与国家的建立都需要以公德为基础"。然而，传统社会是否缺乏公共精神，还是要在传统制度和文化构成的背景中来考察。人们大多认为传统乡村是"皇权不下县"，因而依靠乡绅伦理作为规范对宗族进行自治（秦晖，2003）。在传统社会中，乡绅和乡贤都是社会自治的重要力量，两者之间有相似之处但也存在一定区别。"贤"意味着以道德为先，乡贤通常是指道德高尚者，与经济是否富足无关，即使家财万贯而道德达不到标准也只能被称为乡绅（任九光，2016）。"皇权不下县"的间接统治为乡贤和乡绅参与公共事务的协商、讨论和决策提供了较大的空间，同时勇于承担社会责任、甘于奉献的道德精神是乡贤进行社会治理的道德基础。新中国成立以来，国家通过人民公社制度将农民重新组织起来，这一时期的无私奉献精神是农民个体意识在国家层面的高度统一，"红旗渠"工程就是这一时期农民公共精神的实践。改革开放以来，以社会责任和利益为重的公共精神逐渐消解，农民转而更加注重家庭核心利益和个体利益。为解决农村社会发展过程中出现的各种矛盾，21世纪初，国家推行社会主义新农村建设，不仅加强农村公共设施的改善，加大公共服务的供给力度，推动优秀传统文化的传承，也鼓励乡村公共精神的培育。众多学者开始关注农村基层社会治理尤其是农村公共性问题，如公共精神构建等成为学界关注的焦点。

"公共精神"源于西方政治哲学，是西方国家用于解释国家变迁等相关议题的重要概念（凌烨丽、李浩昇，2019）。阿伦特（2009）认为，"公共"意味着最大限度的公开性和共聚性。哈贝马斯（1999）指出，"公共性"仿造了过去公共领域的神圣性。帕特南（2001）通过对意大利不同地区公民生活的经验讨论，发现"公共精神是以公民和社会的价值利益为导向的"，登哈特和登哈特（2010）将其定义为"公民以集体利益为先参与到公共事务中来"。从国内研究来看，公共精神是指"社会成员遵守并执行相应的公共道德规范"（袁祖社，2006），"不以个人利益为目的参与公共事务"（韩玉芳，2012）。随着中国农村社会逐步走向现代化，塑造具有中国社会主义特色的农民公共精神，对美丽乡村建设以及乡村全面振兴同样具有极其重要的理论和实践意义。有学者认为，乡土社会培育的乡村公共精神表现为村民以村落集体利益为先，积极参与村庄公共事务并对村落共同体具有强烈的责任感（王丽，2012）。另有学者强调，传统社会中将公共利益据为己有的情况屡见不鲜（费孝通，1998），现代农村公共精神的培养需要将传统共同体意识与现代相结合。还有学者认为，广义的农民公共精神应该包括集体主义、先公后私等道德品质（凌烨丽、李浩昇，2019）。

公共精神的根本特性在于公共性指向。与个人道德相比，公共精神体现在人们对社会基本价值观的认同和对公共规范的遵守之中，是从脱离狭隘的私人领域的层面上谈对政治与社会领域公共事物的参与，也是个体在思想上走向成熟的标志。因此，从个人道德的构建到公共精神的成长，体现的是公民在公共生活领域以自身特定的思维和行动参与交往与合作、认同现有的道德规范和行为准则，并且把个人道德转化为社会良知的过程。从实践方面来看，林村民间体育组织参与村落内部同质性社会动员到村落间异质性社会动员再到同质性社会动员的过程，体现了村民公共精神重塑的整个过程。总的来说，林村村民公共精神的成长离不开"新乡贤"的引领作用，以"新乡贤"为核心的民间体育组织动员村民参与公共文化生活并重建村落内部的社会网络。"新乡贤"被看作热心故乡公益事业的复合型精英群体。有学者认为，具有创业经验以及现代化全局视野是新时代乡贤的最大特征（王先明，2014）。因此，充分发挥新乡贤在乡村振兴中的引领作用，构建与现代社会发展相适应的道德规范体系，推进乡村精神文明建设（胡鹏辉、高继波，2017），既是获得村民个体认同的社会基础，也是现代乡村社会道德价值理念的必然要求（姜方炳，2018）。

2019 年底，厦门市开启了首届"新乡贤"推选活动，目的在于树立一众德高望重、诚信明礼、孝善齐家、凝聚人心的乡村典范，通过"新乡贤"的示范带头作用，推动乡风文明建设，提升农民的道德文明素质。2020 年 1 月，"新乡贤"推选活动落下帷幕，最终 10 位优秀人士获得"新乡贤"荣誉称号，林菽便是其中之一。作为企业家、慈善家以及宋江阵文化的传承人，林菽不仅热心林村的公益事业，而且热衷于社会教育进步和两岸宋江阵文化传承等公益事业，为村落治理和社会发展做出了积极贡献。在区政府的动员下，林菽凭借自身对宋江阵文化的情怀扛起了复兴宋江阵文化的大旗，通过组织村民参与宋江阵队伍，与外界进行宋江阵交流，培养村民的集体意识和责任感。

为更好地传承宋江阵文化，以林菽为核心的研究会成立。研究会秉承宋江阵文化忠孝仁义的价值理念，为村落内部 70 岁以上的老人创办"老人之家"。为培养村落的年轻一代，研究会将宋江阵推广至校园，并在村落内部兴建众多含有宋江阵文化元素的公共空间。如果说村落公共空间为村民营造了个体道德水平提升的文化理论平台，那么"老人之家"和校园为个体搭建了道德水平提升的实践平台。一方面，学生家长相互之间增进了交流，体会到对孩子的责任和对社会的责任；另一方面，老人体会到研究会为村落公益事业投入的巨大精力，同时老人的子女感受到研究会的社会责任感。在研究会的感召下，村民或积极参与学校举行的与宋江阵相关的活动，或参与"老人之家"的义工活动，既给予物质方面的帮扶，也给予精神方面的照顾，为老人们的幸福生活贡献自己的一分力量。村民们在研究会的带领下将关注核心家庭的"己"扩展到"人"，由个体利益转向村落集体利益。村民的公共精神在日常参与的公共文化生活中逐步得到培养，村落内部社会网络逐步形成。

通过长期参与村落的道德文化实践活动，村民的参与意识和集体意识不断加强，同时，村民的归属感、认同感得到提升。在需要对个人利益与集体利益做出选择之时，村民通常会以村落的集体利益为先。涂尔干认为，从道德视角来看，集体意识是完全内在化的社会事实，在纯粹观念意义上具有一种心理力量，可以传递并扩散到个体意识之中并引导个体的行为取向（渠敬东，2017）。比如，有村民说道："去年武林大会开幕式，我是迎宾队打大鼓的。本来那天我是要上班的，但是想到村里这么大的活动正好需要我，我就向工厂请了假，到武林大会这边来帮忙。"（林丽丽，村民，2018 年 10 月 1 日）核心家庭在享受村落集体利益的同时，也是核心家庭成员个体道德构建的过程，即个体被内化成知性的人，知性的个体能在个体利益与公共利益发生冲突时选择以集体利益为重。因此，当林村举办武林大会时，大部分村民前来义务帮忙也就不难理解了。

此外，村民集体意识的重塑不仅存在于道德内化的过程当中，还可以形成道德规范，从外部对个体的行为做出规定（渠敬东，2017）。

> 文化广场刚建好，林会长就请我到这边来了。宋武会为村里的发展做出了很大的贡献，是我们村的标杆。所以，我会尽我的能力向外面的嘉宾、朋友们介绍我们村的宋江阵文化，让大家通过历史文化来了解我们村。（林宣传，"老人之家"管委会主任兼闽台宋江阵博物馆馆长）

拥有公共精神的人总是以社会利益为先，个体利益为后。村民通过与异质性社会组织共同参与村落公共文化集体活动，在实际行动中积极承担社会责任并以集体利益为先的责任感，服务于现代村落社会治理，这既是现代农民公共精神培育的重要途径，也是乡村实现全面振兴的必由之路。

第四节　村落走向新的社会团结

一　个体意识与集体意识的统一

涂尔干（2000）指出，人群结合方式的改变伴随着社会结构的变化，因而必然会存在与机械团结和有机团结相对应的社会结构类型。一开始机械团结能够"独当一面"，但分工的出现逐渐替代了集体意识的作用，分工的扩展使个体之间建立起相互依赖的关系，现代社会的整合以分工为基础，机械团结的瓦解意味着有机团结的建立，社会分工展现出人们所确定的道德特征，由此分工成为联系个体与社会之间的纽带，变成了社会团结和道德秩序的基础，同时个人的人格随着分工一起发展起来。在涂尔干（2000）看来，道德规范具有调节人际关系的作用，凡是以集体利益为重的行动都被认为是道德活动，因为以集体利益为先的行动容易把个体和社会紧密地联系在一起，从而把独立的个体变成一个具有凝聚力的社会团体。道德将个体与社会联系得越紧密，说明道德本身越牢固，越有利于社会秩序的稳定。涂尔干这里所指的道德，是一种整体观意义上的维系良好社会秩序的社会道德。

涂尔干（2000）认为，社会失范的根源主要包含两个方面：一方面，传统社会道德规范和价值理念失去了生存的土壤，而与现代工业社会发展相一致的伦理道德规范体系尚未形成；另一方面，社会分工不断扩展以及个体异质性日益增强，导致个人主义和利己主义膨胀以及社会矛盾突出等问题层出不穷。面对现代社会集体意识的缺位和个人人格的发展，涂尔干将个人人格与社会团结的关系作为社会秩序问题研究的起点。毕竟，社会想要维持稳定有序的状态，必须重建个体与社会的结合方式，构筑一种个体人格发展基础上的团结状态，从而改善衰败的社会与各自为政的原子个体。社会要通过发展个体道德教育来避免功利个人主义，让现代社会中的个体以自律为前提在自由的个性与约束的道德之间找到平衡。此外，建立一种与以社会分工为基础的社会类型相适应的社会道德体系，发挥社会道德调节人际关系的作用，可以使以社会分工为基础的相互依赖的各个部分能够有机地整合在一起（罗春洪，2016）。

在涂尔干看来，社会是超越个体而存在的。然而，在社会变化的特定情境下，个体意识及其在社会失范这一事实中所扮演的角色是不容忽视的。事实上，在涂尔干看来，个体意识与集体意识并不是完全对立的，现代社会中的有机团结促使个体意识的产生与发展，因而个体的发展变成了个体化与社会化的双向过程：在个体化过程中，具有自主性的个体实现了对自身行动做出决定的能力；而在社会化过程中，个体通过学习纪律、规范等社会道德，获得了自我规定和自我控制的道德实践能力（渠敬东，2017）。因此，在社会常态下，社会与个体始终是相互统一的，社会为个体提供生存的基础，塑造和尊重社会道德的权威，确保社会道德规范的调节作用能够稳定发挥，进而维护和实现社会的稳定；个体则通过道德社会化过程，也即个体道德的内化过程，使道德内化于心、外化于行。

《社会分工论》一书以西方经济社会发展为背景，从道德的视角来思考和探讨社会秩序的问题，也可以说是个人人格与社会团结的问题。从现实来看，以上问题引发的思考，对当下处于社会转型中的中国基层社会治理具有重要的理论意义。受到市场经济洗礼的现代农村社会已经不再是传统的熟人社会，人们的社会关系不再局限于出生的那片土地。相比于传统社会，现代社会的经济、文化、生活更加丰富多元，人们的价值观念、价值取向也朝着多样性发展，导致农村社会陷入道德危机。乡风文明是我国社会主义新农村建设、美丽乡村建设以及乡村振兴战略实施的目标要求。因此，完善和发扬优秀的传统文化，提高农民的文化道德素养并树立社会主义核心价值观，是乡村实现乡风文明的重要举措和途径（郭剑平等，2017）。

党的十八大报告对社会主义核心价值观进行了详细的论述，其主要内容包括倡导"富强、民主、文明、和谐"，倡导"自由、平等、公正、法治"，倡导"爱国、敬业、诚信、友善"。三个

"倡导"依次从国家、社会、个人层面凝练出价值共识。中华优秀传统文化既是中华民族的精神命脉，也是社会主义核心价值观的思想源泉。宋武会从宋江阵文化中提炼出"尊老育人、敦亲睦邻、解危救急、保乡卫民"十六字方针和"重修养、担责任、讲奉献"的价值理念，既注重孝亲文化，也强调家国情怀，突出个人责任。其倡导的价值观念与社会主义核心价值观相一致，都根植于中华民族优秀的传统文化。由此可见，完善和发扬优秀传统文化，传承优秀传统文化的道德精神，需要结合时代发展需要，对传统文化蕴含的道德规范和价值观念进行重塑、转化和创新，从传统文化道德精神中提炼出与现代社会主义核心价值观相适应、得到村民个体认可又符合村落集体利益的社会道德规范。林村乡风文明建设将优秀传统文化蕴含的精神内涵和价值观念作为村落社会道德的基础。在村落社会道德规范的约束下，通过参与道德教育实践活动，村民个体将村落社会道德内化为个体道德，进而提升个体的道德水平，形成良好的道德品质和道德人格。林村社会道德的建立和个体道德人格的形成，既反映了社会道德与个体道德的同一性，又体现了个体意识与集体意识的统一性。

二　村落间有机团结的实现

涂尔干把社会结构区分为机械团结和有机团结两种类型，并认为机械团结社会的凝聚力建立在相似性基础上，同时把由同质性的个体构成的人群结构称为群居社会。某一群人因丧失独立性而投奔到另一更大群体当中并作为更大群体当中的一部分时被称为氏族，由众多氏族共同组成的团体被称为"环节社会"。之所以把这种社会称为环节的，是因为它是由许多类似的群体组成的，如同环节虫一般。之所以将群落称为氏族，是因为各个成员都把对方当成自己的亲属，成员之间大多数都有血缘关系，从血缘中产生的亲和力是氏族形成的主要力量。这种由彼此相似的同质环节共同构成的体系，便是涂尔干设想的机械团结的社会结构（涂尔干，2000）。

然而，随着社会的不断发展，环节社会中的部分成员之间的关系已经超越了血缘关系，各个环节也不再是同质性的家族群落，只不过是地理意义上的居住区罢了。随着环节组织日益败落，机械团结已经逐渐失势，一种新的有机团结开始逐步取代原有的社会类型。不同于机械团结，有机团结是由异质性机构组成的系统，其中每个机构又包括具有专门职能的组成部分，各个机构相互协调又相互制约。随着机械团结的瓦解，逐渐摆脱混沌状态且占据主导地位的有机团结迅速确立起来，建立在职业基础上的法人团体、职业群体、次级群体开始出现。关于法人团体的产生，涂尔干在《社会分工论》一书的第二版序言（1902）中有所说明，即"贸易与城镇直接或间接地发生着关系，一部分人开始背井离乡，脱离开原来的家庭组织，这就确立了一种新的行为方式，为使这一行为继续存在下去，就必须创造一种新的次级群体来匹配这种行为，于是法人团体应运而生"（涂尔干，2000）。

随着社会分工越来越细，传统社会中个体直接面对国家的社会结构模式转变为以次级群体为中介联结个体与国家的结构模式。在涂尔干看来，道德与宗教最初是紧密相连的，社会分工导致道德的自主性逐步显现出来，尤其是传统社会向现代社会转型时，传统道德的约束和规范作用日益衰退，机械团结逐渐瓦解。因此，涂尔干提出"我们要摆脱宗教的束缚，去寻找那些被宗教掩盖的道德实质，换言之，就是找到承载着最根本道德观念的替代者"（涂尔干，2006b）。由于次级群体能够规范并约束个体的道德生活，涂尔干（2000）希望建立法人团体、职业群体等次级群体。在高度分化的社会中，人群结合的方式已经超越了地缘和血缘的关系，因而次级群体成为道德生活的另一来源。职业群体自身所具备的道德属性有利于调节个体与社会之间的关系，职业群体培养的认同感有助于增强个体的集体意识，而个体道德社会化的过程也可以依靠职业群体来实现（涂尔干，2006b）。由于社会中的职业群体、法人团体等次级群体在生成与发展过程中始终是与规范和道德相伴随的，它们能够作为有机团结的承载者见证有机团结的形成。

次级群体既是个人与国家之间的桥梁，也与国家相互制约以实现个人的自由发展。次级群体的庇护使个人得以摆脱国家的控制，国家的存在避免次级群体内部的团结蜕化为传统社会的机械团结（高丙中，2006）。随着社会不断分化，以社会分工为基础构建的有机团结类型得以实现，作为国家与个人之间的中间层次，越来越多的个体被吸纳到职业群体等各式各样的组织中。近年来，我国行政管理体制发生了重大转变，国家治理不再以政府为中心，而是构建起以政府为主导，社会组织、广大群众等社会力量共同参与的新格局。政府职能转变在促使民间组织不断发展壮大的同时，为其参与社会事务让渡了更大的空间。随着民间组织的蓬勃发展，无论是在城市还是在农村，无论是专家人士还是普通个体，都可以选择加入社团体验自愿团体的组织生活。由此可见，个体根据自己的喜好和意愿加入各类社会组织已成为一种普遍的社会现象。个体与个体、个体与组织建立起相互依赖的紧密联系，从个人出发讨论的社会分化中较为初级的有机团结得以实现。

随着社会分化程度的不断加深，涂尔干越来越充分地认识到，道德的产生以组织性因素为载体，并内在于具体的社会组织和制度当中，倘若组织性因素缺乏，道德的产生也就失去了源泉。有学者受莫斯"总体的社会事实"的启发，提出"总体的社会组织"这一概念，并将职业群体看作位于社会中间层次的一种"总体的社会组织"。由此来看，涂尔干关于在国家与个人之间发展职业群体的设想，是从个人视角出发的一种狭义理解（肖瑛，2008）。真正的广义上的社会中间团体，应该是指除职业群体以外的处在社会中间层次的各种各样的社会组织（姚俊，2014）。

党的十八大以来，社会组织数量不断增加，标志着社会由政府单一管理的格局已经被打破，横向的平行关系逐渐在社会治理过程中发挥重要作用，作为社会中间团体的横向社会组织之间的合作也必然会增多。这种组织之间横向相互依赖关系的建立，是现代社会在更高层次上实现的有机团结。倘若更多的组织或团体能够与其他异质性组织进行合作，则有利于在更大范围内实现更广泛的有机团结。如果农村民间组织与城乡的各类组织能够有更多交流的机会，就能够建立起更加密切的横向合作联系，并建立起一个更具社会活力的有机团结社会（高丙中，2006）。社会组织合作应该包括组织之间、组织与其他部门或团体之间的合作，各组织在合作产生之前是独立的，通过长期持久的合作建立起互惠关系。更广泛的有机团结实现就是要在组织与组织、组织与团体之间的合作过程中建立互惠关系，进而结成稳固的相互信任关系，在互惠和信任的基础上保持持久的合作，这样的循环路径为有机团结的形成奠定了基础。

从林村来看，宋武会在进行异质性社会动员的过程中，主动拜访宋江阵团体与全国各地的武术组织。通过频繁而深入的沟通和交流，宋武会与闽南地区和台湾地区的宋江阵团体以及各地的武术组织之间建立起自愿的合作关系，建立起积极主动的信任关系，组织间形成互惠规范。组织与组织、组织与团体之间通过合作形成的异质性社会参与网络，以及相互合作形成的互惠关系，有利于相互之间再次开展合作；组织与组织、组织与团体之间的再次合作又能够促使双方的信任程度进一步加深，建立起相互依赖的社会关系，使异质性社会资本不断增加。宋武会通过举办武林大会，在宋江阵民俗文化广场实现同质性社会资本与异质性社会资本共构，同质性个体、组织与异质性个体、组织在公共领域进行互动交流，相互之间遵守共同的道德规范，在积极主动的基础上建立起更加开放的信任关系。随着一年一度武林大会的举办，参与活动的异质性社会组织和团体越来越多，参与机构的性质也越来越多元化。每年国庆节参加比赛的组织和团体不仅包括宋江阵展演队伍、武术比赛队伍、舞龙舞狮表演队伍、开幕式迎宾和表演队伍，还包括参加宋江阵学术研讨会的文化研究机构、高校科研机构、社区志愿者团队以及书法展演队伍等。武林大会活动举办多年，影响力越来越大，知名度也越来越高，宋江阵已经成为林村对外交流的一张名片。在武林大会举办期间，传承宋江阵文化道德精神的"老人之家"、闽台宋江阵博物馆以及宋江阵民俗文化广场都是村民观看武林大会之余的"打卡"之地。

由于宋武会传承的宋江阵孝亲文化、忠义文化等道德规范和价值观念与当代社会核心价值观一致，有高校开始与宋武会开展思想政治实践合作，另有高校聘请林会长担任社会实践导师。总之，宋武会依托宋江阵及其文化精神，与横向异质性组织共同举办民间体育赛事，在长期的合作过程中，与异质性个体、组织及团体之间建立起相互依赖的紧密联系，由此实现了村落间的有机团结。随着异质性社会组织及团体的不断增加，一个更加广泛、更具活力的有机团结社会正在形成。可以看到，卢曼根据涂尔干相关论述提炼出的"社会—集体性—团结—道德—规范"的概念链条，在林村民间体育组织参与社会动员的实践中得以验证。民间体育组织不仅与异质性组织、团体、机构、部门之间的合作实现了村落间的有机团结，而且与更多异质性社会组织及团体建立起更广泛的有机团结社会，这在一定程度上体现了抽象层次上的社会团结的意义。

三　村落走向有机团结之上的机械团结

"村治序，乡风纯，和谐社会；产业兴，生态美，惬意生活"，林村牌坊两旁的对联既体现了宋武会以宋江阵文化精神为载体，通过乡村振兴动员实现村落道德秩序"乡风文明、治理有效"的目标，也反映了村民对美好生活的向往及对村落走向善治的追求。自 2009 年林村复兴宋江阵文化以来，宋武会依托宋江阵文化实践所进行的道德化、组织化以及创建社会中间团体的努力，促使林村与异质性社会之间形成有机团结，也为村落建立起新的社会道德。宋武会通过同质性社会动员将新的社会道德内化于个体，实现了村落个体道德和组织内部道德的构建；通过异质性社会动员，实现了组织间道德构建；通过复合社会动员，村落个体道德得到强化，在此基础上个体道德品质和道德人格得以形成，村落凝聚起新的集体意识，并在有机团结的基础上走向了更高层次的机械团结。这里所说的更高层次的机械团结，与涂尔干意义上的机械团结既有联系又有区别：一方面，它具有涂尔干意义上机械团结的集体意识；另一方面，它超越了涂尔干机械团结的单一性、同质性、封闭性等特征。随着社会不断分化，涂尔干意义上的机械团结很难与现代社会发展相适应而继续维系下去，因而村落开始寻求与外部的交流与合作，通过与村落外部异质性组织和团体建立新的联系，进而形成新的社会团结，这种新的社会团结即有机团结。更高层次的机械团结的形成正是以有机团结为基础的，这种有机团结并不排斥更高层次机械团结的存在，相反，村落间有机团结的实现不仅推动整个社会动员能力的不断提升，还使村落内部凝聚力得到进一步的增强。

事实上，从林村机械团结瓦解至村落间有机团结实现的过程还存在一个混沌的过渡期。在村落由有机团结走向更高层次的机械团结过程中，这种机械团结已经不是传统意义上的机械团结，而是愿意与异质性组织进行联系的机械团结，有机团结与更高层次的机械团结相互促进。换句话说，这不仅仅是形成了更高层次的机械团结，而是使整个社会形成了有机团结，无论是同质性社会还是异质性社会的联系都越来越紧密。在政府行政动员与民间体育组织参与社会动员的双重动员结构模式下，村落发挥自身文化特色优势，建立起以遵循社会主义核心价值观的宋江阵文化精神为基础的新的社会道德规范，并将其内化于村民个体，使村民的文化道德素质不断提升，社会风气得以转变，村落道德秩序得以重构，村落精神文明建设取得成效，社会秩序日益和谐稳定。民间体育组织长期参与社会动员形成有机团结，组织之间的相互合作有利于发挥社会稳定器的作用，从而极大地节约了国家对基层社会治理的成本。从林村社会团结形态的转变过程来看，村落经历了机械团结瓦解到有机团结实现再走向有机团结基础之上的机械团结的过程。

值得注意的是，村落间形成的有机团结社会是动态发展的。随着宋江阵文化实践活动内容的不断拓展、影响力的日益扩大，民间体育参与异质性社会动员，与越来越多的异质性组织合作，村落间构建起更广泛的有机团结，村落社会逐步走向基于有机团结之上的更高层次的机械团结，如此循环往复。随着林村举办活动的经验越来越丰富，首届"女儿节"活动在宋武会与村委会、宗亲会的共同策划下于2017年正月初二正式亮相。大年初二回娘家是闽南的传统习俗，并一直流传至今。尽管交通便利，但是女儿们也因为家庭等各种原因不能常回家看望和陪伴父母。林村借助"女儿节"活动，邀请林村的女儿及其家人在传统节日回家与父母亲人团聚，一方面倡导村民弘扬敬老孝亲的传统，另一方面倡导家庭和谐、邻里和睦，提升村民的幸福感。首届"女儿节"活动得到了村民的积极响应，并赢得了大多数村民的认可。

然而，由于并非所有村落都举办"女儿节"活动，村里的儿媳心里感受到些许失落。听到这样的反馈后，活动组织者转变思路，将"女儿都是宝，天下父母好"作为第二届"女儿节"活动的主题，不仅邀请林村的女儿及其家人共叙亲情，也邀请儿媳及其家人共同参与其中。前来参加活动的家人们齐聚宋江阵民俗文化广场，亲人们共聚一堂享受难得的亲情时光。活动组织者不仅为村民准备了精彩的传统节目表演，还在表演活动间隙为村落评选出的"宗贤敬老、忠孝传家"家庭颁发牌匾和奖金，并对林村取得优秀成绩的学子进行表彰，使林村因"女儿节"活动的举办而熠熠生辉。随着林村"女儿节"活动的举办，越来越多的异质性个体、组织参与活动，由此吸引了邻村村民、地方媒体、当地政府等社会各界的关注。村落内部在与外部构建起更加广泛的有机团结的基础上正走向村落内部的有机团结。整体来看，林村民间体育组织参与乡村振兴动员的过程不仅是村落社会团结形态转变的过程，也是村落道德秩序重构的过程。林村民间体育组织通过系列宋江阵文化实践动员多元主体参与村落社会治理，共同推动了村落道德秩序的改善，并朝着乡村振兴提出的"产业兴旺、生态宜居、乡风文明、治理有效"的善治目标前进。

第六章 余 论

第一节 研究结论

本书对林村民间体育组织参与乡村振兴动员的过程展开田野调查，基于社会团结理论的分析视角，提出了基于经验问题之上的理论问题：在民间体育组织进行乡村振兴动员的过程中，村落社会从同质性社会动员的机械团结到异质性社会动员的有机团结的动态过程为何？它们之间是否存在一个过渡的社会团结形态？当民间体育组织进行异质性社会动员后，原来基于熟人社会的村落内部的同质性社会动员是否必然消亡，抑或是与异质性社会动员共存？林村民间体育组织参与乡村振兴动员的逻辑与机制又是什么？通过对民间体育组织参与社会动员过程的描述，本书分析了民间体育组织参与社会动员重构道德秩序的逻辑与机制，并阐述了林村社会团结形态伴随乡村振兴动员过程的复杂转变。在具体的研究基础上，本书得出以下结论。

第一，林村民间体育组织参与社会动员经历了从同质性社会动员到异质性社会动员再到复合社会动员的过程，这一过程伴随着村落社会团结形态的转变。民间体育组织参与同质性社会动员促使村落内部形成机械团结，民间体育组织参与异质性社会动员促使村落间形成有机团结，民间体育组织参与复合社会动员促使村落内部走向基于有机团结之上的更高层次的机械团结。

第二，民间体育组织参与同质性社会动员重构了个体道德，参与异质性社会动员构建了组织间道德，参与社会复合动员强化了个体道德，村落内部亦凝聚起以新的社会道德为基础的集体意识。因此，村落新的社会道德确立、个体道德重构以及村落集体意识重塑是林村道德秩序重构的内在逻辑。

第三，林村民间体育组织通过同质性社会动员和异质性社会动员为村落积累了丰富的同质性社会资本和异质性社会资本，通过长期的复合社会动员促使村落同质性社会资本和异质性社会资本不断增加，村落内部与村落间建立起紧密的社会参与网络，同时村落内部的社会凝聚力得到进一步增强。由此可见，积累同质性社会资本与异质性社会资本有利于强化村落内部的社会关系网络，是林村民间体育组织重构村落道德秩序的重要内在机制。

此外，本书基于前人研究得出两点不同的结论。一是与前人线性思考社会动员得出的结论不同，林村民间体育组织参与社会动员的过程并非以机械团结和有机团结二元存在，由机械团结向有机团结的转换也并不是突变式进行的，其间还存在一个混沌状态的过渡阶段。这个阶段大体可以对应改革开放后因人民公社制度淡出历史舞台村落机械团结瓦解，至市场经济深入前村落内部机械团结尚未建立的这一段时期。二是与涂尔干认为现代社会异质性社会动员形成有机团结的认识不同，在民间体育组织举办赛事进行异质性社会动员的同时，村落内部在进行同质性社会动员，从而形成了同质性社会动员与异质性社会动员共存的局面，并进一步巩固了同质性社会动员。

第二节　进一步的讨论

改革开放以来的中国农村社会正处于由传统迈向现代的转型期。从涂尔干的社会团结理论来看，1958～1978 年的农村社会对应着涂尔干意义上的机械团结；改革开放意味着农村社会机械团结瓦解；20 世纪 80 年代初期至 20 世纪末期，农村社会秩序处于混沌的过渡阶段。为应对农村日益突出的社会危机，国家加大对"三农"问题的重视力度，于 2005 年开始陆续推行社会主义新农村建设、美丽乡村建设、乡村振兴等国家战略措施，旨在推动农村社会高质量发展和全面振兴。然而，乡村的全面振兴离不开基层社会的有效治理。党的十六大以来，党中央关于社会管理创新的探索及在此过程中形成的基本经验，为社会治理命题的形成与提出奠定了基础。党的十八届三中全会正式提出"社会治理"一词，体现了我国政府职能由社会管理向社会治理的正式转变。本书将林村民间体育组织参与乡村振兴动员的微观个案与迈向现代化的中国乡村治理相结合，旨在为乡村振兴提供来自体育领域的理论借鉴和实践支持。尽管林村在宗族聚落、信仰特质、经济生活等方面并不一定能通约到其他村落，但在当前乡村振兴的背景下，民间体育组织以富含地方性知识的传统体育为载体进行乡村振兴，达至"乡风文明、治理有效"的善治目标，则在一定程度上是可以通约的。

党的十八大以来，党中央从社会建设和社会发展的全局出发，把加强和创新社会治理放在重要地位。党的十九届五中全会再次强调，要加强和创新社会治理，完善社区服务功能。从全面建设社会主义现代化国家的新起点来看，创新社会治理任重而道远。如果说党和人民群众的奋发图强是"因"，社会进步是"果"，那么社会动员就是促因得果的因子。有效把握社会动员的实质和影响力，有利于社会治理体制的创新。社会动员是创新社会治理不可或缺的重要方法和途径。乡村治理既是乡村走向善治的前提，也是国家治理在基层中的效能彰显（王杰、曹兹纲，2021）。推进国家治理体系和治理能力现代化是我国深化改革的总目标，在此基础上，党中央在十九届四中全会上对坚持集中统一领导、坚持全国一盘棋、坚持人民当家做主、凝聚思想共识、聚天下英才等国家制度和国家治理体系的 13 个方面显著优势的总结，深刻阐明了我国国家制度与国家治理体系和治理能力之间的关系。

在社会主义现代化发展进程中，党的社会主义事业总体布局从"三位一体""四位一体"到党的十八大扩展为政治、经济、文化、社会、生态"五位一体"，其中"三农"问题始终是党中央关注的焦点，从社会主义新农村建设到美丽乡村建设再到乡村振兴战略的实施，无不体现了国家对"三农"问题的高度重视。乡村振兴战略的实施是国家"五位一体"总体布局在"三农"领域的具体体现，因此，乡村全面振兴需要把农村政治、经济、文化、社会、生态文明建设作为一个有机整体来看待，并且我们要清晰地认识到产业兴旺是重点，生态宜居是关键，乡风文明是保障，治理有效是基础，生活富裕是根本。要实现乡村全面振兴，就需要在产业振兴、人才振兴、文化振兴、生态振兴、组织振兴方面下足功夫，从而推动农村全面升级、农村全面进步、农村全面发展。从总体性社会向个体性社会转变过程中，林村经历了"机械团结瓦解—混沌过渡状态—村落间实现有机团结—村落内部走向更高层次的机械团结"的过程。在此期间，林村民间体育组织在党的集中领导下，依托村落组织、文化、人才、生态等方面的优势进行乡村振兴动员，推动林村精神文明建设，实现村落乡风由无序到有序的转变。可见，林村道德秩序的改善即制度优势转化为治理效能的具体体现，国家治理效能凸显出社会治理目标的达成程度，创新国家治理体系运行机制并提高国家治理能力尤其是制度执行能力，是把我国制度优势更好地转化为国家治理效能的有效路径（吕普生，2020）。

首先，要充分认识到国家集中力量办大事的优势。社会主义制度决定了广大人民群众在根本利益上具有高度一致性，政府在国家各项事业的发展过程中始终发挥着总揽全局、协调各方的作用。这使我国能够集中各方面力量，全国一盘棋、上下一条心、高效执行、有力推进，从而有效促进乡村振兴的全面发展。就林村而言，民间体育组织在参与乡村振兴动员重构道德秩序的过程中发挥了巨大作用，然而，在组织动员过程中，其他社会组织和团体的力量也不容忽视。民间体育组织作为社会活动的组织者以及社会资本的链接者，将横向和纵向的、正式或非正式组织的各类资源整合起来进行乡村振兴动员。

其次，要充分考虑到乡村社会的传统文化基础。传统文化具有多样性，而正确地看待地方性知识显得尤为重要，"地方性"并不是指"封闭"，其实更意味着"开放"（盛晓明，2000）。上千年濡化而来的传统文化蕴含丰富的地方性道德精神，是乡村文明建设的内在优势和重要资源。民间体育组织以传统体育文化为载体构建可参与的公共文化生活，尤其是将传统文化创新性发展和创造性转化，既与当前社会主义核心价值观保持一致，又能满足新时代农民对美好生活的向往和追求，提升村民的获得感和幸福感，同时有利于构建德治与自治、法治相结合的乡村治理模式，推动乡村全面振兴的同时引领村落走向善治。

最后，应充分认识到民间组织在乡村治理过程中发挥的积极作用。民间组织作为多元共治的主体之一，一方面通过传统文化实践进行"自下而上"的乡村振兴组织动员，另一方面与"自上而下"的政府行政动员相结合构成双重动员机制，有利于形塑村民的价值观念，凝聚村民的思想共识，同时有助于村落间构建起更加广泛的有机团结社会。民间体育组织不仅是乡村社会实践活动的组织者和承载者，也是乡村社会资本的链接者。培育民间体育组织力量，通过组织动员村民积极参与社会实践，加强与地方政府、村落内部组织及其他异质性组织的合作，打造共建共治共享的村落治理共同体，最大限度地分担政府治理压力，是实现乡村全面振兴的有效途径。

在中国农村由传统社会向现代社会的转型过程中，农业、农村和农民不可避免地要受到现代化的影响，村民在"体面"的村落过着"体面"的生活是农村现代化的追求。① 这种"体面"的具体内涵包括满足村民需求且与村落自然环境和谐配套的生态环境，将村民组织起来参与公共活动的公序良俗能够发挥应有的作用，老人老有所养以及儿童接受教育等应有的公共服务得到满足等。当然，只有农村现代化将乡村全面振兴作为有力支撑，村民才能在"体面"的村落过上"体面"的生活。这种"体面"既是村民对美好生活的向往，也是村落走向善治的追求。

---

① 刘守英：《乡村振兴不是要去乡村创造 GDP》，https://new.qq.com/rain/a/20210427A02U0C00.htm，最后访问日期：2024 年 1 月 9 日。

第三节　本书的贡献、局限与展望

一　本书的贡献

"人类学家从事田野是要阐释某些理论问题或假说，但无论理论涉及什么内容，田野工作者所做的都不仅仅只是为了描述，而是希望对本门学科能够做出一定的贡献。"（墨菲，2009）张静（2018）认为，论文最难的分析层次是发现创新，发现创新包括针对资料的创新、分析逻辑和方法的创新以及理论框架的创新三个方向，论文的学术（理论）贡献根据创新针对点的差别而依次增大。针对资料的创新是指补充修正旧的或发现新的经验事实，并说明它的存在条件。针对分析逻辑和方法的创新是指补充修正旧的或发现新的分析工具或方法，并说明它为何适用。针对理论框架的创新是指补充修正旧的或发现新的解释模型和理论，并说明它为何是更佳的解释。

理论贡献既是对以往研究的继承，也是对已有理论的延伸和修正。研究动机产生于已有理论的缺陷，研究结论则是弥补理论的不足，与已有理论进行对话（毛基业、李亮，2018）。

首先，本书是社会团结理论中国化的具体实践，将社会团结理论作为分析框架，对中国农村社会迈向现代化过程中民间体育组织参与乡村振兴动员的田野个案进行研究，既弥补了涂尔干社会团结理论只是处于理论研究层面而缺少实证研究的缺陷，也为该理论提供了来自中国农村社会的经验。更重要的是，民间体育组织参与乡村振兴动员的个案研究推进了涂尔干机械团结与有机团结二分的社会团结理论，机械团结向有机团结的转变过程并非突变式的，而是存在一个中间过渡状态，有机团结也并非社会团结形态的唯一存在样态，村落最终走向基于有机团结之上的更高层次的机械团结。也就是说，田野个案最终呈现的是有机团结和更高层次的机械团结共存的样态。

其次，阐释人类学认为，特定的文化和社会背景是深度描写和理论诠释必不可少的前提，既能从宏观层面进行把握，又能从微观层面进行阐释，既能形而上地透析，又能形而下地认知，这是格尔茨阐释人类学理论的主要启发和贡献（王海龙，2000）。本书是基于闽南林村的个案研究，以地方性知识为切入点，通过长时段的田野调查，深入了解林村当地的社会和文化背景，并发现村落社会风气的改善与当地文化、组织等有很大的关联，进而以传统体育文化为载体，以民间体育组织为依托，对林村民间体育组织参与乡村振兴动员的过程进行深入描述，并对民间体育组织参与乡村振兴动员的逻辑、机制等展开分析与讨论。本书既在形而上的层面进行了理论推进，也在形而下的实践层面提供了来自当下中国农村社会的田野经验。本土化的微观个案与西方社会学经典理论相结合或许能为学界提供新的理论参考。

最后，林村民间体育组织参与社会动员重构道德秩序的微观个案，作为韧性乡村建设的具体实践，或许能够为政府部门提供一定的经验借鉴。韧性治理，既要突出"韧性"一词蕴含的可持续性意义，也要认识到治理不仅包括特殊时期的应急治理，还包括一般时期的常态化治理。韧性治理是实现善治的必由之路（王杰、曹兹纲，2021）。从治理效果来看，韧性乡村突出乡村治理的效能和维持善治的乡村治理状态。在当地政府部门的支持下，林村民间体育组织以村落文化宋江阵及其蕴含的道德精神为载体，为村民提供可持续性的道德学习与实践平台，与异质性组织长期合作，在村落举办民间体育文化活动。这些长期可参与的村落公共文化生活不仅提升了村民个体的道德素质水平，也促使乡村精神文明建设迈上新的台阶，村落社会风气明显得到改善，"乡风文明、治理有效"真正落到实处。因此，政府部门主导、民间组织发挥动员作用、村民积极参与的治理模式，不仅能够节约社会治理的成本，也有助于乡村治理形成良性循环，促使乡村治理走向善治。

二 本书的局限与展望

其一，民族志田野调查的首要和基本思想就是要清晰明确地勾勒出当地的社会结构，完整地呈现当地的文化图景，进而理解当地人的观点及其与生活的关系，从而认识"他者眼中的他者的世界"。在调查过程中，当一系列重要现象无法通过提问或阅读文献被记录下来时，观察者个人的作用无疑比收集具体的民族志资料更为突出，但观察的目的仍是让事实为事实说话（马林诺夫斯基，2016）。不可否认，田野工作者的经验、素养及考察方式等对民族志研究有重要的影响，但本书田野材料的收集自始至终本着让事实为事实说话的初心。田野工作者的观察不同于照相机，在民族志和人类学的描写中全知全能的叙述是难以实现的，毕竟叙述的功能多在展现而不是说明（Bakhtin，1986）。

其二，因疫情突发，2020 年 1 月 27 日，笔者被迫从田野点返回。林村村委与宋武会当时正忙于筹备第四届"女儿节"活动，笔者作为组织志愿者全程参与其中，但受疫情影响，所有活动不得不全部取消。"女儿节"活动已连续举办三届，主要邀请出嫁在外的女儿及其家人于正月初二回娘家，与父母、兄弟姐妹、同村一起长大的朋友共叙亲情、乡情。通过邀请异质性群体参与村落活动，以异质性社会动员推动村落同质性社会动员的进一步提升，村落内部由此形成更加稳固的基于有机团结之上的机械团结。关于这一认识，笔者将在后续的田野调查基础上作进一步研究。

其三，传统体育文化的多样性导致其承载的民间体育组织具有多样性。本书提出同质性和异质性社会动员共存且循环共进，使机械团结与有机团结同时存在的认识，可能存在一定的情境变动性。在此，本书试图通过林村这一个案为后续研究打开一扇对话的窗户，即对于未来民间体育组织与乡村振兴动员共变方向将会如何，有机团结与更高层次的机械团结是否能继续共存下去还是前者逐步取代后者，抑或是后者逐步取代前者，民间体育组织对村落社会团结形式的改变能为乡村振兴及村落治理带来何种方法甚至理念上的转变等问题，我们还需将其放置到具体的社会情境下进行更为细致的观察。

参考文献

阿伦特，汉娜，1999，《人的条件》，竺乾威译，上海：上海人民
　　出版社。

阿伦特，汉娜，2009，《人的境况》，王寅丽译，上海：上海人民
　　出版社。

埃里克森，托马斯·H.，2018，《人类学通识》，马建福、周云水
　　译，银川：宁夏人民出版社。

艾森斯塔德，1988，《现代化：抗拒与变迁》，张旅平等译，北京：
　　中国人民大学出版社。

艾森斯塔特，2006，《反思现代性》，旷新年、王爱松译，北京：
　　生活·读书·新知三联书店。

巴战龙，2018，《多样性与裕固学：基于人类学的探索》，北京：
　　知识产权出版社。

白春阳，2009，《现代社会信任问题研究》，北京：中国社会出
　　版社。

白燕妮，2017，《当代中国社会转型期道德知行问题研究》，天津：
　　天津人民出版社。

班固编撰，2000，《汉书·董仲舒传》，杭州：浙江古籍出版社。

鲍曼，齐格蒙特，2002，《个体化社会》，范祥涛译，上海：上海
　　三联书店。

贝克，乌尔里希，2004，《世界风险社会》，吴英姿、孙淑敏译，
　　南京：南京大学出版社。

贝克，乌尔里希、伊丽莎白·贝克-格恩斯海姆，2011，《个体
　　化》，李荣山、范一謏、张惠强译，北京：北京大学出版社。

本尼迪克特，露丝，1988，《文化模式》，王炜等译，北京：生

活·读书·新知三联书店。

编辑委员会编，2006，《厦门经济特区年鉴2006》，北京：中国统计出版社。

布劳，彼得·M.，1988，《社会生活中的交换与权力》，孙非、张黎勤译，北京：华夏出版社。

《辞海（上）》，1979，上海：上海辞书出版社。

蔡莉、兰自力，2006，《对宋江阵传入我国台湾地区及发展状况的研究》，《武汉体育学院学报》第11期。

蔡莉、兰自力，2007，《对民俗艺阵宋江阵源流、特征及传承的研究》，《体育文化导刊》第7期。

蔡彦士、叶志坚主编，2002，《文化学导论》，福州：福建教育出版社。

曹海林，2003，《乡村社会交换的演变及其生成逻辑》，《人文杂志》第2期。

曹海林，2004，《村落公共空间与村庄秩序基础的生成——兼论改革前后乡村社会秩序的演变轨迹》，《人文杂志》第6期。

曹海林，2005，《村落公共空间：透视乡村社会秩序生成与重构的一个分析视角》，《天府新论》第4期。

常蕾，2017，《社区体育组织治理的效应探析——以福州仓山"NTD激情广场"广场舞自组织为分析案例》，《体育与科学》第4期。

陈谷嘉，2010，《元代理学伦理思想研究》，长沙：湖南大学出版社。

陈洪强，2011，《社会失范与社会团结——涂尔干社会转型理论初探》，博士学位论文，吉林大学。

陈孔立，2016，《两岸文化认同是"双文化"的认同》，《台海研究》第3期。

陈启新，1988，《论人类学的产生和发展——兼论具有中国特色的人类学》，《云南社会科学》第5期。

陈彦仲，2003，《台湾的艺阵》，台北：远足文化。

陈燕玲编著，2013，《闽南文化概要》，厦门：厦门大学出版社。

陈泽兵，2002，《社会转型期我国民间体育组织的发展研究》，《成都体育学院学报》第 4 期。

程昌明译注，2001，《论语·里仁》，上海：书海出版社。

程京武主编，2011，《中国社会发展导论》，广州：暨南大学出版社。

程同顺，2000，《当代中国农村政治发展研究》，天津：天津人民出版社。

崔乐泉，2002，《忘忧清乐——古代游艺文化》，南京：江苏古籍出版社。

崔露什，2015，《斯宾诺莎情感理论中"观念"的作用及其动态结构》，《求索》第 12 期。

崔宜明，2006，《道德哲学引论》，上海：上海人民出版社。

戴冠青，2012，《想象的狂欢：作为文化镜像的闽南民间故事研究》，厦门：厦门大学出版社。

登哈特，珍妮特·V.，2004，《新公共服务：服务，而不是掌舵》，丁煌译，北京：中国人民大学出版社。

登哈特，珍妮特·V.、罗伯特·B. 登哈特，2010，《新公共服务：服务，而不是掌舵》，丁煌译，北京：中国人民大学出版社。

邓正来，2010，《"生存性智慧"与中国发展研究论纲》，《中国农业大学学报》第 4 期。

丁华，2002，《解析面子：一个社会学的视角》，《社会》第 10 期。

董才生，2010，《论吉登斯的信任理论》，《学习与探索》第 5 期。

董惠敏，2015，《关于社会动员的扩展性评述》，《国家治理》第 32 期。

董磊明，2010，《村庄公共空间的萎缩与拓展》，《江苏行政学院学报》第 5 期。

董锡玖、刘峻骧主编，1997，《中国舞蹈艺术史图鉴》，长沙：湖南教育出版社。

窦存芳、冶芸，2020，《边疆、走廊与"一带一路"：中国人类学本土化的三次实践》，《广西民族研究》第 4 期。

杜鹏，2017，《"面子"：熟人社会秩序再生产机制探究》，《华中农业大学学报》（社会科学版）第 4 期。

杜特，伽达默尔，2005，《解释学、美学、实践哲学——伽达默尔
与杜特对谈录》，金惠敏译，北京：商务印书馆。

杜维运，2006，《史学方法论》，北京：北京大学出版社。

多伊奇，卡尔，1987，《社会动员与政治发展》，岳西宽译，《国外
政治学》第 6 期。

樊琪，2013，《涂尔干的社会团结思想——从宗教生活到道德个体
主义》，《延安大学学报》（社会科学版）第 3 期。

费孝通，1998，《乡土中国 生育制度》，北京：北京大学出版社。

费孝通，1999，《"社会进化"到"社会平衡"》，载《费孝通文
集》，北京：群言出版社。

费孝通，2011，《乡土中国 生育制度 乡土重建》，北京：商务
印书馆。

费孝通、方李莉，2002，《早年生活与文化熏陶——费孝通访谈
录》，《民族艺术》第 3 期。

冯婷，2014，《社区与社团——国家、市场与个人之间》，杭州：
浙江大学出版社。

冯晓丽，2015，《我国民间体育组织的研究进展与发展路径》，《体
育研究与教育》第 4 期。

符平，2007，《乡村信仰场域——理论基础与经验研究》，硕士学
位论文，华中师范大学。

福山，弗兰西斯，2001，《信任：社会美德与创造经济繁荣》，彭
志华译，海口：海南出版社。

福山，弗兰西斯，2003，《社会资本、公民社会与发展》，曹义烜
译，《马克思主义与现实》第 2 期。

付耀华，2016，《县级政府公信力及其多元治理模式研究》，昆明：
云南大学出版社。

伽达默尔，汉斯-格奥尔格，2007，《诠释学 I：真理与方法》，洪
汉鼎译，北京：商务印书馆。

甘泉、骆郁廷，2011，《社会动员的本质探析》，《学术探索》第
12 期。

高丙中，2006，《社团合作与中国公民社会的有机团结》，《中国社会科学》第 3 期。

高飞、向德平，2015，《多元利益诉求：农村社会团结纽带的断裂逻辑——以广东省佛山市南海区为例》，《广东社会科学》第 5 期。

格尔茨，克利福德，2014，《地方知识——阐释人类学论文集》，杨德睿译，北京：商务印书馆。

格雷戈里，C. A.，2001，《礼物与商品》，姚继德、杜杉杉、郭悦译，云南：云南大学出版社。

郭剑平等，2017，《治理视野下民俗习惯与新农村建设研究》，北京：中国政法大学出版社。

郭景萍，2008，《情感社会学：理论·历史·现实》，上海：上海三联书店。

郭学松、刘佳丽、方千华、杨海晨、郭惠杰、陈萍，2018，《民间武术组织参与村落社会治理——我国台湾鹿陶洋宋江阵的人类学考察》，《上海体育学院学报》第 4 期。

郭于华，2012，《从社会学的想象力到民族志的洞察力》，载郭于华主编《清华社会学评论》（第 5 辑），北京：社会科学文献出版社。

国家体委政策研究室主编，1982，《体育运动文件选编 1949—1981》，北京：人民体育出版社。

哈贝马斯，尤尔根，1999，《公共领域的结构转型》，曹卫东等译，上海：学林出版社。

哈维兰，威廉·A.，1987，《当代人类学》，王铭铭等译，上海：上海人民出版社。

韩玉芳，2012，《公德意识·公共伦理·公共精神》，《北京日报》2 月 27 日，第 17 版。

韩震，2010，《论国家认同、民族认同及文化认同——一种基于历史哲学的分析与思考》，《北京师范大学学报》（社会科学版）第 1 期。

何强，2019，《技术治理逻辑与行动策略选择——基于体育社会组织改革历程的考察与审视》,《体育科学》第 4 期。

何兆武、柳卸林主编,2001,《中国印象——世界名人论中国文化》(下册),桂林:广西师范大学出版社。

贺来,2007,《社会团结与社会统一性的哲学论证——对当代哲学中一个重大课题的考察》,《天津社会科学》第 5 期。

贺雪峰,2006,《农民行动逻辑与乡村治理的区域差异》,载徐杰舜、许宪隆编《人类学与乡土中国——人类学高级论坛 2005 卷》,哈尔滨:黑龙江人民出版社。

贺雪峰,2012,《论中国农村的区域差异——村庄社会结构的视角》,《开放时代》第 10 期。

贺雪峰,2021,《论经验质感》,《学海》第 1 期。

鹤见和子,1989,《"内发型发展"的理论与实践》,胡天民译,《江苏社联通讯》第 3 期。

亨廷顿,塞缪尔,1988,《变革社会中的政治秩序》,李盛平、杨玉生等译,北京:华夏出版社。

胡德海,2016,《教育学原理》(简缩版),兰州:甘肃教育出版社。

胡科,2012,《基层群众体育运行中的社会精英:一个乡镇门球协会精英群体的个案考察》,《中国体育科技》第 2 期。

胡立虹,2007,《闽南地区"宋江阵"现状及发展对策研究》,硕士学位论文,武汉体育学院。

胡鹏辉、高继波,2017,《新乡贤:内涵、作用与偏误规避》,《南京农业大学学报》(社会科学版)第 1 期。

胡荣、林本,2013,《社会网络与信任》,《湖南师范大学社会科学学报》第 4 期。

胡晓亚,2015,《农村社会化治理基本思路研究》,《上海农村经济》第 5 期。

胡英泽,2006,《水井与北方乡村社会——基于山西、陕西、河南省部分地区乡村水井的田野考察》,《近代史研究》第 1 期。

郇昌店、张伟,2018,《群众性体育活动的草根动员与政府治理转型》,《体育科学》第 12 期。

黄文，2020，《社会体育发展与社会动员》，《山东体育学院学报》第 4 期。

黄玉，2011，《社会矛盾化解研究》，哈尔滨：黑龙江人民出版社。

吉登斯，安东尼，2000，《现代性的后果》，田禾译，南京：译林出版社。

吉登斯，安东尼，2001，《失控的世界——全球化如何重塑我们的生活》，周红云译，南昌：江西人民出版社。

贾春增，2000，《外国社会学史》，北京：中国人民大学出版社。

姜方炳，2018，《"乡贤回归"：城乡循环修复与精英结构再造——以改革开放 40 年的城乡关系变迁为分析背景》，《浙江社会科学》第 10 期。

金耀基，1999，《从传统到现代》，北京：中国人民大学出版社。

晋江市文化体育新闻出版局编，2017，《晋江市非物质文化遗产图录》，福州：海峡书局出版社。

景怀斌，2005，《心理意义实在论》，广州：暨南大学出版社。

景怀斌，2021，《中华文化的终极情感价值及其共同体意识传播》，《民族学刊》第 1 期。

卡尔，爱德华·霍列特，1981，《历史是什么?》，吴柱存译，北京：商务印书馆。

康德，2002，《道德形而上学原理》，苗力田译，上海：上海人民出版社。

康德，伊曼努尔，2005，《论教育学》，赵鹏、何兆武译，上海：上海人民出版社。

科尔曼，詹姆斯·S.，1999，《社会理论的基础》，邓方译，北京：社会科学文献出版社。

克劳塞维茨，卡尔，2019，《战争论》（第 3 卷），北京：商务印书馆。

孔丘，2011，《孝经》，昆明：云南人民出版社。

库恩，托马斯，2004，《必要的张力——科学的传统和变革论文选》，范岱年、纪树立等译，北京：北京大学出版社。

夸美纽斯，约翰·阿莫斯，2018，《万千教育大教学论》（评注版），刘富利、赵雪莉译，北京：中国轻工业出版社。

兰自力，2004，《海峡两岸体育交流研究》，《北京体育大学学报》第 3 期。

李春秋编，2002，《新编伦理学教程》，北京：高等教育出版社。

李德成、郭常顺，2011，《近十年社会动员问题研究综述》，《华东理工大学学报》（社会科学版）第 6 期。

李德顺，1995，《价值学大词典》，北京：中国人民大学出版社。

李浩然，2019，《乡村兴则国家兴》，《人民日报》3 月 9 日，第 3 版。

李红婷，2013，《嬗变与选择：中国乡村家庭与学前教育》，长沙：湖南师范大学出版社。

李红艳，2013，《国外社会组织发展及其对我国的启示》，《社会治理理论》第 2 期。

李莉，2016，《当代中国非营利组织的社会资本研究》，武汉：湖北人民出版社。

李梁、王金伟等，2017，《文化自信与价值观自信》，上海：上海大学出版社。

李琼，2011，《和谐共生——社会秩序的团体构成》，长沙：岳麓书社。

李荣荣，2008，《从有机团结思考社会现实——读〈社会分工论〉》，《西北民族研究》第 4 期。

李盛平主编，1989，《公务员百科辞典》，北京：光明日报出版社。

李霞，2012，《生态知识的地方性》，《广西民族研究》第 2 期。

李亦园，1998，《关于人类学的方法》，载马戎、周星主编《田野工作与文化自觉》，北京：群言出版社。

李亦园，1999，《田野图像——我的人类学研究生涯》，济南：山东画报出版社。

李熠煜，2004，《当代农村民间组织生长成因研究》，《人文杂志》第 1 期。

李宇征，2017，《中国政治现代化进程中的农村社会资本研究》，天津：南开大学出版社。

栗小莹编著，2013，《武术》，长春：吉林出版集团有限责任公司。

梁洁，2013，《个体化背景下的民间权威与乡村公共生活》，《甘肃理论学刊》第 5 期。

廖春花，2017，《全球化下城市历史街区的地方性实践研究——以潮州古城区为例》，武汉：武汉大学出版社。

林南，2005，《社会资本：关于社会结构与行动的理论》，张磊译，上海：上海人民出版社。

林学增修、吴锡璜纂，2000，《民国同安县志四十二卷、首一卷》，载中国地方志集成：《福建府县志辑（全 40 册）》，上海：上海书店出版社。

林语堂，2012，《吾国与吾民》，长沙：湖南文艺出版社。

凌烨丽、李浩昇，2019，《农民公共精神的流变及乡村振兴视域下的重塑》，《宁夏社会科学》第 4 期。

刘成良，2016，《行政动员与社会动员：基层社会治理的双层动员结构——基于南京市社区治理创新的实证研究》，《南京农业大学学报》（社会科学版）第 3 期。

刘洪银、张洪霞、崔宁，2014，《中国新生代农民工市民化模式与治理》，天津：南开大学出版社。

刘进、翟学伟，2007，《信任与社会和谐：一个研究理路的展开》，《天津社会科学》第 5 期。

刘鹏，2012，《社会道德向个体道德的转化——兼论道德内化与个体道德生成的主体性》，《学习与实践》第 5 期。

刘善仕，1998，《精神共同体的建构及其伦理意义》，《广东社会科学》第 2 期。

刘伟，2016，《社会动员视角下的行动意义生产与核心价值观培育》，《中州学刊》第 7 期。

刘祖云、李祥，2019，《在乡村振兴语境下培养"情感共同体"》，《江苏行政学院学报》第 1 期。

龙静云，2009，《试论道德内化的主客观条件》，《思想理论教育导刊》第 6 期。

卢汉龙，2006，《社会建设与社会治理》，北京：社会科学文献出版社。

卢晖临、李雪，2007，《如何走出个案——从个案研究到扩展个案研究》，《中国社会科学》第 1 期。

卢曼，尼可拉斯，2005，《信任：一个社会复杂性的简化机制》，瞿铁鹏、李强译，上海：上海世纪出版集团。

吕大吉，2005，《中国宗教与中国文化》，北京：中国社会科学出版社。

吕付华，2012，《失范与秩序：重思涂尔干的社会团结理论》，《云南大学学报》（社会科学版）第 2 期。

吕普生，2020，《我国制度优势转化为国家治理效能的理论逻辑与有效路径分析》，《新疆师范大学学报》（哲学社会科学版）第 5 期。

吕效华，2010，《培育乡村社会公共空间的路径选择——以皖北农村为例》，《产业与科技论坛》第 3 期。

罗春洪，2016，《迪尔凯姆的道德整合社会思想及其启示》，《江西社会科学》第 5 期。

罗杰斯，埃弗雷特·M.，2002，《创新的扩散》，辛欣译，北京：中央编译出版社。

罗兴佐，2006，《中国国家与社会关系研究述评》，《学术界》第 4 期。

麻国庆，2000，《宗族的复兴与人群结合——以闽北樟湖镇的田野调查为中心》，《社会学研究》第 6 期。

马航、王耀武，2011，《深圳城中村的空间演变与整合》，北京：知识产权出版社。

马林诺夫斯基，2016，《西太平洋上的航海者》，弓秀英译，北京：商务印书馆。

马林诺夫斯基，布罗尼斯拉夫，2017，《西太平洋上的航海者》，弓秀英译，北京：商务印书馆。

马照南，2000，《建设农村文化的现实基础》，《中共福建省委党校学报》第 9 期。

马志和、张林，2003，《非营利体育组织发展前瞻：一个市民社会的视角》，《天津体育学院学报》第 2 期。

麦金尼斯，迈克尔，2000，《多中心体制与地方公共经济》，毛寿龙译，上海：上海三联书店。

毛基业、李亮，2018，《管理学质性研究的回顾、反思与展望》，《南开管理评论》第 6 期。

毛泽东，1967，《毛泽东选集》（一卷本），北京：人民出版社。

孟德拉斯，H.，2005，《农民的终结》，李培林译，北京：社会科学文献出版社。

孟凡强，2006，《自发性群众体育组织成因的理论探讨——兼论后继实证研究面临的主要课题》，《体育学刊》第 2 期。

孟子，2001，《孟子·滕文公》（上），梁海明译注，太原：山西古籍出版社。

米尔斯，1995，《社会学的想象》，张君玫、刘钤佑译，台北：台湾巨流图书公司。

米尔斯，C. 赖特，2017，《社会学的想象力》，李康译，北京：北京师范大学出版社。

莫斯，马塞尔，2002，《礼物：古式社会中交换的形式与理由》，汲喆译，上海：上海人民出版社。

墨菲，罗伯特·F.，2009，《文化与社会人类学引论》，王卓君译，北京：商务印书馆。

纳日碧力戈，2014，《地方知识代译序》，载克利福德·格尔茨《地方知识——阐释人类学论文集》，杨德睿译，北京：商务印书馆。

南婷，玛戈·B.，1993，《儿童心理社会发展：从出生到青年早期》，北京：人民教育出版社。

欧阳爱权，2015，《公共理想视域下当代道德建构之维：理念、制度与文化》，《浙江社会科学》第 4 期。

帕特南，罗伯特·D.，2001，《使民主运转起来——现代意大利的公民传统》，王列、赖海榕译，南昌：江西人民出版社。

潘建雷、李海荣，2013，《深度分工条件下的社会团结如何实现——论涂尔干〈社会分工论〉的主旨》，《北京行政学院学报》第 3 期。

潘莉莉等编著，2018，《大学生团体辅导的理论与实践》，合肥：合肥工业大学出版社。

庞娟，2013，《农村公共空间研究的多学科视角回顾与展望》，《江西社会科学》第 9 期。

彭柏林，2004，《从规律的视角看道德内化》，《湖南师范大学社会科学学报》第 6 期。

彭兵，2010，《社区：对社会团结与归属的追求》，《浙江学刊》第 5 期。

彭虹斌，2013，《道德人格形成的实践机制研究》，《教育科学》第 2 期。

皮科克，詹姆斯，2009，《人类学透镜》，汪丽华译，北京：北京大学出版社。

平锋，2010，《"地方性知识"的生态性与文化相对性意蕴》，《黑龙江民族丛刊》第 5 期。

齐泽民、陈星，2008，《"公社与社会"和"机械团结与有机团结"——腾尼斯与杜尔克姆的社会观之比较》，《天府新论》第 12 期。

钱杭、谢维扬，1995，《传统与转型：江西泰和农村宗族形态——一项社会人类学的研究》，上海：上海社会科学院出版社。

乔金森，丹尼·L.，2015，《参与观察法：关于人类研究的一种方法》，龙筱红、张小山译，重庆：重庆大学出版社。

秦淮梦，2015，《连江历史文化丛书——连江风情》，福州：福建美术出版社。

秦晖，2003，《传统十论》，上海：复旦大学出版社。

秦文鹏，2012，《"群"，非自足——"社会团结"理论依据三种》，《理论与改革》第 6 期。

渠敬东，2014，《职业伦理与公民道德——涂尔干对国家与社会之关系的新构建》，《社会学研究》第 4 期。

渠敬东，2017，《缺席与断裂：有关失范的社会学研究》，北京：商务印书馆。

任海，2014，《以群众体育促进社会建设》，《北京体育大学学报》第 9 期。

任九光，2016，《"乡贤"的历史发展与近代突变——兼论新乡贤建设应汲取的历史经验教训》，《教育文化论坛》第 3 期。

任克强，2014，《组织化合作动员：社区建设的新范式》，《南京社会科学》第 11 期。

阮桂君主编，2017，《跨文化交际与实践》，武汉：武汉大学出版社。

沈克印，2017，《政府与体育社会组织协同治理的地方实践与推进策略——以常州市政府购买公共体育服务为例》，《武汉体育学院学报》第 1 期。

沈新坤，2018，《制度性规范与非制度性规范：改革开放以来乡村二元社会秩序的整合》，武汉：华中科技大学出版社。

沈亚平等，2013，《公共行政研究》（第 2 版），天津：天津人民出版社。

盛晓明，2000，《地方性知识的构造》，《哲学研究》第 12 期。

什托姆普卡，彼得，2005，《信任：一种社会学理论》，程胜利译，北京：中华书局。

石奕龙，1998，《试论西方人类学学科体系的形成》，《世界民族》第 1 期。

石勇，2005，《被"文化殖民"的农村》，《天涯》第 1 期。

石勇，2008，《被文化殖民的农村——读〈L 县见闻〉》，载薛毅主编《乡土中国与文化研究》，上海：上海书店出版社。

斯科特，詹姆斯·C.，2004，《国家的视角——那些试图改善人类状况的项目是如何失败的》，王晓毅译，北京：社会科学文献出版社。

宋亨国，2016《非政府体育组织的含义、自治形态及我国社会体育组织的转型》，《体育学刊》第 3 期。

宋红娟，2015，《两种情感概念：涂尔干与柏格森的情感理论比较——兼论二者对情感人类学的启示》，《北方民族大学学报》（哲学社会科学版）第 1 期。

宋林飞，1999，《西方社会学理论》，南京：南京大学出版社。

孙春晨，2018，《改革开放 40 年乡村道德生活的变迁》，《中州学刊》第 11 期。

孙立平、王汉生、王思斌、林彬、杨善华，1994，《改革以来中国社会结构的变迁》，《中国社会科学》第 2 期。

孙立平主编，2012，《社会学导论》（修订第三版），北京：首都经济贸易大学出版社。

孙立平主编，2018，《社会学导论》（第四版），北京：首都经济贸易大学出版社。

孙帅，2008，《神圣社会下的现代人——论涂尔干思想中个体与社会的关系》，《社会学研究》第 4 期。

孙熙国，2016，《传统文化与文化软实力——以中国传统价值观中的新"六德"为例》，长沙：湖南大学出版社。

孙秀林，2011，《华南的村治与宗族——一个功能主义的分析路径》，《社会学研究》第 1 期。

泰德拉克，芭芭拉，2002，《从参与观察到观察参与：叙事民族志的出现》，富晓星译，《满族研究》第 2 期。

谭同学，2006，《村庄秩序、文化重建与现代化类型》，《东岳论丛》第 2 期。

谭同学，2010，《桥村有道——转型乡村的道德权威与社会结构》，北京：生活·读书·新知三联书店。

汤森，詹姆斯·R.、布兰特利·沃马克，2003，《中国政治》，南京：江苏人民出版社。

汤漳平，2018，《河洛文化与闽南文化综论》，郑州：河南人民出版社。

唐美君，1982，《台湾传统的社会结构》，载刘宁颜编《台湾史迹源流》，台湾省文献委员会。

特纳，乔纳森·H.，2001，《社会学理论的结构》（上），邱泽奇等译，北京：华夏出版社。

特纳，乔纳森·H.，2009，《人类情感——社会学的理论》，孙俊才、文军译，北京：东方出版社。

滕尼斯，斐迪南，2006，《新时代的精神》，林荣远译，北京：北京大学出版社。

田敏主编，2016，《民族社会学研究》（第 1 辑），北京：民族出版社。

田养邑、周福盛，2018，《地方性知识的创制与日常世界——一项家乡人类学考察》，《广西民族研究》第 3 期。

田原史起，2012，《日本视野中的中国农村精英：关系、团结、三农政治》，济南：山东人民出版社。

佟立等，2012，《全球化与后现代思潮研究》，天津：天津人民出版社。

图力古日，2017，《地方性知识研究的历史维度及其内涵》，《云南社会科学》第 6 期。

涂传飞，2019，《近 10 年中国民俗体育文化研究述评》，《体育科学》第 8 期。

涂尔干，埃米尔，1999，《宗教生活的基本形式》，渠东、汲喆译，上海：上海人民出版社。

涂尔干，埃米尔，2000，《社会分工论》，渠东译，北京：生活·读书·新知三联书店。

涂尔干，爱弥尔，2006a，《道德教育》，陈光金、沈杰、朱谐汉译，上海：上海人民出版社。

涂尔干，埃米尔，2006b，《职业伦理与公民道德》，渠东、付德根译，上海：上海人民出版社。

涂尔干，埃米尔，2013，《社会分工论》，渠东译，北京：生活·读书·新知三联书店。

涂少彬，2011，《儒家"活法"与社会团结内在构造的法理学分析》，《厦门大学法律评论》第 00 期。

涂乙冬，2015，《社会交换和社会认同视角的员工、组织关系研究》，武汉：武汉大学出版社。

托克维尔，1988，《论美国的民主》（下卷），董果良译，北京：商务印书馆。

托克维尔，阿列克西·德，2012，《论美国的民主》，曹东雪译，南京：译林出版社。

托克维尔，2013，《托克维尔文集（第 2 卷）：论美国的民主》（下），董果良译，北京：商务印书馆。

万友正纂修，2000，《乾隆马巷厅志》，载上海书店出版社编《中国地方志集成：福建府县志辑》（十八卷），上海：上海书店出版社。

汪流、李捷，2011，《社区草根体育组织：生存境遇及未来发展》，《武汉体育学院学报》第 2 期。

汪流、王凯珍、李勇，2008，《我国体育类民间组织现状与未来发展思路》，《成都体育学院学报》第 1 期。

汪文奇、金涛，2018，《新时代我国体育治理格局的转型改造：由"强政府弱社会"转向"强政府强社会"》，《武汉体育学院学报》第 7 期。

汪小亚，2009，《农村金融体制改革研究》，北京：中国金融出版社。

王彩波、陈霞，2015，《中国经济发展道路中的国家自主性》，《吉林大学社会科学学报》（社会科学版）第 2 期。

王春光，2003，《社会公共空间与西部农村的发展——以贵州省安顺市村的调查为主的社会学分析》，《贵州财经学院学报》第 2 期。

王德道，2009，《土改中的社会动员——以 1946—1949 年临沂老区为中心的考察》，硕士学位论文，江西财经大学。

王海龙，2000，《地方性知识代序》（二），载克利福德·吉尔兹《地方性知识》，王海龙、张家瑄译，北京：中央编译出版社。

王虎学，2015，《个人与社会何以维系——基于涂尔干〈社会分工论〉的思考》，《江海学刊》第 2 期。

王沪宁，1991，《当代中国村落家族文化——对中国社会现代化的一项探索》，上海：上海人民出版社。

王家君，2008，《中国体育非营利组织辨析》，《广州体育学院学报》第 5 期。

王建民，1991，《民族认同浅议》，《中央民族学院学报》第 2 期。

王建民，2000，《学术规范化与学科本土化——中国民族学学科百年回眸》，《民族研究》第 1 期。

王建民，2013，《转型社会中的个体化与社会团结——中国语境下的个体化议题》，《思想战线》第 3 期。

王杰、曹兹纲，2021，《韧性乡村建设：概念内涵与逻辑进路》，《学术交流》第 1 期。

王丽，2012，《公共治理视域下乡村公共精神的缺失与重构》，《行政论坛》第 4 期。

王林平，2010，《"个人与社会"和"利他与利己"——迪尔凯姆现代性问题解决方案的理论起点探析》，《学术交流》第 11 期。

王玲，2010，《乡村社会的秩序建构与国家整合——以公共空间为视角》，《理论与改革》第 5 期。

王凌皓主编，2014，《苏霍姆林斯基教育名著导读》，长春：吉林文史出版社。

王露璐，2015，《乡村伦理共同体的重建：从机械结合走向有机团结》，《伦理学研究》第 3 期。

王名，2007，《中国非营利评论》（第一卷），北京：社会科学文献出版社。

王铭铭，2009，《人类学的视野》（序），载赵旭东《文化的表达：人类学的视野》，北京：中国人民大学出版社。

王铭铭，2018，《"道德环境"与文明——涂尔干之学的启发》，《学海》第 2 期。

王倩楠、何雪松，2020，《从"回娘家"到"联谊会"：外嫁女的"报"与新宗族主义的兴起》，《妇女研究论丛》第 2 期。

王庆明，2010，《社会团结的转型与基础秩序的重建——基于对涂尔干"社会团结"的解读》，《福建论坛·人文社会科学》第 3 期。

王思斌主编，2003，《组织管理与民间组织的发展》，北京：中国妇女出版社。

王威海，2006，《由"社会团结"看"和谐社会"——一种关于

"和谐社会"的社会学解读》,《学习与实践》第 10 期。

王威海,2007,《涂尔干"社会团结"理论评述——兼谈其与"和谐社会"的异同》,《理论导刊》第 2 期。

王先明,2014,《"新乡贤"的历史传承与当代建构》,《光明日报》8 月 20 日,第 1 版。

王小锡主编,2016,《中国经济伦理学年鉴 2015》,南京:南京师范大学出版社。

王学俭、高璐佳,2010,《现代社会动员理论与马克思主义大众化策略》,《兰州大学学报》(社会科学版)第 2 期。

王亚兰、杨旭东,2002,《道德的困惑与困惑的道德——中国社会转型时期的道德状况及控制问题研究》,银川:宁夏人民出版社。

王永平,1995,《唐代游艺》,西安:西北大学出版社。

王执中主编,2017,《经济·中国非物质文化遗产蓝皮书(2017)》,北京:经济日报出版社。

韦伯,马克思,2004,《韦伯作品集·中国宗教》(第五卷),简惠美译,桂林:广西师范大学出版社。

韦克难、杨博文、李学林等编著,2006,《社会学概论》(修订本),成都:四川出版集团、四川人民出版社。

卫大静、杨海晨,2019,《场域性的"一家人":民间体育参与中亲属结构的变化逻辑——W 村打鼓活动的田野考察》,《武汉体育学院学报》第 6 期。

卫松、昌儒,2018,《新时代中国民族团结"建构性"与"自发性"间的耦合——基于涂尔干和福山的理论视域》,《贵州民族研究》第 4 期。

魏礼群主编,2017,《当代中国社会大事典(1978—2015)》(第一卷),北京:商务印书馆、华文出版社。

魏治勋,2014,《"善治"视野中的国家治理能力及其现代化》,《法学论坛》第 2 期。

魏智渊编著,2013,《苏霍姆林斯基教育学》(下),北京:文化艺术出版社。

温成安、王小萍、李俊等，2000，《道德与法》，北京：中国审计
　　出版社。

文军，2012，《个体化社会的来临与包容性社会政策的建构》，《社
　　会科学》第 1 期。

吴海达，1998，《宋江阵研究》，南投：台湾省政府文化处。

吴慧颖，2004，《闽南民间游艺的文化解读——以宋江阵为例》，
　　《闽都文化研究》第 2 期。

吴兴智，2008，《公民参与、协商民主与乡村公共秩序的重构——
　　基于浙江温岭协商式治理模式的研究》，博士学位论文，浙江
　　大学。

夏建中，1997，《文化人类学理论学派：文化研究的历史》，北京：
　　中国人民大学出版社。

厦门市图书馆编，2015，《林次崖先生文集》，林希元撰，何丙仲
　　校注，厦门：厦门大学出版社。

厦门市翔安区宋江阵文化研究会编，2012，《翔安宋江阵》，内部
　　资料。

厦门市翔安区宋江阵文化研究会编，2015，《翔安宋江阵》，内部
　　资料。

厦门市翔安区宋江阵文化研究会编，2016，《翔安宋江阵》，内部
　　资料。

肖倩，2012，《制度再生产：一个中国村庄里的分家实践》，上海：
　　上海社会科学院出版社。

肖星，2010，《社会资本视角下的城市社区建设》，上海：上海大
　　学出版社。

肖瑛，2008，《法人团体：一种"总体的社会组织"的想象——涂
　　尔干的社会团结思想研究》，《社会》第 2 期。

谢建社，2005，《地方权力的冲突——转型时期赣西村宗族与乡村
　　政府互动关系》，博士学位论文，上海大学。

徐彬，2007，《前进中的动力——中国共产党政治动员研究
　　（1921—1966）》，北京：新华出版社。

徐凤，2014，《甘肃非物质文化遗产概论》，兰州：甘肃人民出

版社。

徐勇、吴毅、孙龙、仝志辉、肖立辉，2002，《农村社会观察》（五则），《浙江学刊》第 2 期。

许慎，1963，《说文解字》，北京：中华书局。

许倬云，1998，《历史分光镜》，上海：上海文艺出版社。

阎云翔，2006，《私人生活的变革：一个中国村庄里的爱情、家庭与亲密关系（1949—1999）》，龚小夏译，上海：上海书店出版社。

燕继荣，2006，《投资社会资本：一种政治发展的新维度》，北京：北京大学出版社。

杨海晨，2014，《"族群体育的实践理性与文化表达——广西南丹黑泥屯演武活动"的田野个案》，博士学位论文，华中师范大学。

杨海晨，2017，《族群体育与认同建构——对黑泥屯演武活动的田野考察》，北京：社会科学文献出版社。

杨海晨、王斌、沈柳红、赵芳，2012，《论体育人类学研究范式中的田野调查关系》，《体育科学》第 2 期。

杨会清，2008，《中国苏维埃运动中的动员模式研究》（1927—1937），南昌：江西人民出版社。

杨君，2011，《涂尔干的现代性社会：主体建构与社会团结》，《河海大学学报》（哲学社会科学版）第 4 期。

杨善华，1999，《当代西方社会学理论》，北京：北京大学出版社。

杨善华、刘小京，2000，《近代中国农村家族研究的若干理论问题》，《中国社会科学》第 5 期。

杨善华、孙飞宇，2015，《"社会底蕴"：田野经验与思考》，《社会》第 1 期。

杨秀珍，1998，《社会转型期道德的滑坡思考与选择》，《北方论丛》第 1 期。

杨中芳、彭泗清，1995，《中国人人际信任的初步探讨》，第一届华人心理学家学术研讨会论文。

姚俊，2014，《从职业群体到公共领域：社会团结视域下当代中国公德塑造的路径分析》，《南京社会科学》第 9 期。

叶敏，2017，《城镇化进程中的新农村建设：社会动员及其治理功效——对皖南东镇的历时性观察》，《南京农业大学学报》（社会科学版）第 5 期。

叶兴建编著，2011，《台湾高山族》，福州：福建教育出版社。

易小明，2011，《道德内化概念及其问题》，《伦理学研究》第 5 期。

尹长海，2015，《布坎南道德建构思想研究》，《湖南科技大学学报》（社会科学版）第 6 期。

英克尔斯，阿历克斯，1995，《人的现代化素质探索》，曹中德等译，天津：天津社会科学院出版社。

余富强、徐敏，2018，《宗教慈善组织的组织动员何以可能？——基于社会记忆的视角》，《北方民族大学学报》（哲学社会科学版）第 2 期。

袁娥，2009，《佤族魔巴的社会功能变迁研究——以云南省普洱市西盟县勐卡镇大马散村为例》，《云南社会科学》第 1 期。

袁祖社，2006，《"公共精神"：培育当代民族精神的核心理论维度》，《北京师范大学学报》（社会科学版）第 1 期。

岳天明，2014，《基于道德基础的社会整合——涂尔干的社会理论及当代中国社会意义》，《华东理工大学学报》（社会科学版）第 2 期。

曾文，2017，《农村社会治理新理念研究》，北京：光明日报出版社。

翟继勇，2013，《体育文明的现状与发展探索》，北京：光明日报出版社。

翟学伟，2002，《中国社会中的日常权威：概念、个案及其分析》，《浙江学刊》第 3 期。

翟学伟，2004，《人情、面子与权力的再生产——情理社会中的社会交换方式》，《社会学研究》第 5 期。

翟学伟，2007a，《报的运作方位》，《社会学研究》第 1 期。

翟学伟，2007b，《关系研究的多重立场与理论重构》，《江苏社会科学》第 3 期。

翟学伟，2009，《是"关系"，还是社会资本》，《社会》第 1 期。

翟学伟，2019，《"孝"之道的社会学探索》，《社会》第 5 期。

张诚、刘祖云，2018，《失落与再造：后乡土社会乡村公共空间的构建》，《学习与实践》第 4 期。

张崇脉，2002，《涂尔干的道德三要素及其现代启示》，《全球教育展望》第 4 期。

张春英主编，2014，《台湾问题与两岸关系史》（上），福州：福州人民出版社。

张德、吴志明，2016，《组织行为学》（第四版），沈阳：东北财经大学出版社。

张红霞，2016，《农村变迁与秩序构建：转型期农村现代化变迁研究》，石家庄：河北人民出版社。

张洪霞，2013，《新生代农民工社会融合的内生机制创新研究——人力资本、社会资本、心理资本的协同作用》，《农业现代化研究》第 4 期。

张践，2005，《中国宗教与中国文化（卷四）：宗教·政治·民族》，北京：中国社会科学出版社。

张杰，2010，《"动员"词源略考》（第 3 卷），《国防》第 4 期。

张金桥，2013，《我国自发性体育社会组织的合法性及其发展中的政府职责》，《天津体育学院学报》第 3 期。

张静，2018，《社会学论文写作指南》，上海：上海人民出版社。

张军、何寒熙，1996，《中国农村的公共产品供给：改革后的变迁》，《改革》第 5 期。

张连海，2015，《"乡土中国"遭遇"机器时代"之社会团结："费孝通问题"与"涂尔干主义"的对垒》，《宁夏社会科学》第 1 期。

张良，2013，《现代化进程中的个体化与乡村社会重建》，《浙江社会科学》第 3 期。

张庆熊，2019，《孔德和涂尔干论社会研究中的本体论》，《复旦学报》（社会科学版）第 4 期。

张晓佳，2017，《民族志中的女性经验》，上海：复旦大学出版社。

张艳，2020，《社区体育整体性治理的社会资本培育：逻辑、困惑与路径》，《沈阳体育学院学报》第 3 期。

张银行、郭志禹，2011，《台湾地区宋江阵运动发展研究》，《体育文化导刊》第 6 期。

张玉强、张雷，2019，《乡村振兴内源式发展的动力机制研究——基于上海市 Y 村的案例考察》，《东北大学学报》（社会科学版）第 5 期。

章立明，2016，《个人、社会与转变：社会文化人类学视野》，北京：知识产权出版社。

赵芳、邓水坚、王斌，2015，《从机械团结到有机团结：广西壮族"打扁担"的起源、发展与变迁》，《中国体育科技》第 4 期。

赵凌云、邓蕾、陆烨，2010，《民间组织动员机制论析》，《广西社会科学》第 8 期。

赵孟营，2007，《非政府组织与社会主义新农村建设的基层动员》，《宁夏社会科学》第 2 期。

赵少聪、郭学松、杨少雄，2019，《闽台"宋江阵"的本体论》，《体育与科学》第 3 期。

赵旭东，2008，《人类学作为一种"文化的表达"》，《贵州社会科学》第 9 期。

赵旭东，2018，《互惠人类学再发现》，《中国社会科学》第 7 期。

赵志毅，2012，《德育的"意志"转向》，《教育研究》第 2 期。

郑国华、张自永、祖庆芳，2016，《民间体育组织中的精英治理：以赣南客家"池塘龙舟赛"为例》，《体育成人教育学刊》第 4 期。

郑素侠，2011，《网络时代的社会资本：理论分析与经验考察》，上海：复旦大学出版社。

郑永廷、田雪梅，2017，《社会治理与思想政治教育的发展》，《思想理论教育》第 6 期。

郑振满，1992，《明清福建家族组织与社会变迁》，长沙：湖南教育出版社。

中国大百科全书出版社《不列颠百科全书》国际中文版编辑部编，2007，《不列颠百科全书（第 11 卷）修订版：国际中文版》，北京：中国大百科全书出版社。

周碧晴，1991，《中国国情与世界风云》，沈阳：辽宁教育出版社。

周传志、喻丙梅，2016，《闽台"武阵"的传承与创新》，《武汉体育学院学报》第 7 期。

周德丰、李承福，2017，《仁义礼智——我们心中的道德法则》，南京：江苏人民出版社。

周飞舟，2018，《行动伦理与"关系社会"——社会学中国化的路径》，《社会学研究》第 1 期。

周结友、陈瑜，2015，《社区体育组织社会资本互动的生成机制》，《体育学刊》第 4 期。

周林生，2015，《社会治理创新概论》，广州：广东人民出版社。

周逸群，2013，《论涂尔干道德个人主义的实现——读〈社会分工论〉》，《公共管理评论》第 1 期。

朱久伟、王安，2012，《社会治理视域下的社区矫正》，北京：法律出版社。

朱永坤，2014，《苏霍姆林斯基教育名著导读》，长春：吉林文史出版社。

庄孔韶主编，2015，《人类学概论》（第二版），北京：中国人民大学出版社。

Agar, Michael H. 1986. *Independents Declared.* Washington, DC: Smithsonian Institution Press.

Anwar, Rully Khairul. 2018. "Organic Solidarity of Community Classic Bicycle In Tasikamalaya", Anpor Annual Conference.

Bakhtin, M. M. 1986. *Speech Genres and Other Late Essays.* Austin: University of Texas Press.

Bernard, H. Russell（ed.）. 1998. *Handbook of Methods in Cultural Anthropology.* Walnut Creek: Alta Mira Press, p. 164.

Beutler, Ingrid. 2008. "Sport Serving Development and Peace: Achieving the Goals of the United Nations Through Sport." *Sport in*

Society 4：359-369.

Blumer, H. 1969. *Symbolic Interactionism*. Englewood Cliffs, NJ：Prentice-Hall, p. 143.

Bourdieu, P. 1986. "The Form of Capital." In *Handbook of Theory and Research for the Sociology of Education*, Edited by Richardson J. CT：Greenwood Press.

Buskens, V. 1998. "The Social Structure of Trust." *Social Networks*：265-289.

Coalter, Fred. 2010. "Sport-for-development：Going Beyond the Boundary?" *Sport in Society* 9：1374-1391.

Darcy, S., Maxwell, H., Edwards, M., et al. 2014. "More tham a sport and Volunteer Organization：Investigating Social Capital Development in a Sporting Organization." *Sport Management Review* 17：395-406.

Durkheim, Emile. 1925. *L' éducation Moral*. Paris：LibraieFélix Alcan, p. 68.

Easterday, L., Papademas, D., Schorr, L., and Valentine, C. 1977. "The Making of a Female Researcher：Role Problems in Fieldwork." *Urban Life* 3：333-348.

Elien, Claes, Bart Vanreusel, Hanne Vandermeerschen, and Jeroen Scheerder. 2018. "Managing the Mix of Sport and Social Capital：A Study of Local Networks in the Belgian Homeless Football Cup." *Journal of Global Sport Management* 3：285-307.

Finch, J. 1993. "'It's Great to Have Someone to Talk'：The Ethics and Politcs of Interviewing Women." In M. Hammersley (Ed.), *Social Research：Philosophy, Politics and Practice*. Open University Press, Sage Publications, Inc. 166-180.

Giddens, Anthony. 1971. "The 'Individual' in the Writings of Émile Durkheim." *European Journal of Sociology* 2：210-228.

Giddens, Anthony. 1985. *The Nation-State and Violence*. CA：University of California Press.

Gladys, Reichard, 1989. "A New Look at the Navajo. " See L. Lamphere, Feminist Anthropology: The Legacy of Elsie Clews Parson. *American Ethnologist* 3: 518-533.

Gold, R. L. 1958. "Roles in Sociological Field Observation. " *Social Forces* 36: 217-223.

Gouldner, Alvin W. 1960. "The Norm of Reciprocity: A Preliminary Statement. " *American Socialogical Review* 25: 161-170.

Hamil, Sean, et al. 2010. "The Model of Governance at FC Barcelona: Balancing Member Democracy, Commercial Strategy, Corporate Social Responsibility and Sporting Performance. " *Soccer & Society* 4: 475-504.

Hawkins, M. J. 1979. "Continuity and Change in Durkheim's Theory of Social Solidarity. " *The Sociological Quarterly* 20: 155-164.

Hayner, N. 1945. "Taming the Lumberjack. " *Amer. Soc. Rev.* 10: 217-225.

Houlihan, Barrie, Daniel Bloyce, and Andy Smith. 2009. "Developing a Research Agenda in Sport Policy. " *International Journal of Sport Policy* 1: 1-12.

Jacoby, Sally & Elinor Ochs. 1995. "Co-Construction: An Introduction. " *Research on Language and Social Interaction* 3: 171-183.

Johnson, J. M. 1975. *Doing Field Research.* New York: Free Press.

Junker, B. H. 1960. *Field Work.* Chicago: University of Chicago Press.

Kidd, Bruce. 2008. "A New Social Movement: Sport for Development and Peace. " *Sport in Society* 4: 370-380.

Kohlberg, L. 1984. *The Psychology of Moral Development: The Nature and Validity of Moral Stages Harper and Row.* San Fransisco.

Kurin, Richard & Carol Morrow. 1985. "Patterns of Solidarity in a Punjabi Muslim Village. " *Indian Sociology* 2: 235-249.

Lefebvre, H. 1991. *The Production of Space.* Oxford: Blackwell Ltd.

Levi-Strauss, Claude. 2013. *Anthropology Confronts the Problems of the Modern World.* Cambridge, Massachusetts: The Belknap Press of

Harvard University Press, p. 44.

Loza, Jehan. 2004. "Business-Community Partnerships: The Case for Community Organization Capacity Building." *Journal of Business Ethics* 3: 297-311.

Luhmann, Niklas. 1982. *The Differentiation of Society.* New York: Columbia University Press, p. 7.

Malinowski, Bronislaw. 1926. *Crime and Custom in Savage Society.* London: Routledge & Kegan Paul.

Malinowski, Bronislaw, 1934. "Introduction." In *law and Order in Polynesia*, edited by Hogbin, H. Ian, New York: Harcourt Brace.

Mandela, N. 2000. *Speech by Nelson Mandela at the Inagugural Laureus Lifetime Achievement a World.* Manaco, Mortecarlo: Inagugural.

Marske, Charles E. 1987. "Durkheim's 'Cult of the Individual and the Moral Reconstitution of Society." *Sociological Theory* 1: 1-14.

Mauss, Marcel. 1970. *The Gift: Forms and Functions of Exchange in Archaic Societies.* London: Cohen & West Ltd.

Merton, Robert K. 1934. "Durkheim's Division of Labor in Society." *American Journal of Sociology* 3: 319-328.

Misztal, Barbra A. 1996. *Trust in Modern Societies: The Search for the Bases of Social Order.* M. Cambridge: Polity Press.

Müller, Hans-Peter. 1994. "Social Differentiation and Organic Solidarity." *The Division of Labor Revisited Sociological Forum* 1: 73-86.

Nader, L. 1970. "Mexico (Oaxaca) Zapotec Lebanon/Shia Moslems: From Anguish to Exultation." In *Peggy Coldeed.* 1986. *Women in the Field: Anthropological Experiences.* Berkeley: University of California Press, p. 113.

Panton, Mark & Geoff Walters. 2019. "Stakeholder Mobilization and Sports Stadium Regeneration: Antecedent Factors Underpinning the Formation of the our Tottenham Community Network." *European*

Sport Management Quarterly 1: 102-119.

Parezo, N. J. 1933. *Anthropology: The Welcoming Science In Hidden Scholars Women Anthropologists and the Native American Southwest.* Albuquerque: University of New Mexico Press, p. 35.

Park, C. L. 2010. "Making Sense of the Meaning Literature: An Integrative Review of Meaning Making and its Effects on Adjustment to Stressful Life Events." *Psychological Bulletin* 2: 257-301.

Park, Soyang. 2010. "Inoperative Community in Post Authoritarian South Korea: Football Fandom, Political Mobilization and Civil Society." *Journal for Cultural Research* 2: 197-220.

Parsons, Talcott. 1967. *Durkheim's Contribution to the Theory of Integration of Social Systems In. Sociological Theory and Modern Society.* New York and London: The Free Press, pp. 3-34.

Polanyi, Karl. 1957. "The Economy as Instituted Process." In Karl Polanyi (Ed.), *Trade and Market in the Early Empires: Economies in History and Theory.* Chicago: Henry Regnery Company, p. 252.

Pope, W. & Johnson B. 1983. "Inside Organic Solidarity." *American Sociological Review* 5: 681-692.

Powermaker, H. 1967. *Stranger and Friend: The Way of an Anthropologist.* New York: Norton, pp. 183-198.

Putnam, R. 2000. *Bowling Alone: The Collapse and Revival of American Community.* New York, NY: Simon and Schuster.

Rayture, C. 1998. "Culture, Intellectual Property and Territorial Rural Development." *Sociological Ruralis* 1: 3-20.

Reichard, Gladys, 1989. "A New Look at the Navajo." See L. Lamphere, Feminist Anthropology: The Legacy of Elsie Clews Parson." *American Ethnologist* 3: 518-533.

Reinharz, S. 1992. *Feminist Methods in Social Research.* Oxford Shire: Oxford University Press.

Rosenberg, Rosalind. 1946. *Beyond Separate Spheres: Intellectual Roots of Modern Feminism.* New Haven, Conn: Yale University Press, p. 178.

Schiermer, Bjørn. 2014. "Durkheim's Concept of Mechanical Solidarity-Where Did It Go?" *Durkheim Studies* 20: 64-88.

Schmidt, Samuel H., Meg H., Hancock, and Meera Alagaraja. 2020. "Examining Athlete Ally Through Resource Mobilization Theory." *Journal of Sport and Social Issues* 3: 214-243.

Thijssen, Peter. 2012. "From Mechanical to Organic Solidarity, and Back: With Honneth Beyond Durkheim." *European Journal of Social Theory* 4: 454-470.

Turner, R. 1967. "Type of Solidarity in the Reconstituting of Groups." *Pacific Soc. Rev.* 10: 60-68.

Vaught, Charles & David L. Smith. 1980. " Incorporation and Mechanical Solidarity in an Underground Coal Mine." *Sociology of Work and Occupations* 2: 159-187.

Wardell, M. L., D. L. Smith, and C. Vaught. 1979. *Coal Miners and Coal Mining in Southwestern Virginia.* Blacksburg, VA: Agricultural Experiment Station.

Wong, S. L. 1991. "Chinese Entrepreneurs and Business Trust." In *G. Hamilton* (Ed.), *Business Networks and Economic Development in East and Southeast Asia.* Hong Kong: Centre of Asian Studies, the University of Hong Kong.

Woolcock, M. 2001. "The Place of Social Capital in Understanding Social and Economic Out Comes." *Canadian Journal of Policy Research* 2: 11-17.

Yamagishi, Shinrai. 1998. *The Structure of Trust: An Evolutionary Games of Mind and Society by Toshio Yamagishi.* Tokyo: Tokyo University Press, pp. 36-37.

Zurcher, L. 1968. Social Psychological Functions of Ephemeral Roles: A Disaster Work Crew. *Human Organization* 27: 281-297.

附　录

2019 厦门（翔安）武林大会活动策划方案

一　活动简介

厦门（翔安）武林大会，是在海内外众多武术家和民俗文化工作者的积极努力和付出下，共同搭建的武术与民俗共存的综合性传统文化交流平台。其旨在促进海内外华人世界传统文化大交流，特别是通过两岸共同传承中华文化，弘扬民族精神，最终促进中华民族优秀文化在世界范围内的大传播、大发展。

本届武林大会，在民俗文化方面，将继续促进闽台交流，在不破坏宋江阵文化传统性的基础上，与时俱进，推陈出新；在传统武术方面，继上一届推出少儿搏击实战项目促进传统武术实战技击精神在少年群体中生根发芽，本届赛事将继续探索新的模式在轻量级群体中尝试男女同量级实战对抗。

热血武林，巾帼风采！

传武擂台，男女对抗！

二　活动主题

喜迎新中国成立七十周年，续写武林热血传奇！

迎国庆、约亲友，鸿渐山下，莲湖池畔：观搏击，赏民俗，品美食，悦生活！

三 活动看点

宋江阵主题"闽台宋江阵传奇"系列舞台情景剧；武阵头长龙绕境祈福民俗活动；海内外传统精英选手传统擂台挑战，小级别男女对抗赛；闽台宋江阵大展演；主题书画展；美食长廊；等等。

四 活动目的

1. 持续推动在海内外范围内中华传统武术实战技击功能之恢复。

2. 持续开展闽台两岸同根同源的文化交流，增进两岸一家亲的情感认知。

3. 助推翔安区青少年素质教育。

4. 塑造翔安文化品牌，树立翔安新的文化名片，对外宣传翔安、宣传厦门，助推地方旅游、地方特产等项目发展。

5. 打造中华优秀传统文化大型的、综合性、务实型交流与传承平台。

6. 为观众奉献一场丰富多彩的传统文化视听盛宴。

五 组织架构

指导单位：福建省社会体育指导中心
　　　　　厦门市体育局
　　　　　翔安区人民政府
主办单位：厦门市翔安区武术协会
　　　　　厦门市翔安区宋江阵文化研究会
承办单位：御辰（厦门）文化传播有限公司
　　　　　莲塘村两委
协办单位：翔安区文化和旅游局
　　　　　翔安区教育局
　　　　　内厝镇人民政府
　　　　　翔安区文学艺术界联合会

山图酒业股份有限公司

福建师范大学体育学院

集美大学体育学院

福建广电网络集团厦门分公司

厦门莫为传媒有限公司

广州法象万仟影视传媒有限公司

厦门演艺职业学院

集美工业学校

内厝中学

厦门翔安武术精英电视赛境外组委会

康龙精英会

濮阳市奥星体育文化传播有限公司

六　活动时间、地点

活动时间：2019 年 10 月 3~7 日

活动地点：翔安宋江阵民俗文化广场（内厝镇莲塘村委会旁）

七　活动项目

主题项目	分序	子项目	备注
2019 厦门（翔安）武林大会	1	武林大会开幕式	
	2	绕境民俗活动	
	3	闽台宋江阵民俗文化节	宋江阵等民俗表演
	4	书画展	武术、宋江阵主题书画展
	5	翔安区青少年武术大赛	
	6	厦门翔安武术精英电视赛	海内外四大片区传统武术实战冠军赛
	7	美食街	美食文化
	8	闽台宋江阵文化交流研讨会	

（一）武林大会开幕式

概述：续写宋江阵主题系列舞台情景剧《闽台宋江阵传奇·再现》。

时间：2019 年 10 月 4 日 19：00~21：00

地点：翔安宋江阵民俗文化广场

（二）绕境民俗活动

概述：以一种古老、淳朴的传统民间仪式，来表达保境安民、祈福驱邪的诉求，追求"天地人"的和谐发展。

时间：2019 年 10 月 5 日 8：00~9：30

地点：莲塘村

（三）闽台宋江阵民俗文化节

概述：以宋江阵表演为主，汇聚厦门、漳州、泉州及台湾地区众多宋江阵队伍同台竞技，各领风骚。再结合舞龙、舞狮、拍胸舞、木偶戏、车鼓弄、腰鼓、广场舞等其他民俗表演形式，百家争鸣、雅俗共赏。

1. 闽台地区宋江阵队伍

（1）台湾宋江阵代表队伍 2 支。

（2）漳州地区宋江阵代表队伍 1 支。

（3）泉州地区宋江阵代表队伍 2 支。

（4）厦门岛内宋江阵代表队伍 1 支。

（5）厦门同安地区宋江阵代表队伍 1 支。

2. 其他民俗表演队伍

时间：2019 年 10 月 4~7 日

地点：翔安宋江阵民俗文化广场

（四）主题书画展

概述：以武术、宋江阵文化为主题，以厦门翔安武林大会为平台，向大众展示中华优秀传统文化之魅力，让其身临其境感受别样的书画艺术世界。

时间：2019 年 10 月 4~5 日

地点：闽台宋江阵博物馆大厅

（五）厦门翔安武术精英电视赛

概述：扎根传统武术，海内外武术家倾心搭建平台，少儿敢战、男女实战，四大片区分区选拔，冠军选手齐聚翔安。

1. 四大片区分区选拔，冠军选手翔安争霸。

2. 自古英雄出少年，练功习武，少儿敢战。

3. 巾帼不让须眉，传统武术，男女实战。

4. 分组别、按级别，三局两胜，每局 2 分钟，局间休息 1 分钟，胜者晋级下一轮。

时间：2019 年 10 月 5~6 日

地点：翔安宋江阵民俗文化广场

（六）翔安区青少年比赛

概述：面向翔安地区各中、小、幼学校学生及各级武术馆点学员，以传统套路为基础，以搏击演练为提升，促进传统武术在青少年群体中的传承与普及，服务于青少年素质教育事业。

比赛项目：各类传统拳术、器械套路；搏击演练。

时间：2019 年 10 月 4 日

地点：翔安宋江阵民俗文化广场

（七）美食文化长廊

概述：美食、美景、美文化，配套武林大会活动，感受美好生活！

时间：2019 年 10 月 3~7 日

地点：莲塘村六林路

（八）闽台宋江阵文化交流研讨会

概述：闽台两地宋江阵队伍、社团组织、专家、学者等文化骨干交流研讨。

时间：2019 年 10 月 5 日

地点：柯依达公司三楼会议室

八　活动日程

项目	日期	上午	下午	晚上
厦门（翔安）武林大会	10 月 3 日	12：00 以前 裁判报到	14：30~16：30 裁判学习	17：30~19：00 晚餐
			17：00~17：30 联席会议	
		15：00 以前精英赛/青少年队伍报到 与嘉宾报到 15：30~16：30 搏击挑战人员称量体重		
	10 月 4 日	8：30~12：00 青少年比赛	14：00~17：00 青少年比赛、颁奖	17：30~18：30 晚餐
				19：00~19：20 武林大会开幕式
		9：00~11：30 书画展 （厦门觉性书画院专场）		19：20~20：00 舞台剧《闽台宋江阵传奇·再现》
		17：00 以前各宋江阵队伍 及其他民俗表演队伍报到		20：00~21：00 宋江阵展演 （漳泉队伍 3 场）
	10 月 5 日	8：00~9：30 绕境活动	15：30~18：00 宋江阵展演 （岛内 1 场、同安 1 场、翔安 1 场、台湾 2 场）	19：00~21：00 少儿/成年搏击挑战半决赛
		9：00~11：30 书画展		
		10：00~11：30 闽台宋江阵交流研讨会		
		11：30~13：00 文化餐		

项目	日期	上午	下午	晚上
厦门（翔安）武林大会	10 月 6 日	8：30~11：00 宋江阵展演（台湾2 场、翔安 2 场）	16：00~18：00 少儿搏击挑战决赛	19：00~21：00 成年搏击挑战决赛
	10 月 7 日	8：30~11：00 宋江阵展演 （翔安 6 场）	15：00~18：00 宋江阵展演 （翔安 5 场）	
		精英赛队伍及裁判离会		
	10 月 3~7 日	美食文化长廊 美食、美景、美文化、美生活		
	10 月 8 日	所有参会人员离会		

后　记

福州，一座饱含人文气息的山海之城，越来越散发着自身独有的魅力。

2018 年 9 月，我有幸来到榕城的百年学府深造，自此便与这座城和城边美丽的校园结下了深缘。学院门前金黄的落叶，湛蓝天空飞机划过留下的一抹"云彩"，星雨湖面的廊桥倒影，教学楼旁摇曳的小叶柳树，图书馆上空的落日余晖，田径场上不知疲倦的坚定步伐，从宿舍阳台望去旗山上的云卷云舒……所有这些美好回忆陪伴且见证了我在此度过的难忘时光。

是的，这注定是一段值得纪念的成长之旅。于我而言，能够进入人类学研究领域是出乎意料的幸运。我因对这门学科充满兴趣而动力十足，但也因自身基础薄弱而时感沮丧。前两年的学习基本是理论与实践相结合，学习校内必修课程，阅读人类学、社会学等书籍和期刊文献资料，参加每周组会、校内外会议与讲座，参加云南大学田野暑期班实践、厦门林村的多次田野调查等。理论学习带来视野的开阔、知识的拓展、思维的转变，田野实践则让我在从他者视角认识和理解他者人文世界的同时不断反观自我。在我看来，良好的批判意识和反思精神是科研工作者需要具备的素质，这对论文写作有一定的帮助，但是真正将理论与实践相结合并转化成学术成果比想象中要艰难得多。在思考或写作的过程中，我可能在某个瞬间因灵感突发而涌起一阵激动或兴奋，但高兴不久又很快陷入新问题带来的迷惘之中，如此循环往复直至写作完成。更焦灼的是，论文投稿等后续事宜还需要经历漫长的等待……尽管前方道路布满荆棘，但我始终认为，无论多难，这都是自己的选择。我也深信，再远的路，只要一步步踏实地向前走，总能到达。幸运的是，我从来不是一个人在"战斗"，即使在黑暗中行走，前方总有灯塔为我导航，身旁亦有无数星光为我点亮。然唐不功捐，破茧成蝶，全得益于诸位师友的指导、支持、鼓励和帮助。

如果有人问我，在四年的学习生涯中，你最大的收获是什么？我会毫不犹豫地回答：一种思维方式的转变。这种转变对我的科研、生活等各方面产生了积极的影响。企业家任正非曾说："成功离不开贵人的相助，我一生最大的贵人，就是改变自己思维的那个人。"于我而言，杨海晨老师就是我的贵人。他通过学术训练转变我的思维方式，并引领我走上真正的学术研究之路。老师待人温和、有耐心，是网球"发烧友"，也是 KTV "麦霸"，更是学术"达人"。老师对科研工作具有极大的热情，除自己每天阅读大量文献外，还投入大量的时间和精力指导学生。在四年的学习过程中，从理论学习到田野实践，从期刊论文写作到博士学位论文结稿，老师给予我太多的指导，帮助我攻克科研路上的重重难关。老师总是对学生说："你们要跟我多交流。"我与老师的交流还是不少的，不管是论文写作还是外出调研，只要有问题或有想法，我随时都会与老师微信或电话交流，围绕某个问题讨论一个小时甚至更久都是常事。老师的言传身教时常感动着我，也感染着我。轻松的交流方式和氛围让我的思维变得活跃，继而更愿意思考，这也让我对学术研究渐渐产生了兴趣。

老师热爱科研，且治学态度相当严谨。"凡事要有依据"是老师常说的一句话。记得有一次，我提交论文给老师看，老师对论文中的某个观点提出质疑，问我"这个观点从哪里来的"，我当时想，能写到论文中的观点应该是有依据的，就回答说是"某本书上的"。但后来我自己不放心，赶紧找书查阅，结果发现这个观点的前半句与书中的内容是有出入的，我随即改正并向老师承认错误。自此之后，我不敢有半点马虎，对待学术也更加充满敬畏之心。老师不仅在学术上指导我，在生活上也给予我理解、关心和帮助。由于脱产学习，我读书期间没有兼职上课。考虑到我没有收入来源，只要出差学习，老师都会提醒我找小组报销路费。有时我在生活上遇到困难，老师也会尽力帮忙。老师既理解我的不容易，也经常鼓励我要向前看。老师略长我几岁，于我亦师亦友，平日里或节假时与老师一起喝茶谈天、一起唱 K，也算是繁重学业压力之下的另一种轻松。我无数次地感慨，能够遇到老师是我人生多么大的幸运！四年来，老师对我学术上的指导和生活上的帮助以及对我的理解和支持，我都铭记于心，更感激不尽。我唯有继续在学术之路上踏实前行，做出些许成绩，或许才不辜负老师对我的悉心培养。值本书付梓之际，向老师表达我最衷心的感谢，同时把我的谢意献给导师的爱人侯翔老师。侯老师一直很关心我，虽然平时交流不是太多，但每次见面她都给予我最大的鼓励。在此，衷心祝福老师及家人吉祥如意、顺遂安康！

能够进入福建师范大学体育科学学院攻读博士学位，我感到非常自豪。感谢方千华院长为我指引明确的方向，让我有机会接触体育人类学这一研究领域，并得以跟随杨海晨教授从事体育人类学研究；感谢林向阳教授、刘一萍教授、吴燕丹教授等在课堂上分享各自研究领域的前沿动态、学术成果及个人的科研经历与心得，老师们丰富的治学经验为我日后从事科研工作提供了有益的参考和借鉴；感谢林向阳教授、王润斌教授、魏德样教授、钟秉枢教授、郑国华教授、何元春教授在博士学位论文开题时提出的中肯意见，这为我后期博士学位论文的写作奠定了良好的基础；感谢张晓义教授、胡庆山教授、沈克印教授、陈培友教授、杨剑教授在博士学位论文预答辩时提出的宝贵建议，这为我进一步完善博士学位论文提供了明确思路；感谢云南大学张锦鹏教授带我参加云南巍山前新村的田野调查实践，让我有机会第一次真切地体验人类学田野作业；感谢云南大学孙信茹教授在"马堡"传播组织的两次会议间隙耐心与我交流并解答我的疑问，让我在学习的迷茫中看到了希望，作为一名优秀的女性学者，孙教授是我的学习榜样。此外，在四年的学习生活中，我还得到了体育科学学院杨靖云老师、刘丰老师、彭艳老师的支持和帮助，在此一并表示感谢。

林村是我博士学位论文研究的田野点。从第一次进驻林村，我便与林村的人们结下了深厚的友谊。受疫情影响，我们虽难以见面，但依然会相互问候。回想起在林村进行田野调查的日子，历历在目，心怀感恩。每次到林村调研的时间都不短，少则一周，多则过月，与当地的人们一起吃住，就像家人和朋友一样，这份温暖让我感到心安，也让我更能沉下心来进行交流与思考。感谢林村各位朋友为我提供的无私帮助和支持，虽然未能一一致谢，但我深深地明白，是田野点最热心的你们让这项研究成为可能。本书关注和讨论的仅仅是林村社会的一个面向，随着林村的发展，未来还有更多的社会议题值得关注、思考和讨论，但愿以学术的方式能够为林村的发展略尽绵薄之力，期待我们能够早日相见！

要开展一项民族志研究，顺利进入田野点是第一步。感谢田野挖掘者团队2017级成员们前期在林村所做的大量工作，这让我能够快速地进入田野点，并在较短的时间内与村民建立起良好的关系，这为后续研究的开展奠定了坚实的基础；感谢田野挖掘者团队成员给予我的学术启发、支持与鼓励，让我在学习的道路上始终充满斗志和信心；感谢2018级博士班同学们在学习和生活中给予我的帮助，我将永远记住这段美好的情谊和时光；感谢好友孙娅、吴世英、晓飞、张兵一路相伴，有你们在，我才能一次次突破自我，以更饱满的热情和动力完成学业。感恩生命中有你们！

从事学术研究是一项非常艰苦的工作，心理上和身体上都承受着巨大的压力。感恩遇见瑜伽，这一古老的东方智慧缓解了我身心的各种不适。瑜伽体式的习练让我身体逐渐平衡，头脑更具智性，内心更趋安宁，精神更加富足，油然的喜悦从心底蔓延开来。感谢郑香老师引领我进入艾扬格瑜伽之门，感谢仇仇老师带领我在艾扬格瑜伽路上不断精进，感谢碧芳老师让我体验到不同风格的艾扬格瑜伽习练方式，也感谢瑜伽好友海鸥对我学业的关心和支持。瑜伽与治学是相通的，只管耕耘，不问收获，一切都会随之而来！

"路遥远，心相伴，共成长"，还在念幼儿园的女儿用笨拙的字迹将我入学前对她说的话写在了心爱的带锁笔记本里，也记在了心里。刚入学时，女儿经常在视频时问我："妈妈为什么不能像别的同学的妈妈那样天天陪着我？"我回答她："每个人都有自己的理想，妈妈也有，你也会有。你长大后为了自己的理想也会离开妈妈，那个时候妈妈会给你最大的鼓励和支持。现在妈妈为了理想暂时离开你，希望能得到你的理解和鼓励。"是的，懂事的女儿给予我最大的理解和支持。不知不觉，女儿已读三年级，而今的她善良、独立、乐观、向上。重要的是，她也确立了自己的人生理想和目标。感谢家人对我梦想的大力支持以及对女儿的精心照顾和培养，家人的辛苦付出让我毫无后顾之忧地全心投入学习直至毕业。

父母者，人之本也。感谢父母的养育之恩，无尽的思念在心中，脑海里不断浮现着过往的温馨时光。前不久，梦见二老与我开心地聊着天，笑着，那晚我睡得很香，就像小时候一样……

放心，我很好。

不惑之年，即将开启人生新的篇章……

值得欣慰的是，2022 年 6 月，我通过博士论文答辩并顺利留校任教。如今，博士论文即将付梓，从选题立项到成书面世，社会科学文献出版社的老师们对本书耐心细致的打磨让我非常感动，与老师们的真切交流也让我受益匪浅。在此，特别感谢谢蕊芬老师、孟宁宁老师的辛勤付出！最后，感谢社会科学文献出版社对我的信任，期待不久的将来，在体育与乡村治理领域，我能有新的思考与大家分享。

图书在版编目（CIP）数据

道德重构：民间体育组织参与乡村振兴动员的地方
实践／钟喜婷著. -- 北京：社会科学文献出版社，
2024.1（2025.2 重印）

ISBN 978-7-5228-2682-0

Ⅰ.①道… Ⅱ.①钟… Ⅲ.①体育组织-社会团体-
参与管理-农村-社会主义建设-社会工作-研究-中国

Ⅳ.①C916.2

中国国家版本馆 CIP 数据核字（2023）第 200583 号

道德重构：民间体育组织参与乡村振兴动员的地方实践

著　　者／钟喜婷

出 版 人／冀祥德
组稿编辑／谢蕊芬
责任编辑／孟宁宁
责任印制／王京美

出　　版／社会科学文献出版社·群学分社（010）59367002
　　　　　地址：北京市北三环中路甲 29 号院华龙大厦　邮编：100029
　　　　　网址：www.ssap.com.cn
发　　行／社会科学文献出版社（010）59367028
印　　装／唐山玺诚印务有限公司

规　　格／开　本：787mm×1092mm　1/16
　　　　　印　张：16.75　字　数：240 千字
版　　次／2024 年 1 月第 1 版　2025 年 2 月第 2 次印刷
书　　号／ISBN 978-7-5228-2682-0
定　　价／108.00 元

读者服务电话：4008918866